¡Claro que sí!
AN INTEGRATED SKILLS APPROACH
THIRD EDITION

Instructor's Resource Manual

Tapescript and Answer Key for the Lab Manual
Instructor's Notes and Video Transcript for the *TravelTur* Video
Test and Quiz Bank and Answer Key

Lucía Caycedo Garner
University of Wisconsin–Madison

Debbie Rusch
Boston College

Marcela Domínguez
University of California, Los Angeles

HOUGHTON MIFFLIN COMPANY   BOSTON   TORONTO
Geneva, Illinois   Palo Alto   Princeton, New Jersey

CREDITS

Tape program music composed and arranged by Jaime Fatás and Miguel Ángel Blanco.

TravelTur video script developed by Sylvia Madrigal with contributions by Debbie Rusch and F. Isabel Campoy Coronado.

ILLUSTRATIONS

Joyce A. Zarins: pages 138, 142, 257

Will Winslow: page 131

Printed in the U.S.A.

ISBN: 0-395-74556-X

123456789–HS–99 98 97 96 95

CONTENTS

INTRODUCTION

The Instructor's Resource Manual contains the following:

- Brief description of all *¡Claro que sí!*, Third Edition, ancillary components
- Tapescript for all activities in the Lab Manual
- Answer Key for all activities in the Lab Manual
- Instructor's Notes to accompany the *TravelTur* Video
- Transcripts for the *TravelTur* Video
- Test and Quiz Bank including:
  - Suggestions for testing oral skills and open-ended writing
  - Tests and quizzes
  - Tapescript for the listening comprehension sections
  - Answer Key for the Test and Quiz Bank

Components of *¡Claro que sí!*

Activities Manual

Workbook. The goal of the Workbook activities is to provide students the necessary practice with chapter functions and their respective lexical and grammatical aspects to ensure a high degree of mastery. The Workbook activities are designed to give students practice at both the skill-getting and the skill-using phases. Direction lines are in English through Chapter 9 and in Spanish thereafter.

Each chapter of the Workbook is made up of four parts:

- *Práctica mecánica I:* To be done after studying the first grammar explanation in the textbook
- *Práctica comunicativa I:* To be done after completing the activities in the first *Hacia la comunicación* section in the textbook
- *Práctica mecánica II:* To be done after studying the second grammar explanation in the textbook
- *Práctica comunicativa II:* To be done after completing the activities in *Hacia la comunicación II*, and before any chapter quizzes or exams

Answers to all of the Workbook activities are located at the end of the Activities Manual. Some of the more open-ended activities list suggested answers or give tips for correction.

Lab Manual. The Lab Manual is designed to develop pronunciation and listening comprehension skills. The tape program is comprised of voices from various parts of the Hispanic world. Sound effects help provide realistic settings and aid comprehension. Direction lines for the tape activities are in English through Chapter 9 and in Spanish thereafter. The Lab Manual contains the direction lines for each activity as heard on the tape as well as the written and illustrated material that is coordinated with the recordings.

The general organization of each Lab Manual chapter is as follows:

- *Mejorando tu pronunciación:* This section contains an explanation of the targeted sounds for the chapter, followed by practice activities, and can be done at the beginning of the corresponding textbook chapter.

- *Mejorando tu comprensión:* This section contains varied task-oriented listening comprehension activities. Each activity focuses on the functions (with coordinated lexical and grammatical components) introduced in the corresponding chapter of the textbook. For example, based on a description of a woman's likes and dislikes, students must select the appropriate man for her; students take down a telephone message while listening to a phone conversation. This section should be done after studying the second grammar explanation and prior to any tests or quizzes.

- Each tape lesson concludes with the corresponding conversations from the textbook so that students have a chance to listen to these outside of class. The conversations also are provided on a separate cassette for use by the instructor in class.

Answers to all of the Lab Manual activities are located in the Instructor's Resource Manual.

Audiocassettes

The recorded program of nine one-hour audiocassettes is available to institutions upon adoption of the textbook. The cassettes, which can be purchased by students through the university bookstore, are packaged in two parts: Part 1 has five tapes and contains the Preliminary Chapter through Chapter 9; Part 2 consists of four tapes and contains Chapters 10 through 18. The tape lessons are designed to take the students about forty to fifty minutes to complete. Students often are instructed to listen to a recording more than once in order to complete the corresponding activity in the Lab Manual. Approximate running times for each chapter are provided in the table of contents of the Instructor's Resource Manual.

Instructor's Audiocassettes

Two audiocassettes are available for use by the instructor. The Textbook Conversations cassette contains the recording of the textbook chapter conversations for use in class. It is also provided to students with the textbook. The Testing cassette contains the listening comprehension portions of the chapter quizzes and tests.

Instructor's Resource Manual

Tapescript and Lab Manual Answer Key. The first section of the Instructor's Resource Manual contains a written tapescript of the recorded program that accompanies *¡Claro que sí!*, Third Edition, and the Lab Manual Answer Key. The answer key can be duplicated and distributed to students for self-correction. Another alternative is to have the answer key on file in the language laboratory.

Instructor's Notes for the *TravelTur* Video and Transcripts. The Instructor's Notes for the *TravelTur* video contain a description of the format and the plot, general suggestions on how to use the video, and specific information about each of the ten modules. This information includes a functional and thematic outline, cultural background, and suggestions for additional activities to supplement those in the textbook. The transcript for the video lists approximate running times at the end of each module.

Test and Quiz Bank. The Test and Quiz Bank section of the Instructor's Resource Manual consists of four parts:

- Suggestions for testing oral skills and open-ended writing
- Tests and quizzes
- Tapescript for the listening comprehension activities in the tests and quizzes
- Answer Key for the Test and Quiz Bank

Suggestions for Testing Oral Skills and Open-Ended Writing

Open-ended interview items and role-play cards, offered every three lessons, give students an opportunity to engage in extended discourse. It is suggested that, as much as possible, oral interviews be conducted as normal conversations rather than as strict question/answer tests. It is recommended that the instructor conduct at least one oral interview with each student per semester or trimester.

Instructors who want to give students additional writing practice—or who want to supplement the evaluation of writing skills that is done in the tests, quizzes, workbook, and textbook activities—will find suggested composition topics for every chapter in the Topics for Writing section.

Tests and Quizzes

The Test and Quiz Bank offers two ready-to-copy versions (A and B) of quizzes for each textbook chapter, except for the Preliminary Chapter and Chapter 18. There is also one ready-to-copy exam for Chapters Preliminary–3, 4–6, 7–9, 10–12, 13–15, and 16–18. These tests and quizzes cover all major functions, vocabulary, and grammar presented in the chapters. Instructors should feel free to modify these tests and quizzes to reflect their individual objectives and goals. The Test Bank Data Disk allows easy modification of tests and quizzes.

Quizzes are designed to take approximately 25–30 minutes and tests are estimated to take an entire class period, or approximately 50 minutes. To facilitate grading, each quiz is worth 50 points and each test, 100 points. Suggested point values are given for each section to aid instructors in correction.

Each test and quiz begins with a listening comprehension activity (**Comprensión**) that checks students' understanding of a short conversation, monologue, advertisement, etc. These conversations are recorded on the Testing Cassette that accompanies *¡Claro que sí!*, Third Edition. When administering the **Comprensión** portion of the tests and quizzes, follow this procedure:

- Read through the instructions to the activity with students.

- Give students a moment to skim the questions, graphs, or whatever else they will need to complete.

- Tell students they will hear the tape twice.

- Play the tape twice.

The remaining sections of each exam and quiz test student knowledge of the vocabulary and grammar needed to carry out functions stressed in the chapter, along with reading comprehension and controlled written expression, through a variety of activities. These include fill-ins, multiple choice, matching, true/false, cloze paragraphs, question/answer items, incomplete conversations, and personalized questions. Most activities are contextualized and many integrate more than one topic from a chapter.

Tapescript for the Test and Quiz Bank

The tapescript for all listening comprehension activities in the tests and quizzes follows the Test and Quiz Bank in the Instructor's Resource Manual.

Answer Key for the Test and Quiz Bank

The Answer Key follows the Test and Quiz Bank Tapescript in the Instructor's Resource Manual. It provides exact answers to most exercises. Where variation is possible, suggested answers are given.

Test Bank Data Disk

The Test Bank Data Disk, available for Macintosh and IBM-compatible computers, provides files of the chapter quizzes and tests so that instructors can make desired changes to suit the needs of individual classes.

Computer Study Modules

The Computer Study Modules have been created to give students additional practice with the vocabulary, grammar, and functions of each chapter, and with reading comprehension. The computer program is available for Macintosh and IBM-compatible computers. Translation is never used. Pop-up boxes provide help on screen, such as verb conjugations or word lists for many activities. The program is divided in two parts:

- *Flash:* This section provides nuts-and-bolts practice with Spanish and focuses on the skill-getting phase.

- *Foundation:* This section contains mini-conversations followed by multiple-choice items and cloze paragraphs or conversations, all designed to help develop students' ability to read. These activities focus on the skill-using phase.

Practice Worksheets

The Practice Worksheets are a print version of the Computer Study Modules and consist of ready-to-copy worksheets for student use. These can be given to individual students who need additional work or can be handed out to the entire class. An Answer Key is provided.

TravelTur Video and CD-ROM

The *TravelTur* video is a custom-designed video, shot in Spain, Puerto Rico, Colombia, and the United States. The sixty-minute video is divided into ten modules that correspond by function and theme to the chapters in *¡Claro que sí!* The Instructor's Resource Manual includes valuable notes and teaching suggestions for each module and a transcript of the entire video.

The *TravelTur* CD-ROM incorporates footage from the video and provides activities that develop listening comprehension skills and cultural awareness. Designed for self-study, it is a learner-oriented tool that gives students the opportunity to develop language skills in an interactive, computerized context.

Overhead Transparencies

In order to facilitate dynamic classroom presentation, the set of forty, full-color transparencies includes maps of the Hispanic world and reproductions of many of the drawings in *¡Claro que sí!*, Third Edition. A correlation sheet suggests textbook chapter sections in which to use each transparency.

Audio Program

Capítulo preliminar

MEJORANDO TU PRONUNCIACIÓN

Stressing words

You have already seen Spanish stress patterns in the text. Remember that a word that ends in **n**, **s**, or a vowel is stressed on the next-to-last syllable, for example, **repitan, Honduras, amigo**. A word that ends in a consonant other than **n** or **s** is stressed on the last syllable, as in the words **español, favor, Madrid**. Any exception to these two rules is indicated by a written accent mark on the stressed vowel, as in **Andrés, Perú, ángel**.

Placing correct stress on words helps you to be better understood. For example, the word **amigo** has its natural stress on the next-to-last syllable. Listen again: **amigo**, not **amigo**, nor **amigo; amigo**. Try to keep stress in mind when learning new words.

Actividad 1: Escucha y subraya. *(a)* Listen to the following names of Hispanic countries and cities and underline the stressed syllables. You will hear each name twice.

1. Panamá
2. Bogotá
3. Cuba
4. Venezuela

5. México
6. Madrid
7. Tegucigalpa
8. Asunción

(b) Turn off the cassette player and decide which of the words from part *(a)* need written accents. Write the missing accents over the appropriate vowels.

Actividad 2: Los acentos. *(a)* Listen to the following words related to an office and underline the stressed syllables. You will hear each word twice.

1. oficina
2. director
3. papel
4. discusión

5. teléfono
6. bolígrafo
7. secretario
8. instrucciones

(b) Turn off the cassette player and decide which of the words from part *(a)* need written accents. Write the missing accents over the appropriate vowels.

MEJORANDO TU COMPRENSIÓN

Actividad 3: La fiesta. You will hear three introductions at a party. Indicate whether each one is formal or informal.

1.

SONIA	¿Cómo se llama Ud.?
PEDRO	Pedro Díaz, ¿y Ud.?
SONIA	Sonia Martínez.
PEDRO	Mucho gusto.

2.

MÓNICA	Me llamo Mónica, ¿y tú?
CLAUDIO	Claudio.

3.

MUJER	Hola. ¿Cómo te llamas?
CARLOS	Carlos, pero me llaman Carlitos.

Actividad 4: ¿De dónde eres? You will hear three conversations. Don't worry if you can't understand every word. Just concentrate on discovering where the people in the pictures are from. Write this information on the lines provided in your lab manual.

1.

MARÍA	Soy María, ¿y tú?
MARIO	Me llamo Mario.
MARÍA	¿De dónde eres?
MARIO	Soy de Ecuador.

2.

CRISTINA	Me llamo Cristina Ramos.
TOMÁS	Tomás López. Perdón, ¿es de Guatemala?
CRISTINA	Efectivamente, soy de Guatemala.

3.

MUJER	¡Qué lindo acento tienes! ¿Eres de Argentina?
HOMBRE	No, soy de Uruguay, ¿y tú?
MUJER	De Chile.

Actividad 5: ¡Hola! ¡Adiós! You will hear three conversations. Don't worry if you can't understand every word. Just concentrate on discovering whether the people are greeting each other or saying good-bye.

1.

CARLOS	¡Pedro! ¿Cómo estás?
PEDRO	Tanto tiempo, ¿no? Muy bien, ¿y tú?
CARLOS	Bien, bien. ¡Qué suerte encontrarte!
PEDRO	¿Tienes tiempo para ir a tomar un café?
CARLOS	Vamos.

2.

MUJER	Bueno, Sr. Escaleli, gracias por la invitación. Buenas noches.
SR. ESCALELI	Hasta mañana. Nos vemos en la oficina a las ocho.
MUJER	De acuerdo.

3.

ANIMADORA	Buenas noches, señoras y señores. Bienvenidos a este show. ¿Cómo están hoy?
PÚBLICO	Bien.
ANIMADORA	Bueno, me alegro. Hoy les vamos a presentar ...

Actividad 6: La entrevista. A man is interviewing a woman for a job. You will only hear what the man is saying. As you listen, number the response that the interviewee should logically make to each of the interviewer's statements and questions. Before listening to the interview, look at the woman's possible responses. You may have to listen to the interview more than once.

ENTREVISTADOR	Siéntese, por favor.
CLAUDIA	...
ENTREVISTADOR	¿Cómo está hoy?
CLAUDIA	...
ENTREVISTADOR	¿Cómo se llama, señorita?

CLAUDIA	...
ENTREVISTADOR	¿Y de dónde es?
CLAUDIA	...
ENTREVISTADOR	Muy bien. A ver su curriculum vitae, por favor.

Actividad 7: Las capitales. You will hear a series of questions on the capitals of various countries. Circle the correct answers in your lab manual. Before you listen to the questions, read all possible answers.

1. ¿Cuál es la capital de El Salvador?
2. ¿Cuál es la capital de España?
3. ¿Cuál es la capital de los Estados Unidos?

Actividad 8: Los mandatos. You will hear a teacher give several commands. Number the picture that corresponds to each command. If necessary, stop the tape after each item.

1. Escuchen la conversación entre Vicente y Teresa.
2. Abran el libro en la página 2.
3. Saquen papel.
4. Levántate, por favor.

Actividad 9: Las siglas. Listen and write the following acronyms.

1. IBM
2. CBS
3. FMI

4. BBC
5. RCA
6. CNN

Actividad 10: ¿Cómo se escribe? You will hear two conversations. Concentrate on listening to the names that are spelled out within the conversations and write these names in your lab manual.

1.

SECRETARIA	... Bueno, ¿me puede dar su nombre, por favor?
CECILIA	Sí, cómo no. Cecilia Obuljen.
SECRETARIA	¿Cómo se escribe "Obuljen"?
CECILIA	O-be larga-u-ele-jota-e-ene.
SECRETARIA	Bueno, gracias.
CECILIA	No, gracias a Ud.

2.

CLIENTE	Sí, quisiera una habitación.
RECEPCIONISTA	¿Doble o sencilla?
CLIENTE	Sencilla, por favor.
RECEPCIONISTA	Bueno, ¿su nombre?
CLIENTE	Marinetti.
RECEPCIONISTA	A ver ... ¿Cómo se escribe?
CLIENTE	Eme-a-ere-*ehm*-i-ene-e-te-te-a. No, no. I.
RECEPCIONISTA	¿Te-te-i o te-te-a?
CLIENTE	Te-te-i: Marinetti.
RECEPCIONISTA	Bien.

You have finished the lab program for the Preliminary Chapter.

Capítulo 1

MEJORANDO TU PRONUNCIACIÓN

Vowels

In Spanish, there are only five basic vowel sounds: **a, e, i, o, u.** These correspond to the five vowels in the alphabet. In contrast, English has long and short vowels, for example, the long *i* in *pie* and the short *i* in *pit*. In addition, English has the short sound, schwa, which is used to pronounce many unstressed vowels. For example, the first and last *a* in the word *banana* are unstressed and are therefore pronounced [ə]. Listen: *banana*. In Spanish, there is no similar sound because vowels are usually pronounced in the same way whether they are stressed or not. Listen: **banana.**

Actividad 1: Escucha la diferencia. Listen to the contrast in vowel sounds between English and Spanish.

1. map   mapa
2. net   neto
3. sea   sí
4. tone   tono
5. taboo   tabú

Actividad 2: Escucha y repite. Listen and repeat the following names, paying special attention to the pronunciation of the vowel sounds.

1. Ana Lara (#)
2. Pepe Méndez (#)
3. Mimi Pinti (#)
4. Toto Soto (#)
5. Lulú Mumú (#)

Actividad 3: Repite las oraciones. Listen and repeat the following sentences from the textbook conversations. Pay attention to the pronunciation of the vowel sounds.

1. ¿Cómo se llama Ud.? (#)
2. Buenos días. (#)
3. ¿Cómo se escribe? (#)
4. ¿Quién es ella? (#)
5. Juan Carlos es de Perú. (#)
6. Las dos Coca-Colas. (#)

MEJORANDO TU COMPRENSIÓN

Actividad 4: Guatemala. You will hear a series of numbers. In your lab manual, draw a line to connect these numbers in the order in which you hear them. When you finish, you will have a map of Guatemala.

4, 7, 47, 50, 60, 68, 67, 95, 94, 72, 62, 53, 33, 35, 13, 14, 4

Actividad 5: Los números de teléfono. You will hear a telephone conversation and two recorded messages. Don't worry if you can't understand every word. Just concentrate on writing down the telephone number that is given in each case.

1.

OPERADORA	Operadora. ¿Qué número?
HOMBRE	Carlos Sánchez.
OPERADORA	Un momento ... Sí, es el 2-34-97-88.
HOMBRE	¿97-78?
OPERADORA	No, 97-88.
HOMBRE	Gracias.

2.

VOZ MASCULINA	Buenos días. Ud. se ha comunicado con un número que ha sido desconectado. El nuevo número es 58-92-02. Una vez más, 58-92-02. Gracias y buenos días.

3.

VOZ FEMENINA	Hola. Te has comunicado con el 8-3-7-0-4-2-2. No estoy ahora mismo. Deja un mensaje después de la señal y te llamaré en cuanto me sea posible. Chau.

Actividad 6: ¿Él o ella? Listen to the following three conversations and put a check mark under the drawing of the person who is being talked about in each case. Don't worry if you can't understand every word. Just concentrate on discovering whom each discussion refers to.

1.

HOMBRE	Bueno, es una persona muy dinámica.
MUJER	Sí, por eso es muy buena actriz y ha hecho muchas películas exitosas.

2.

HOMBRE	Por favor, señor. ¿Puede venir? ¡Qué hombre tan lento!

3.

MUJER	¿Y qué? ¿Te da miedo ir al dentista?
HOMBRE	Para nada. Pienso que el Dr. Gómez es un dentista excelente.

Actividad 7: En el tren. Carlos is talking to a woman with a child on the train. Listen to the questions that he asks. For each question, number the response that would be appropriate for the woman to give. Before you begin the activity, read the possible responses.

CARLOS	Hola. ¿Cómo te llamas?
ANDREA	...
CARLOS	¿Y ella? ¿Cómo se llama?
ANDREA	...
CARLOS	¿Cuántos años tiene?
ANDREA	...
CARLOS	¡Qué chiquita! Oye, ¿de dónde son?
ANDREA	...
CARLOS	¡Qué ciudad más bonita!

Actividad 8: En el hotel. You will hear a conversation between a hotel receptionist and a guest who is registering. Fill out the computer screen in your lab manual with information about the guest. Don't worry if you can't understand every word. Just concentrate on listening for the information needed. You may have to listen to the conversation more than once. Remember to look at the computer screen before you begin the activity.

EL RECEPCIONISTA	Sí, un momentito. A ver ... Sí. ¿Cómo se llama?
MARÍA	María Schaeffer.
EL RECEPCIONISTA	Este ... ¿Cómo se escribe su apellido?
MARÍA	Ese-che-a-e-efe-efe-e-ere.
EL RECEPCIONISTA	¿Qué? ¿Es un apellido alemán?
MARÍA	Sí, pero no soy alemana.
EL RECEPCIONISTA	¿De dónde es?
MARÍA	De Nicaragua.
EL RECEPCIONISTA	¿Qué ciudad?
MARÍA	Managua.
EL RECEPCIONISTA	¿Su dirección en Managua?
MARÍA	Calle 5, número 2, 3, 2.
EL RECEPCIONISTA	... ¿Código postal?
MARÍA	1, 4, 3, 2.
EL RECEPCIONISTA	¿Y cuál es su ocupación?
MARÍA	Soy arquitecta.
EL RECEPCIONISTA	Listo. ¡Ah! No, no. Me olvidaba del teléfono. ¿Cuál es su número de teléfono?
MARÍA	74 89 70. (Setenta y cuatro, ochenta y nueve, setenta.)
EL RECEPCIONISTA	Bueno. Ya tengo toda la información que necesito. Ahora ...

Actividad 9: Los participantes. Mr. Torres and his assistant are going over the participants they have chosen for a TV game show. Listen to their conversation and fill out the chart with information on the participants. Don't worry if you can't understand every word. Just concentrate on listening for the information needed to complete the chart. You may have to listen to the conversation more than once.

LA ASISTENTE	Creo que ya tenemos a dos hombres y a dos mujeres para participar en el show de hoy.
SR. TORRES	A ver la lista. Este muchacho, Francisco Lara, es de Guatemala, ¿no?
LA ASISTENTE	No, Sr. Torres. El es de Chile. ¿No se acuerda? El otro, ¿cómo se llama? ¡Ah, sí! Gonzalo Catala. Ese es de Guatemala.
SR. TORRES	Bueno, ¿y qué hace el chico éste, Francisco?
LA ASISTENTE	Es ingeniero. Sí, creo que es un ingeniero bastante joven. Tiene unos veinticinco años.
SR. TORRES	Igual que Andrea Gamio. Ella también tiene veinticinco años.
LA ASISTENTE	¿Y de dónde es ella?
SR. TORRES	De México. Es estudiante universitario. Creo que estudia economía. Una muchacha muy inteligente, por cierto.
LA ASISTENTE	Sí, la otra muchacha, Laura Gómez, también. Es abogada y se recibió en la Universidad Católica Boliviana.
SR. TORRES	¿Qué? ¿Esta chica es de Bolivia?
LA ASISTENTE	Así es. Es de La Paz y es muy simpática.
SR. TORRES	¿Y cuántos años tiene?
LA ASISTENTE	Veintiocho.
SR. TORRES	Bueno, ¿quién nos falta?
LA ASISTENTE	El otro muchacho, Gonzalo.
SR. TORRES	¿Qué hace este chico?
LA ASISTENTE	Es director de cine. Y bastante joven, por cierto. Tiene treinta años.
SR. TORRES	¡Qué bien!, ¿eh? Creo que tenemos un grupo muy interesante para el programa de hoy.

You have finished the lab program for Chapter 1. Now you will hear the textbook conversations.

Conversación: En el Colegio Mayor Hispanoamericano (text p. 15)

Conversación: En la cafetería del Colegio Mayor (text p. 27)

Capítulo 2

MEJORANDO TU PRONUNCIACIÓN

The consonant *d*

The consonant **d** is pronounced in two different ways in Spanish. When **d** appears at the beginning of a word or after **n** or **l**, it is pronounced by pressing the tongue against the back of the teeth, for example, **depósito**. When **d** appears after a vowel, after a consonant other than **n** or **l**, or at the end of a word, it is pronounced like the *th* in the English word *they*, for example, **médico**.

Actividad 1: Escucha y repite. Listen and repeat the names of the following occupations, paying special attention to the pronunciation of the letter **d**.

1. director (#)
2. dueña de un negocio (#)
3. vendedor (#)
4. médico (#)
5. estudiante (#)
6. abogada (#)

The Spanish sounds *p, t,* and *[k]*

The Spanish sounds **p, t,** and **[k]** ([k] represents a sound) are unaspirated. This means that no puff of air occurs when they are pronounced. Listen to the difference: *Peter*, **Pedro**.

Actividad 2: Escucha y repite. Listen and repeat the names of the following objects often found around the house. Pay attention to the pronunciation of the Spanish sounds **p, t,** and **[k]**.

1. periódico (#)
2. teléfono (#)
3. computadora (#)
4. televisor (#)
5. cámara (#)
6. disco compacto (#)

Actividad 3: Las cosas de Marisel. Listen and repeat the following conversation between Teresa and Marisel. Pay special attention to the pronunciation of the Spanish sounds **p, t,** and **[k]**.

TERESA	¿Tienes café? (#)
MARISEL	¡Claro que sí! (#)
TERESA	¡Ah! Tienes computadora. (#)
MARISEL	Sí, es una Macintosh. (#)
TERESA	A mí me gusta más la IBM porque es más rápida. (#)

MEJORANDO TU COMPRENSIÓN

Actividad 4: La perfumería. You will hear a conversation in a drugstore between a customer and a salesclerk. Check only the products that the customer buys and indicate whether she buys one or more than one of each item. Don't worry if you can't understand every word. Just concentrate on the customer's purchases. Before you listen to the conversation, read the list of products.

VENDEDORA	Buenos días, señora. ¿Qué necesita?
CLIENTA	Sí, voy a llevar una crema de afeitar.
VENDEDORA	¿Qué marca?
CLIENTA	Cualquiera. Deme Gillette.

VENDEDORA	Bien. Una crema de afeitar. ¿Algo más?
CLIENTA	Ah, sí. Quiero dos cepillos de dientes.
VENDEDORA	Bien ... Perdón, ¿cuántos cepillos quiere?
CLIENTA	Dos cepillos.
VENDEDORA	Aquí tiene.
CLIENTA	¡Ah me olvidaba! Quiero dos peines buenos y grandes.
VENDEDORA	Mire éste. ¿Le gusta?
CLIENTA	¡Qué bonito! Me gusta. Voy a llevar dos peines: uno para mí y uno para mi esposo.
VENDEDORA	Listo.
CLIENTA	¡Ah! Casi me olvido. Voy a comprar dos jabones Palmolive.
VENDEDORA	A ver si tengo Palmolive ... Sí, tengo. ¿Cuántos quiere?
CLIENTA	Deme tres jabones.
VENDEDORA	Bien. ¿Algo más? ¿Aspirinas, champú ... ?
CLIENTA	Ah, sí, sí. Un desodorante para mí. ¿Qué marca tiene?
VENDEDORA	Tengo desodorante Trinity y ... Frescura Segura.
CLIENTA	Voy a llevar un desodorante Trinity. Eso es todo.
VENDEDORA	Bien, entonces tenemos una crema de afeitar, dos cepillos de dientes, dos peines, tres jabones y un desodorante.
CLIENTA	Perfecto.
VENDEDORA	Entonces son ...

Actividad 5: ¿Hombre o mujer? Listen to the following remarks and write a check mark below the person or persons being described in each situation.

1. Sí, claro que María es buena estudiante. Ella saca diez en todos sus exámenes.
2. Es verdad. Tienes razón. Al pianista Trovo le gusta mucho la música de Rubén Blades. Él es un pianista muy bueno.
3. Yo admiro a mi madre. Es una economista famosa.
4. Claudio Bravo y Fernando Botero son dos artistas muy conocidos. Ellos tienen muy buenas obras de arte.

Actividad 6: El mensaje telefónico. Ms. Rodríguez calls home and leaves a message on the answering machine for her children, Esteban and Carina. Check off each item that Ms. Rodríguez reminds them about. Don't worry if you can't understand every word. Just concentrate on which reminders are for Esteban and which ones are for Carina. Before you listen to the message, look at the list of reminders.

Hola chicos. ¿Cómo están? Aquí les habla su mami. Estoy muy ocupada y tengo que trabajar mucho hoy. Bueno, Esteban, por favor, recuerda que tienes que estudiar matemáticas, que mañana tienes un examen. Así que estudia, por favor. Ehm ... quiero ... ¡Ah! Carina, no tienes que ir al dentista hoy. El doctor no puede atenderte hoy; así que no tienes que ir. Quizás la semana que viene pero hoy no. Eh ... ¿qué más? ¡Ah! Carina, tienes que mirar el video que dejé en mi habitación. Es excelente. Es un video sobre Chile que me dio una amiga. Así que mira ese video. Te va a gustar mucho. Y ... Esteban, tienes que comprar hamburguesas porque no hay comida en casa. ¿Y qué más? Bueno, creo que nada más. Entonces, Esteban: matemáticas y hamburguesas; y tú, Carina, no tienes que ir al dentista y mira el video. Chau.

Actividad 7: El regalo de cumpleaños. *(a)* You will hear a phone conversation between Álvaro and his mother, who would like to know what she can buy him for his birthday. Check off the things that Álvaro says he already has. Don't worry if you can't understand every word. Just concentrate on what Álvaro doesn't need. Before you listen to the conversation, read the list of possible gifts.

ÁLVARO	Dígame.
MAMÁ	¿Qué tal, Álvaro? Habla tu madre.
ÁLVARO	¿Qué tal, mamá? ¿Cómo estás?
MAMÁ	Bien, gracias. Oye, tu cumpleaños es la semana que viene, ¿no?
ÁLVARO	Sí.

MAMÁ	Quiero saber qué necesitas para tu nuevo apartamento, tu habitación, ...
ÁLVARO	No sé, mami. Tengo todo. No sé qué necesito.
MAMÁ	¿Toallas tienes?
ÁLVARO	Sí, tengo. Tengo dos.
MAMÁ	Tienes toallas. A ver ... Y una máquina de escribir. ¿Tienes máquina de escribir?
ÁLVARO	No. Pero tengo una computadora. No necesito una máquina de escribir.
MAMÁ	Bueno, está bien, está bien. ¿Y qué más? ¿Un reloj?
ÁLVARO	No necesito.
MAMÁ	¿Cómo que no necesitas un reloj? Bueh, a ver otra cosa. No sé qué te puedo regalar. ¿Una lámpara?
ÁLVARO	Bueno, una lámpara.
MAMÁ	¿Quieres una lámpara para el escritorio?
ÁLVARO	Eso es una buena idea. Una lámpara para mi escritorio.
MAMÁ	Bueno, hijo. Nos hablamos la semana que viene. ¿O.K.?
ÁLVARO	O.K.

(b) Now write what Álvaro's mother is going to give him for his birthday. You may need to listen to the conversation again.

Actividad 8: La agenda de Diana. *(a)* Turn off the cassette player and write in Spanish two things you are going to do this weekend.

   (b) Now complete Diana's calendar while you listen to Diana and Claudia talking on the phone about their weekend plans. Don't worry if you can't understand every word. Just concentrate on Diana's plans. You may have to listen to the conversation more than once.

CLAUDIA	... Ah, Diana, quería preguntarte: ¿vas a ir a la fiesta el sábado por la noche?
DIANA	¿Qué fiesta?
CLAUDIA	La fiesta que está organizando Marisel el sábado por la noche.
DIANA	Bueno, bueno, voy a ir. ¿Y qué tengo que llevar?
CLAUDIA	Y ... no sé ... ¿Por qué no llevas Coca-Cola?
DIANA	Bueno. Lo voy a escribir en mi agenda. Sábado ... ir a la fiesta de Marisel ... llevar Coca-Cola. Bien.
CLAUDIA	Cambiando de tema: ¿Vamos a ir a Toledo este viernes?
DIANA	¿Este viernes? A ver mi agenda. ¡Ah, no! Tengo un examen de literatura el viernes por la tarde. Así que tengo que estudiar. ¿Qué te parece el domingo? Vamos el domingo.
CLAUDIA	Bueno, está bien.
DIANA	Entonces el domingo por la mañana vamos a Toledo. Lo anoto. Domingo ... ir a Toledo.

Actividad 9: La conexión amorosa. Mónica has gone to a dating service and has made a tape describing her likes and dislikes. Listen to the tape and then choose a suitable man for her from the two shown. Don't worry if you can't understand every word. Just concentrate on Mónica's preferences. You may use the following space to take notes. Before you listen to the description, read the information on the two men.

Hola. Me llamo Mónica Esperoni. Tengo veintinueve años y soy arquitecta. Me gusta mucho la arquitectura. Me gusta bailar y me encanta cantar pero no me gusta mirar televisión. Pero me gusta mucho escuchar la radio, la música salsa—me gusta mucho la música salsa. Y me gusta leer; sí, me gusta leer. Me gusta leer libros de historia: de historia latinoamericana, de historia española, historia mundial, historia universal. Eso me gusta mucho.

You have just finished the lab program for Chapter 2. Now you will hear the textbook conversations.

Conversación: ¡Me gusta mucho! (text p. 37)

Conversación: Planes para una fiesta de bienvenida (text p. 52)

Capítulo 3

MEJORANDO TU PRONUNCIACIÓN

The consonants *r* and *rr*

The consonant **r** in Spanish has two different pronunciations: the flap, as in **caro**, similar to the double *t* sound in *butter* and *petty*, and the trill sound, as in **carro**. The **r** is pronounced with the trill only at the beginning of a word or after l or **n**, as in **reservado, sonrisa** *(smile)*. The **rr** is always pronounced with the trill, as in **aburrido**.

Actividad 1: Escucha y repite. Listen and repeat the following descriptive words. Pay attention to the pronunciation of the consonants **r** and **rr**.

1. enfermo (#)
2. rubio (#)
3. moreno (#)
4. gordo (#)

5. aburrido (#)
6. enamorado (#)
7. preocupado (#)
8. borracho (#)

Actividad 2: Escucha y marca la diferencia. Circle the word you hear pronounced in each of the following word pairs. Before you begin, look over the pictures and word pairs.

1. caro
2. corro
3. ahorra
4. cero

Actividad 3: Teresa. Listen and repeat the following sentences about Teresa. Pay attention to the pronunciation of the consonants **r** and **rr**.

1. Estudia turismo. (#)
2. Trabaja en una agencia de viajes. (#)
3. Su papá es un actor famoso de Puerto Rico. (#)
4. ¿Pero ella es puertorriqueña? (#)

MEJORANDO TU COMPRENSIÓN

Actividad 4: ¿En dónde? You will hear four remarks. In your lab manual, match the letter of each remark with the place where it is most likely to be heard. Before you listen to the remarks, review the list of places. Notice that there are extra place names.

a. ¡Bravo! ¡Bravo! (#)
b. Shhhhh ... Tienes que hablar en voz baja. (#)
c. ¿Qué prefiere, Iberia o American Airlines? (#)
d. Sí, voy a llevar una novela de Isabel Allende. (#)

Actividad 5: Mi niña es ... A man has lost his daughter in a department store and is describing her to the store detective. Listen to his description and place a check mark below the drawing of the child he is looking for. Don't worry if you can't understand every word. Just concentrate on the father's description of the child. Before you listen to the conversation, look at the drawings.

PADRE	Buenos días, señor. ¿Ud. es el detective?
DETECTIVE	Así es.
PADRE	Mire, no encuentro a mi hija. No sé dónde está.
DETECTIVE	¿Cómo es su hija?
PADRE	Es baja ... tiene pelo rubio... ¿Qué más?
DETECTIVE	¿Pelo corto o largo?
PADRE	Pelo corto.
DETECTIVE	¿Cuántos años tiene?
PADRE	Cinco. Y es muy bonita ... También es muy, muy delgada.
DETECTIVE	Bueno, no se preocupe, señor. La vamos a encontrar.
PADRE	Muchas gracias. Estoy muy preocupado.

Actividad 6: Su hijo está ... Complete the chart about Pablo as you hear the following conversation between his teacher and his mother. Fill in **en general** to describe the way Pablo usually is. Fill in **esta semana** to indicate how he has been behaving this week.

MAMÁ	Buenos días, maestra. Soy la mamá de Pablo Hernández.
MAESTRA	¡Ah! Sí, señora. Siéntese.
MAMÁ	Gracias.
MAESTRA	Mire, no sé qué le ocurre a Pablo, pero tiene problemas.
MAMÁ	¿Por qué? Él es un niño muy bueno.
MAESTRA	Sí, es un niño muy bueno pero esta semana no sé qué ocurre. Está aburrido en la clase; no le interesa nada; no estudia.
MAMÁ	Pero él es un niño muy inteligente.
MAESTRA	Sí, sí. Es un niño muy inteligente, pero no sé ... Ahora está siempre cansado en la clase. Está muy antipático. No habla con los otros niños.
MAMÁ	¿Pero cómo dice que Pablo es antipático, si él es muy simpático?
MAESTRA	Yo sé que él es muy simpático. Pero esta semana—hoy, por ejemplo—está muy antipático. No sé qué le ocurre. No habla mucho.
MAMÁ	Bueno, voy a hablar con él a ver si puedo hacer algo.

Actividad 7: La conversación telefónica. Teresa is talking with her father long-distance. You will hear her father's portion of the conversation only. After you hear each of the father's questions, complete Teresa's partial replies, provided in your lab manual.

PADRE	... ¿Y cómo se llama tu compañera de habitación?
TERESA	(1.)
PADRE	¿Qué hace ella?
TERESA	(2.)
PADRE	¿Dónde estudia?
TERESA	(3.)
PADRE	¿Pero de dónde es ella?
TERESA	(4.)
PADRE	¿Y sus padres viven en Colombia?
TERESA	(5.)
PADRE	¿Y qué hacen en Colombia? ¿Qué hace su papá?
TERESA	(6.)
PADRE	¿Y su mamá?
TERESA	(7.)
PADRE	Bueno, y tú, ¿cómo estás?
TERESA	(8.)
PADRE	¿Estudias mucho?
TERESA	(9.)
PADRE	¿Y qué haces después de clase?
TERESA	(10.)

PADRE	¿Y cómo está tu tío?
TERESA	(11.)
PADRE	Mándale saludos de mi parte. Dile que ...

Actividad 8: Intercambio estudiantil. Marcos contacts a student-exchange program in order to have a foreign student stay with him. Complete the following form as you hear his conversation with the program's secretary. Don't worry if you can't understand every word. Just concentrate on filling out the form. Before you listen to the conversation, read the form. You may have to listen to the conversation more than once.

SECRETARIA	Buenó, entonces, Marcos, dime, ¿cuántos años tienes?
MARCOS	Veintitrés.
SECRETARIA	¿Y eres estudiante?
MARCOS	Así es.
SECRETARIA	¿Qué estudias?
MARCOS	Computación. Voy a ser programador de computadoras.
SECRETARIA	Bien; bien ... ¿Y qué cosas te gustan hacer?
MARCOS	Bueno, me gusta leer ciencia ficción. Los fines de semana voy a correr con mis amigos. Me gusta la música rock. En general, voy a conciertos de rock bastante. Esteee ... ¿Qué más? Bueno, salgo mucho con mis amigos; vamos a bailar, a comer.
SECRETARIA	Bien, bien.
MARCOS	Creo que soy una persona bastante sociable.
SECRETARIA	Sí, creo que sí. Y ... A ver ... ¿De qué país te gustaría recibir una persona?
MARCOS	No sé ... De los Estados Unidos o de Canadá.
SECRETARIA	Estadounidense o canadiense ... bien. ¿Y hablas inglés?
MARCOS	Sí, hablo inglés y también hablo un poco de francés.
SECRETARIA	Muy bien.
MARCOS	¿Qué más?
SECRETARIA	Creo que nada más. Cuando contactemos a alguien, te vamos a llamar por teléfono. ¡Ah! Me olvidaba. ¿Cuál es tu teléfono?
MARCOS	54-67-39.
SECRETARIA	Bien. Bueno, Marcos, mucha suerte.
MARCOS	Gracias, señora.
SECRETARIA	Buenos días.
MARCOS	Adiós.

Actividad 9: Las descripciones. *(a)* Choose three adjectives from the list of personality characteristics that best describe each of the people shown. Turn off the cassette player while you make your selection.

(b) Now listen as these two people describe themselves, and enter these adjectives in the blanks provided. You may have to listen to the descriptions more than once.

Hola. Me llamo Fabiana. ¿Y cómo soy? Soy una persona artística, muy artística. Me gusta pintar. No soy intelectual. ¿Pesimista? No, no soy pesimista. Soy optimista. No soy muy paciente con la gente a veces. Y ... este ... soy una persona inteligente y muy simpática. Creo que soy simpática, o por lo menos eso es lo que dicen mis amigos: que soy simpática.

Hola. Eh ... Soy Juan. Tengo veinticinco años y soy un poco tímido. Soy una persona intelectual. Me gusta mucho leer; me gusta estudiar. ¿Paciente? No, no soy paciente. Mis amigos dicen que soy pesimista. Es verdad: soy pesimista. Soy una persona seria y no soy muy sociable. Prefiero muchas veces estar solo que mal acompañado.

You have finished the lab program for Chapter 3. Now you will hear the textbook conversations.

Conversación: Una llamada de larga distancia (text p. 60)

Conversación: Hay familias ... y ... FAMILIAS (text p. 75)

Capítulo 4

MEJORANDO TU PRONUNCIACIÓN

The consonant ñ

The pronunciation of the consonant ñ is similar to the *ny* in the English word *canyon*.

Actividad 1: Escucha y repite. Listen and repeat the following words, paying attention to the pronunciation of the consonants **n** and **ñ**.

1. cana (#)   caña (#)
2. una (#)   uña (#)
3. mono (#)   moño (#)
4. sonar (#)   soñar (#)

Actividad 2: Escucha y repite. Listen and repeat the following sentences from the textbook. Pay special attention to the pronunciation of the consonants **n** and **ñ**.

1. Estoy subiendo una montaña. (#)
2. Conoces al señor Rodrigo, ¿no? (#)
3. ¿Podrías comprar una guía urbana de Madrid de este año? (#)
4. ¿Cuándo es tu cumpleaños? (#)

MEJORANDO TU COMPRENSIÓN

Actividad 3: Los sonidos de la mañana. Listen to the following sounds and write what Paco is doing this morning.

1. Buenos días. Es hora de levantarse, mis amigos. Radio KPFK. *(Sound of a young man yawning.)*
2. Uno, dos, tres ... *(Voice of a young man exercising.)*
3. *(Water splashing. Sound of someone washing his face.)*
4. *(Sound of someone taking a shower and humming as he showers.)*

Actividad 4: El tiempo este fin de semana. *(a)* As you hear this weekend's weather forecast for Argentina, draw the corresponding weather symbols on the map under the names of the places mentioned. Remember to read the place names on the map and look at the symbols before you listen to the forecast.

LOCUTORA	Muy buenas noches. Y ahora con ustedes Marco Antonio con el tiempo para mañana.
MARCO	Bueno, estimados radioescuchas, ahora el tiempo para este fin de semana. En Buenos Aires hay muchas probabilidades de lluvia. ¡Qué lástima! Así que lluvia este fin de semana. En Buenos Aires vamos a tener una temperatura de diez grados. Para La Pampa ... eh ... una temperatura de ocho grados y va a hacer mucho viento. Bariloche: afortunados los que van a esquiar porque va a nevar mañana, con una temperatura de quince grados bajo cero. Brrr, ¡qué frío! Y para los que están bien en el sur, Tierra del Fuego: una temperatura de veinte grados bajo cero y vientos provenientes de la Antártida. Ahora al norte. Jujuy: en Jujuy van a tener mucho sol este fin de semana con una temperatura de veinte grados. ¡Qué lindo! ¡Eso sí que me gusta! Y para las Cataratas de Iguazú, el pronóstico anticipa lluvia para este fin de semana con una temperatura entre los dieciséis y veinte grados. Muchas gracias por su atención y buen fin de semana.

(b) Now rewind the tape and listen to the forecast again, this time adding the temperatures in Celsius under the names of the places mentioned.

Actividad 5: El detective Alonso. Detective Alonso is speaking into his tape recorder while following a woman. Number the drawings in the upper left corner according to the order in which he says the events take place. Don't worry if you can't understand every word. Just concentrate on the sequence of events.

Bueno, aquí estoy mirando a la mujer, que ahora está saliendo. Ahí viene; ahí está saliendo del bar sola. ¿Pero qué pasa? Ahora entra nuevamente al bar; entra al bar. A ver si la puedo ver. Sí, está en este momento hablando con un hombre alto; tiene bigote; no sé quién es. No lo conozco. Ahora ella le está dando un cassette a este hombre ... sí ... Ajá ... ahora está hablando con otro hombre. Este hombre también es alto, ¿pero quién es este hombre? Es alto y delgado. Creo que lo conozco. ¿Pero quién es? Bueno, ahí salen; ahí están saliendo el hombre y la mujer. ¡Ay! Me están mirando. Me vieron; me vieron ...

Actividad 6: La identificación del ladrón. As you hear a woman describing a thief to a police artist, complete the artist's sketch. You may have to rewind the tape and listen to the description more than once.

El hombre este ... tenía una cara grande y ... unas orejas grandes como Dumbo, ¿vio? Tenía unas orejas bien grandes. ¿Qué más? El pelo. Ah, no. No tenía pelo. Y tenía ojos pequeños, muy pequeños, y una narizota, una nariz grande. Ah, sí, sí, tenía bigote como Groucho Marx, ¿vio? Y unos dientes grandes, urra boca grande y unos dientes bien grandes. ¿Qué más? Sí, su cuello era largo, bien largo como una jirafa y tenía barba, poca barba pero tenía barba. Eso es lo que recuerdo de su cara.

Actividad 7: La entrevista. Lola Drones, a newspaper reporter, is interviewing a famous actor about his weekend habits. Cross out those activities listed in Lola's notebook that the actor does *not* do on weekends. Don't worry if you can't understand every word. Just concentrate on what the actor does not do on weekends. Remember to read the list of possible activities before you listen to the interview.

LOLA	Bueno, me gustaría que me digas un poco lo que haces los fines de semana. Por ejemplo, ¿te levantas tarde?
ACTOR	No, no me levanto tarde. Me levanto temprano y voy al parque a correr.
LOLA	No me digas.
ACTOR	Sí, corro en el parque ... más o menos una hora.
LOLA	¿Y haces gimnasia en un gimnasio también?
ACTOR	No, no voy a un gimnasio. Solamente corro en el parque y después voy a casa ... eh ... a veces veo televisión ...
LOLA	Y, por ejemplo, los fines de semana: ¿trabajas? ¿estudias tus libretos?
ACTOR	No, no. Los fines de semana no estudio, no trabajo. Los fines de semana en general salgo con mi familia ... eh ... y vamos ... a comer afuera a diferentes restaurantes y ¿qué más?
LOLA	¿Y vas al cine?
ACTOR	No, al cine no voy porque ya tengo demasiado cine en la semana con mi trabajo. Bueno, es decir, tengo un fin de semana bastante tranquilo, ¿no?, con mi familia, mis amigos ... corriendo, y me gusta levantarme temprano ...

You have finished the lab program for Chapter 4. Now you will hear the textbook conversation.

Conversación: Noticias de una amiga (text p. 86)

Capítulo 5

MEJORANDO TU PRONUNCIACIÓN

The consonants *ll* and *y*

The consonants **ll** and **y** are usually pronounced like the *y* in the English word *yellow*. When the **y** appears at the end of a word, or alone, it is pronounced like the vowel **i** in Spanish.

Actividad 1: Escucha y repite. Listen and repeat the following verse. Pay special attention to the pronunciation of the **ll** and the **y**.

Hay una toalla (#)
en la playa amarilla. (#)
Hoy no llueve (#)
Ella no tiene silla. (#)

Actividad 2: Escucha y repite. Listen and repeat the following sentences from the text. Pay special attention to the pronunciation of the **ll** and the **y**.

1. **Y** por favor, otra cerveza. (#)
2. Voy a llamar a Vicente y a Teresa. (#)
3. Ellos también van al cine. (#)
4. ¡Ay! No me gusta la actriz. (#)

MEJORANDO TU COMPRENSIÓN

Actividad 3: ¿Qué acaban de hacer? As you hear the following short conversations, circle what the people in each situation have just finished doing. Remember to read the list of possible activities before you begin.

1.
HOMBRE A   ¡Ay! ¡Pero qué aburrida! ¡Y qué final tan malo!
MUJER A   Este director es terrible.

2.
MUJER B   Basta. No puedo comer nada más.
HOMBRE B   Bueno, ahora nos tomamos un café.

3.
HOMBRE C   ¡Qué buen partido! Pero ahora estoy muy cansado.
HOMBRE D   Yo también. Vamos a ducharnos.

Actividad 4: El cine. You will hear a recorded message and a conversation, both about movie schedules. As you listen, complete the information on the cards. Don't worry if you can't understand every word. Just concentrate on filling out the cards. Remember to look at the cards before beginning.

HOMBRE A   Muy buenas tardes. Ud. se ha comunicado con el cine Gran Rex. La película de esta semana es *La historia oficial,* con Norma Aleandro, ganadora del Óscar a la mejor película extranjera. Las funciones de hoy son: la matinée a las tres, luego en la tarde a las cinco y cuarto, y por la noche tenemos dos funciones—a las siete y media y a las diez. El precio es $425 y el precio de la matinée es $340. Gracias por llamar y buenas tardes.

MUJER	Splendid, buenos días.
HOMBRE B	Sí, buenos días. Quería saber a qué hora empieza la película.
MUJER	¿Qué película? Hoy tenemos *Rambo VIII*, *Batman III* y *La mujer cucaracha*.
HOMBRE B	Ésa, ésa. *La cucaracha*.
MUJER	Bueno, hay varias funciones. Por la noche tenemos una función que comienza a las ocho y otra a las diez y media.
HOMBRE B	No. Quiero saber las funciones de la tarde.
MUJER	Bueno, hoy tenemos una función a las cinco menos cuarto.
HOMBRE B	¿Y el precio?
MUJER	$350.
HOMBRE B	¿No hay descuento para la matinée?
MUJER	No. Es el mismo precio.
HOMBRE B	Bueno, gracias.
MUJER	Adiós.

Actividad 5: Las citas del Dr. Malapata. As you hear Dr. Malapata's receptionist making appointments for two patients, complete the corresponding scheduling cards.

1.

SRA. GÓMEZ	Adiós, doctor.
DOCTOR	Adiós, Sra. Gómez. Que siga bien.
SRA. GÓMEZ	Sí, señorita. Me dice el doctor que tengo que venir el mes que viene.
RECEPCIONISTA	Bien. ¿Su nombre era?
SRA. GÓMEZ	Soy la Sra. Gómez.
RECEPCIONISTA	A ver ... Para el mes que viene me dice, ¿no?
SRA. GÓMEZ	Sí, para agosto.
RECEPCIONISTA	A ver ... El 16 ... El 16 es un miércoles. ¿Está bien?
SRA. GÓMEZ	A ver. Espere que mire mi agenda ... Dieciséis de agosto ... Sí, está bien. ¿A qué hora?
RECEPCIONISTA	¿Puede ser a las tres y veinte de la tarde?
SRA. GÓMEZ	Las tres y veinte ... No, no puedo pero sí puedo a las cuatro menos cuarto ... Tres y media, mejor.
RECEPCIONISTA	Bueno. Entonces, a las tres y media de la tarde. Yo voy a anotarlo en esta tarjeta. Hoy es 10 de julio.
SRA. GÓMEZ	No, no hoy es 11 de julio. Es el cumpleaños de mi esposo.
RECEPCIONISTA	Bien ... Bueno, tome esta tarjeta. Así recuerda cuándo tiene que venir a ver al doctor.
SRA. GÓMEZ	El 16 de agosto a las tres y media.
RECEPCIONISTA	Correcto.
SRA. GÓMEZ	Gracias. Adiós.
RECEPCIONISTA	De nada.

2.

RECEPCIONISTA	Consultorio. Buenos días.
PACIENTE	Sí, quisiera hacer una cita con el Dr. Malapata.
RECEPCIONISTA	Bueno. ¿Para cuándo puede ser?
PACIENTE	Para esta semana.
RECEPCIONISTA	Bueno, esta semana va a ser difícil.
PACIENTE	Es que necesito ver al doctor esta semana.
RECEPCIONISTA	A ver ... este ... Hoy es lunes. A ver el viernes, este viernes.
PACIENTE	Bueno, ¿pero a qué hora?
RECEPCIONISTA	El viernes tiene que ser temprano por la mañana. A las nueve y cuarto.
PACIENTE	Pero tengo que trabajar el viernes a esa hora. ¿No puede ser un poco más temprano?
RECEPCIONISTA	A ver, déjeme ver. Bueno, la única posibilidad que le puedo ofrecer es a las nueve menos cuarto.
PACIENTE	Sí, sí, está bien. A las nueve menos cuarto está perfecto para mí.
RECEPCIONISTA	Bien. Bien. Entonces, la fecha de hoy es 11 de julio y la cita es el 15 de julio, a las nueve menos cuarto de la mañana. ¿Su nombre, por favor?
PACIENTE	Kleinburd.

RECEPCIONISTA	¿Cómo se escribe? Ka-ele-a- ...
PACIENTE	No, no. Ka-ele-e-i-ene-be larga-u-ere-de (de dedo).
RECEPCIONISTA	Bueno. Entonces, Sr. Kleinburd, su cita es el viernes 15 de julio a las nueve menos cuarto de la mañana.
PACIENTE	Bien. Gracias, señorita.
RECEPCIONISTA	De nada. Adiós.

Actividad 6: *Segundamano*. Pedro works in the advertising department of the magazine *Segundamano*. Complete the following ads that telephone callers want to place. Don't worry if you can't understand every word. Just concentrate on completing the ads. Remember to look at the ads before you listen to the conversations.

1.

PEDRO	*Segundamano*, buenos días.
MUJER	Sí, llamo para poner un aviso.
PEDRO	Sí, dígame.
MUJER	"Se necesita secretaria".
PEDRO	Un momento. "Se necesita secretaria". ¿Sí?
MUJER	"Llamar al 87-69-32".
PEDRO	¿Algo más?
MUJER	No. Eso es todo.
PEDRO	Bueno. Adiós.
MUJER	Adiós.

2.

HOMBRE A	... ¿Pero cuánto cuesta el aviso?
PEDRO	Si es corto, el aviso es gratis.
HOMBRE A	¡Ah! Bueno, bueno. ¿Y cuándo sale?
PEDRO	El jueves.
HOMBRE A	Bueno, quiero poner: "Vendo moto Honda".
PEDRO	Vendo moto Honda.
HOMBRE A	"Modelo 94. Nueva".
PEDRO	Modelo 94. Nueva.
HOMBRE A	"Teléfono" ... No. Mejor abrevie; ponga "Tel".
PEDRO	Está bien.
HOMBRE A	"Tel. 675-4322".
PEDRO	¿Algo más?
HOMBRE A	Sí, el precio. "Precio 2.500 pesos". Listo.
PEDRO	De acuerdo. Recuerde que la revista aparece el jueves.
HOMBRE A	Gracias, ¿eh?
PEDRO	Buenos días.

3.

PEDRO	*Segundamano*. Un momento, por favor ... Sí, diga.
HOMBRE B	Sí, quiero poner un aviso. Un aviso de un servicio.
PEDRO	¿Qué tipo de servicio?
HOMBRE B	De traducciones.
PEDRO	Bien. Adelante.
HOMBRE B	"Hago traducciones del inglés al español. Llamar al Sr. Kowalski".
PEDRO	¿Cómo se escribe?
HOMBRE B	Ka-o-doble v-a-ele-ese-ka-i.
PEDRO	Listo. ¿Y el teléfono?
HOMBRE B	"75-33-00".
PEDRO	"75-33-00". Bien.
HOMBRE B	Eso es todo.
PEDRO	Bien. Buenos días, señor.
HOMBRE B	Adiós.

Actividad 7: La fiesta. *(a)* Look at the drawing of a party and write four sentences in Spanish describing what some of the guests are doing. Turn off the cassette player while you write.

(b) Miriam and Julio are discussing some of the guests at the party. As you listen to their conversation, write the guests' names in the drawing. Use arrows to indicate which name goes with which person. Don't worry if you can't understand every word. Just concentrate on who's who.

MIRIAM	Está divertida la fiesta.
JULIO	Sí, me gusta mucho. Ahora dime, ¿cómo se llama esa chica que está allí?
MIRIAM	... ¿Cuál?
JULIO	Ésa, ésa que está allí.
MIRIAM	¿La chica que lleva el vestido de rayas?
JULIO	No, la chica que tiene la falda de rayas que está con ella y está bebiendo una ... una Coca-Cola creo.
MIRIAM	¿La chica del pelo largo?
JULIO	Sí, sí, la del pelo largo pero no la del vestido, ¿eh? La chica de la falda.
MIRIAM	¡Ah! Ésa es ... este ... ¿Cómo se llama? ¡Ah, sí! Mariana. Te gusta, ¿no?
JULIO	Sí, es muy guapa.
MIRIAM	Y es abogada. Trabaja con su padre. ¿Quieres que te la presente?
JULIO	Sí, pero más tarde.
MIRIAM	¿Y a aquel hombre lo conoces? Es una persona muy simpática.
JULIO	¿Cuál?
MIRIAM	... Ése que está allí en el sofá.
JULIO	¿El hombre que tiene un saco negro?
MIRIAM	Sí, pero el hombre que no tiene bigote. Se llama Pablo y es mi profesor de historia en la universidad.
JULIO	¿Qué enseña?
MIRIAM	Historia inglesa.
JULIO	¿Y quién es esa otra chica?
MIRIAM	¿Aquélla?
JULIO	La chica que tiene pantalones y una pañoleta en los hombros.
MIRIAM	¿Cuál, la chica que está fumando?
JULIO	No, la chica que está bebiendo que tiene pantalones.
MIRIAM	¡Ah! La chica que está hablando con Tomás.
JULIO	Sí.
MIRIAM	¿Ella? Es mi amiga Lucía de Paraguay. Está aquí estudiando. ¿No la conoces?
JULIO	No. ¿Y cómo se llama la chica que está fumando?
MIRIAM	¿La que está fumando que también tiene una pañoleta? Ella es Fabiana y también estudia en la universidad. Quiere ser agente de viajes ...

(c) Now listen to the conversation again and write the occupations of the four guests next to their names.

Actividad 8: Los fines de semana. *(a)* Write three sentences in Spanish describing things you usually do on weekends. Turn off the cassette player while you write.

(b) Pedro is on the phone talking to his father about what he and his roommate, Mario, do on weekends. Listen to their conversation and check off Pedro's activities versus Mario's. Remember to read the list of activities before you listen to the conversation.

PEDRO	... Sí, Mario es muy simpático pero no es muy sociable, ¿sabes?
PADRE	¿Pero por qué dices eso?
PEDRO	Pues, no tiene muchos amigos y los fines de semana se acuesta temprano.
PADRE	¿Y tú? ¿Qué haces los fines de semana?
PEDRO	Pues, salgo por las noches con mis amigos. Y ... bueno, vuelvo al colegio mayor a las dos de la mañana.
PADRE	¿Y te levantas tarde?
PEDRO	Sí, a las doce del mediodía. Pero Mario también se levanta tarde. Así que imagínate: duerme diez o doce horas los fines de semana.
PADRE	Y durante el día, ¿qué haces los sábados y domingos?
PEDRO	Pues, Mario y yo vamos a jugar fútbol. ¿Sabes? Jugamos fútbol casi todos los fines de semana.

PADRE   Me parece bien. Es saludable practicar deportes. ¿Y tenis? ¿No estás jugando tenis?
PEDRO   No, no tengo tiempo para hacer todas las cosas que quiero hacer ...

You have finished the lab program for Chapter 5. Now you will hear the textbook conversations.

Conversación: Esta noche no estudiamos (text p. 109)

Conversación: De compras en San Juan (text p. 128)

Capítulo 6

MEJORANDO TU PRONUNCIACIÓN

The sound [g]

The sound represented by the letter **g** before **a, o,** and **u** is pronounced a little softer than the English *g* in the word *guy*: **gustar, regalo, tengo.** Because the combinations **ge** and **gi** are pronounced [he] and [hi], a **u** is added after the **g** to retain the [g] sound: **guitarra, guerra.**

Actividad 1: Escucha y repite. Listen and repeat the following phrases, paying special attention to the pronunciation of the letter **g**.

1. mi amiga (#)
2. te gustó (#)
3. es elegante (#)
4. sabes algo (#)
5. no tengo (#)
6. no pagué (#)

Actividad 2: ¡Qué guapo! Listen and repeat the following conversation between Claudio and Marisa. Pay special attention to the pronunciation of the letter **g**.

MARISA	Me gusta mucho. (#)
CLAUDIO	¿Mi bigote? (#)
MARISA	Sí, estás guapo pero cansado, ¿no? (#)
CLAUDIO	Es que jugué tenis. (#)
MARISA	¿Con Gómez? (#)
CLAUDIO	No, con López, el guía de turismo. (#)

The sound [k]

The [k] sound in Spanish is unaspirated, as in the words **casa, claro, quitar,** and **kilo.** The [k] sound is spelled **c** before **a, o,** and **u; qu** before **e** and **i;** and **k** in a few words of foreign origin. Remember that the **u** is not pronounced in **que** or **qui,** as in the words **qué** and **quitar.**

Actividad 3: El saco. Listen and repeat the following conversation between a salesclerk and a customer. Pay attention to the [k] sound.

CLIENTE	¿Cuánto cuesta ese saco? (#)
VENDEDORA	¿Aquél? (#)
CLIENTE	Sí, el de cuero negro. (#)
VENDEDORA	¿No quiere el saco azul? (#)
CLIENTE	No. Busco uno negro. (#)

MEJORANDO TU COMPRENSIÓN

Actividad 4: El gran almacén. You are in Araucaria, a department store in Chile, and you hear about the sales of the day over the loudspeaker system. As you listen, write the correct price above each of the items shown.

Bienvenidos a Araucaria. Aprovechen las ofertas de hoy. Para las damas tenemos unas bellísimas blusas de seda a 22.000 pesos. También tenemos faldas largas en varios colores de moda a 18.000 pesos. Y ahora que se acerca el verano, no dejen de ver nuestros trajes de baño importados, a sólo 19.000 pesos. Para los caballeros hoy tenemos unas chaquetas de cuero y de gamuza al increíble precio de 66.000 pesos y unas preciosas corbatas de seda rayadas en varios tonos a 11.200 pesos. Buenos días y gracias por su atención.

Actividad 5: La habitación de Vicente. Vicente is angry because Juan Carlos, his roommate, is very messy. As you listen to Vicente describing the mess to Álvaro, write the names of the following objects in the drawing of the room, according to where Juan Carlos leaves them.

VICENTE   Pero mira esta habitación. Te digo que es imposible vivir así. Juan Carlos deja sus medias sucias debajo de la cama. ¿Las ves ahí?

ÁLVARO   Sí, sí.

VICENTE   El teléfono debajo de la silla. Siempre está ahí y yo, como tonto, lo busco por todos lados. ¿Y los libros? Todos—pero todos, ¿eh?—encima de la cama. Ninguno en el escritorio; todos encima de la cama. Y el periódico siempre está detrás de la computadora. No sé por qué lo pone allí. ¿No te digo? Es imposible vivir en este desorden.

Actividad 6: ¿Presente o pasado? As you listen to each of the following remarks, check off whether the speaker is talking about the present or the past.

1. El sábado pasado almorzamos en un restaurante excelente.
2. ¿Qué hacemos ahora? Pues, buscamos un teléfono público.
3. Si tomamos mucho alcohol, no podemos manejar.
4. Anoche vimos una película dramática y lloramos como locos.

Actividad 7: El fin de semana pasado. *(a)* In your lab manual, write in Spanish three things you did last weekend. Turn off the cassette player while you write.

    (b) Now listen to Raúl and Alicia talking in the office about what they did last weekend. Write *R* next to the things that Raúl did and *A* next to the things that Alicia did. Remember to look at the list of activities before you listen to the conversation.

ALICIA   Buenos días, Raúl.

RAÚL   Hola, Alicia. ¿Cómo estás?

ALICIA   Bien, gracias, pero todavía tengo sueño. Tú sabes, los lunes estoy cansada como siempre, después del fin de semana.

RAÚL   ¿Qué hiciste?

ALICIA   Bueno, el sábado por la noche fui a la fiesta de Antonio ... ¿Pero por qué no fuiste?

RAÚL   Es que el sábado trabajé todo el día y como estaba cansado, comí algo en casa y me acosté temprano. Pero ¿y tú? ¿Fuiste el domingo a ver esa película que tanto querías ver?

ALICIA   ¡Ah, sí! Me encantó Meryl Streep. Es genial. Después fui con Marta a tomarme un café y hablamos hasta la una de la mañana. Así que me acosté tardísimo.

RAÚL   Y el domingo jugué tenis por la mañana.

ALICIA   ¡Ah! ¿Y miraste el partido de fútbol por televisión?

RAÚL   Sí. Por la noche me senté y miré el partido. Ganó Brasil dos a cero.

JEFA   ¡Señores! A trabajar, por favor.

Actividad 8: La familia de Álvaro. This is an incomplete tree of Álvaro's family. As you listen to the conversation between Álvaro and Clara, complete the tree with the initials of the names listed in your lab manual. Don't be concerned if you don't understand every word. Just concentrate on completing the family tree. You may have to listen to the conversation more than once.

ÁLVARO   Pero Clara, tú conoces a mi familia, ¿no?

CLARA   No. Sólo conozco a tu hermana Patricia.

ÁLVARO   Y a su esposo Juan José.

CLARA   Sí, creo que lo vi una vez.

ÁLVARO   Bueno, ¿y sabes que ahora soy tío? Tengo una sobrina, que se llama Flavia.

CLARA   ¡Te felicito! Tus padres deben estar contentísimos.

ÁLVARO   Imagínate. Es la primera nieta. Marta, mi mamá, le compró mucha ropa y Tomás, mi papá, le habla como a un adulto.

CLARA	Pero ¿y tú tienes abuelos?
ÁLVARO	Sí, pero sólo tengo dos: mi abuela Susana y mi abuelo Héctor. Ellos son los papás de mi mamá.
CLARA	¿Héctor? ¡Pero qué casualidad! ¡Yo también tengo un abuelo llamado Héctor!

Actividad 9: Una cena familiar. Tonight there is a family dinner at Álvaro's, and his mother is planning the seating arrangements. Listen to Álvaro's mother, Marta, as she explains her plan to Álvaro. Write the name of each family member on the card in front of his/her place setting. You may have to refer to **Actividad 8** for the names of some of Álvaro's relatives.

| MARTA | A ver cómo nos vamos a sentar esta noche. Creo que la abuela Susana se debe sentar a mi derecha, así me puede ayudar con los platos. Tu papá se puede sentar enfrente de mí en la otra punta de la mesa. Y a Juan José ... lo sentamos a su derecha. Al abuelo Héctor lo ponemos lejos de tu padre, así no se pelean. A ver ... Que se siente a mi lado, a mi izquierda y entonces a su izquierda podemos sentar a Flavia. Espero que se porte bien. ¿Qué te parece? Y tú, Álvaro, te sientas enfrente de Juan José. ¿Qué tal? ¡Ah! Y tu hermana Patricia ... que se siente a tu izquierda. Listo. |

Actividad 10: El matrimonio de Nando y Olga. *(a)* Nando and Olga have already gotten married and now Nando's father gets a phone call. Read the questions in your lab manual; then listen to the phone call and jot one-word answers next to each question. You may have to listen to the conversation more than once.

    (b) Now turn off your cassette player and use your one-word answers to write down complete answers to the questions from part *(a)*.

PADRE	¿Aló?
CARLOS	Hola, ¿Hernán?
PADRE	Carlos, ¿cómo estás?
CARLOS	Bien, bien, gracias.
PADRE	Carlos, ¡qué lástima que no pudiste venir al matrimonio de Nando y Olga! Estuvo sensacional.
CARLOS	Sí, yo también lo siento. Te llamé para decirte que no iba, pero no te encontré.
PADRE	No te imaginas lo lindo que estuvo el matrimonio. La novia estaba bellísima con un vestido que le hizo la mamá.
CARLOS	¿La señora Montedio le hizo el vestido a su hija?
PADRE	Sí, y su hija estaba bellísima.
CARLOS	¿Y tu hijo?
PADRE	No sabes. Mi hijo estaba muy guapo con ese traje negro que le alquiló la madre.
CARLOS	No me digas. ¡Qué lástima que no fui! Pero dime, ¿y adónde se fueron para la luna de miel?
PADRE	Bueno, nosotros les regalamos un viaje al Caribe.
CARLOS	¡Al Caribe! ¡Qué bonito!
PADRE	Sí, y ayer nos llamaron desde la República Dominicana y parece que lo están pasando de maravilla. Dicen que las playas son increíbles.
CARLOS	Alguien me habló de la República Dominicana. ¿Quién era? Bueh, no recuerdo, pero me dijeron que es espectacular ...

You have finished the lab program for Chapter 6. Now you will hear the textbook conversations.

Carta: Una carta de Argentina (text p. 138)

Conversación: El hotel secreto (text p. 154)

Capítulo 7

MEJORANDO TU PRONUNCIACIÓN

The consonants *b* and *v*

In Spanish, there is no difference between the pronunciation of the consonants **b** and **v**. When they occur at the beginning of a phrase or sentence, or after **m** or **n**, they are both pronounced like the *b* in the English word *bay*, for example, **bolso** and **vuelo**. In all other cases, they are pronounced by not quite closing the lips, as in **cabeza** and **nuevo**.

Actividad 1: Escucha y repite. Listen and repeat the following travel-related words, paying special attention to the pronunciation of the initial **b** and **v**.

1. banco (#)
2. vestido (#)
3. vuelo (#)
4. bolso (#)
5. vuelta (#)
6. botones (#)

Actividad 2: Escucha y repite. Listen and repeat the following weather expressions. Note the pronunciation of **b** and **v** when they occur within a phrase.

1. Está nublado. (#)
2. Hace buen tiempo. (#)
3. ¿Cuánto viento hace? (#)
4. Llueve mucho. (#)
5. Está a dos grados bajo cero. (#)

Actividad 3: En el aeropuerto. Listen and repeat the following sentences. Pay special attention to the pronunciation of **b** and **v**.

1. Buen viaje. (#)
2. ¿Y su hijo viaja solo o con Ud.? (#)
3. Las llevas en la mano. (#)
4. ¿Dónde pongo las botellas de ron? (#)
5. Vamos a hacer escala en Miami. (#)
6. Pero no se lo va a beber él. (#)

MEJORANDO TU COMPRENSIÓN

Actividad 4: ¿Qué es? As you hear each of the following short conversations in a department store, circle the name of the object that the people are discussing.

1.
HOMBRE A   Recuerde, señora: no la lave con agua caliente.
MUJER A   Bien. Entonces, la lavo con agua fría.
HOMBRE A   Exacto.

2.
MUJER B   Bueno, señor, ¿le gustan?
HOMBRE B   Sí, creo que voy a llevarlos. ¿Cuánto cuestan?
MUJER B   Ahora le digo.

3.

HOMBRE C	¿Y qué dices?
MUJER C	No podemos comprarlos. Son carísimos y no tenemos suficiente dinero.

Actividad 5: Un mensaje para Teresa. Vicente calls Teresa at work, but she is not there. Instead, he talks with Alejandro, Teresa's uncle. As you listen to their conversation, write the message that Vicente leaves.

Todos nuestros agentes están ocupados. Espere, por favor.

ALEJANDRO	TravelTur, buenos días. Dígame.
VICENTE	Buenos días. ¿Está Teresa?
ALEJANDRO	¿De parte de quién?
VICENTE	De parte de Vicente.
ALEJANDRO	Hola, Vicente. Habla Alejandro, el tío de Teresa. Ella no está.
VICENTE	Bueno, quisiera dejarle un mensaje.
ALEJANDRO	Sí, por supuesto. A ver un momento que tomo papel y lápiz ... Sí, dime.
VICENTE	¿Puede decirle que llamé?
ALEJANDRO	Llamó Vicente.
VICENTE	Estoy en casa de Álvaro. Que me llame aquí.
ALEJANDRO	Llamar a casa de Álvaro. ¿El teléfono?
VICENTE	Ella lo tiene.
ALEJANDRO	No importa. Dame el número de teléfono, por las dudas.
VICENTE	Bueno, es el 87 ...
ALEJANDRO	87 ...
VICENTE	45 ...
ALEJANDRO	45 ...
VICENTE	09 ...
ALEJANDRO	09 ... Bien. Hoy es 6 de septiembre y son las 2:00 de la tarde. Listo.
VICENTE	Bueno. Muchas gracias, Alejandro. Adiós.
ALEJANDRO	De nada. Adiós.

Actividad 6: La operadora. You will hear two customers placing overseas phone calls through an operator. As you listen, check the kind of call that each customer wants to make.

1.

Servicio Internacional, un momento, por favor ... Servicio Internacional, un momento, por favor.

OPERADORA	Sí, dígame.
MUJER	Sí, quiero hacer una llamada a España.
OPERADORA	¿A qué ciudad?
MUJER	Segovia.
OPERADORA	¿Número?
MUJER	71-17-26.
OPERADORA	¿La quiere persona a persona?
MUJER	No, no. Prefiero teléfono a teléfono.
OPERADORA	Bien. Un momento ...

2.

Servicio Internacional, un momento, por favor ... Servicio Internacional, un momento, por favor.

SR. PANCRACIA	Ufa.
OPERADORA	Servicio Internacional, buenos días.
SR. PANCRACIA	¡Por fin! Quiero llamar a Venezuela.
OPERADORA	¿Ciudad?
SR. PANCRACIA	Maracaibo. ¿Sabe qué hora es allí?
OPERADORA	Son ... las doce de la noche.
SR. PANCRACIA	Bien. Pero yo no quiero pagar la llamada.
OPERADORA	Entonces, ¿cobro revertido?

SR. PANCRACIA	Sí, para que la paguen en Maracaibo.
OPERADORA	De acuerdo. ¿Su nombre?
SR. PANCRACIA	Señor Pancracia.
OPERADORA	Bien.
SR. PANCRACIA	Y no importa quién conteste el teléfono.
OPERADORA	Está bien. ¿Qué número?
SR. PANCRACIA	El número es el 801-5986 ...

Actividad 7: Las excusas. Two of Perla's friends call her to apologize for not having come to her party last night. They also explain why some others didn't show up. As you listen, match each person with his/her excuse for not going to the party. Notice that there are extra excuses.

PERLA	¿Hola?
ANDRÉS	¿Perla?
PERLA	Sí, ¿quién habla?
ANDRÉS	Soy Andrés.
PERLA	¡Andrés! ¿Qué te pasó anoche que no viniste a la fiesta?
ANDRÉS	Discúlpame.
PERLA	Sí, pero pensé que venías.
ANDRÉS	Sí, es que este ... eh ...
PERLA	¿Qué te ocurrió?
ANDRÉS	Es que soy un tonto. Me dormí en el sofá y me desperté a las dos de la mañana.
PERLA	¿Y tu hermana?
ANDRÉS	¿Pilar? Pilar tiene un examen de geografía el lunes; así que estudió toda la noche ayer y ... Perla, ¿estás enojada?
PERLA	No. Está bien. ¿Cómo estás? ...

MADRE	¿Hola?
VIVIANA	¿Está Perla, por favor?
MADRE	A ver un momentito. ¿De parte de quién?
VIVIANA	De Viviana.
MADRE	Un momentito ...
PERLA	¿Hola, Viviana?
VIVIANA	Sí. ¿Cómo estás?
PERLA	Bien, ¿y tú?
VIVIANA	Bien, bien. ¿Cómo estuvo la fiesta anoche?
PERLA	Buenísima. Estuvimos bailando hasta las tres de la mañana. ¿Y a ti qué te ocurrió?
VIVIANA	Es que mis padres salieron y no pude dejar a mi hermano solo.
PERLA	¡Pues qué pena! Lo hubieras traído.
VIVIANA	Es que es muy pequeño y se acuesta temprano.
PERLA	¡Qué lástima!
VIVIANA	¡Ah! Y hablé con Esteban. ¡Qué tonto! No quiso salir anoche de su casa por la lluvia. Dice que hay muchos accidentes cuando llueve. Bueno, pero cuéntame de la fiesta. ¿Quiénes fueron? ...

Actividad 8: Aeropuerto Internacional, buenos días. You will hear three people calling the airport to ask about arriving flights. As you listen to the conversations, fill in the missing information on the arrival board.

OPERADORA	Aeropuerto Internacional, buenos días.
HOMBRE A	Sí, quisiera saber a qué hora llega el vuelo de Iberia que viene de Lima.
OPERADORA	¿Sabe el número de vuelo?
HOMBRE A	El 952.
OPERADORA	A ver un momento ... El 952. Aquí lo tengo. A las nueve y cincuenta.
HOMBRE A	A las nueve y cincuenta. Es decir que llega a tiempo.
OPERADORA	Sí, señor.
HOMBRE A	Bueno, muchas gracias.
OPERADORA	De nada.

OPERADORA	Aeropuerto Internacional, ¿qué desea?
MUJER	Sí, quiero saber a qué hora llega el vuelo 357 de VIASA.
OPERADORA	¿De dónde viene?
MUJER	Viene de Caracas.
OPERADORA	A ver ... Vuelo 357 de Caracas. Salió con retraso de Caracas; así que está llegando a las doce y cuarto hora local.
MUJER	¿Doce y cuarto dijo?
OPERADORA	Sí.
MUJER	Bueno, gracias. Adiós.
OPERADORA	Buenos días.
OPERADORA	Aeropuerto Internacional, buenos días.
HOMBRE B	Sí, señorita. ¿Me podría decir a qué hora llega el vuelo de la TWA de Nueva York?
OPERADORA	¿Sabe qué número de vuelo es?
HOMBRE B	No, no sé.
OPERADORA	¿Es directo?
HOMBRE B	No, hace escala en México.
OPERADORA	¡Ah! El vuelo 904. A ver ... llega a las catorce y treinta y cinco.
HOMBRE B	O sea que llega con retraso. ¡Qué problema! ¿No sabe qué ocurrió?
OPERADORA	Bueno, hizo escala en México y se demoró por la lluvia, pero está confirmado para llegar a las catorce y treinta y cinco.
HOMBRE B	Bueno, señorita, muchas gracias.
OPERADORA	De nada. Adiós.
HOMBRE	Adiós.

You have finished the lab program for Chapter 7. Now you will hear the textbook conversations.

Conversación: ¿En un "banco" de Segovia? (text p. 162)

Conversación: Un día normal en el aeropuerto (text p. 179)

Capítulo 8

MEJORANDO TU PRONUNCIACIÓN

The consonants *g* and *j*

As you saw in Chapter 6, the consonant **g**, when followed by the vowels **a, o,** or **u** or by the vowel combinations **ue** or **ui,** is pronounced a little softer than the *g* in the English word *guy,* for example, **gato, gordo, guerra. G** followed by **e** or **i** and **j** in all positions are both pronounced similarly to the *h* in the English word *hot,* as in the words **general** and **Jamaica.**

Actividad 1: Escucha y repite. Listen and repeat the following words. Pay attention to the pronunciation of the letters **g** and **j.**

1. ojo (#)
2. Juan Carlos (#)
3. trabajar (#)

4. escoger (#)
5. congelador (#)

Actividad 2: Escogiendo asignaturas. Listen and repeat the following conversation between two students. Pay attention to the pronunciation of the letters **g** and **j.**

ESTUDIANTE 1	¿Qué asignatura vas a escoger? (#)
ESTUDIANTE 2	Creo que psicología. (#)
ESTUDIANTE 1	Pero es mejor geografía. (#)
ESTUDIANTE 2	¡Ay! Pero no traje el papel para registrarme. (#)
ESTUDIANTE 1	¿El papel rojo? (#)
ESTUDIANTE 2	No. El papel anaranjado. (#)

MEJORANDO TU COMPRENSIÓN

Actividad 3: El crucigrama. Use the clues you will hear to complete the puzzle on electrical appliances. Remember to look over the list of words and the puzzle before you listen to the clues.

Número uno: Es algo que se usa en la casa para limpiar las alfombras. (#)
Número dos: Es algo que se usa por la mañana para preparar una bebida color marrón. (#)
Número tres: Es algo que se usa no para lavar los platos sino para lavar la ropa. (#)
Número cuatro: Es algo que se usa para lavar y secar los platos. (#)
Número cinco: Es algo que se usa por la mañana para preparar tostadas para el desayuno. (#)

Actividad 4: Alquilando un apartamento. Paulina has seen an ad listing an apartment for rent and calls to find out more about it. Listen to Paulina's conversation with the apartment manager and complete her notes on the apartment.

GERENTE	¿Aló?
PAULINA	Buenos días. Llamo por el aviso del apartamento que se alquila.
GERENTE	¿Sí?
PAULINA	Sí, me gustaría saber un poco más sobre el apartamento. El alquiler es $2.575, ¿no?
GERENTE	Así es, $2.575. Y hay que pagar un depósito también.
PAULINA	¿Cuánto es el depósito?
GERENTE	$1.200.

PAULINA	$1.200. Y, ¿está amueblado?
GERENTE	No, no tiene muebles pero sí tiene una cocina de gas.
PAULINA	¿Y tiene teléfono?
GERENTE	No, no tiene teléfono.
PAULINA	¿Y luz natural? ¿Tiene luz natural?
GERENTE	Sí, es muy iluminado pues está en un séptimo piso a la calle.
PAULINA	Bien. Me gustaría verlo.
GERENTE	Sí, cómo no. ¿Esta tarde a las cuatro está bien?
PAULINA	Sí, está bien.
GERENTE	¿Su nombre?
PAULINA	Paulina Gómez.
GERENTE	Bien.
PAULINA	¿Puede darme la dirección exacta?
GERENTE	Sí. San Martín 8963.
PAULINA	8963.
GERENTE	Séptimo piso, apartamento C.
PAULINA	Séptimo C.
GERENTE	Nos vemos entonces a las cuatro.
PAULINA	A las cuatro. Adiós.
GERENTE	Adiós.

Actividad 5: ¿Dónde ponemos los muebles? Paulina and her husband are moving into a new apartment and are now planning where to place their bedroom furniture. As you listen to their conversation, indicate where they are going to put each piece of furniture by writing the number of each item in one of the squares on the floor plan of their bedroom.

ESPOSO	¡Qué lindo apartamento que alquilamos!
PAULINA	Sí, lindísimo pero un poco pequeño.
ESPOSO	Bueno, no podemos tenerlo todo. Pero tenemos que decidir dónde poner nuestros muebles en esta habitación. A ver ... La cómoda puede ir aquí detrás de la puerta. ¿Te gusta?
PAULINA	Sí, creo que sí y entonces podemos poner la alfombra enfrente de la cómoda.
ESPOSO	Buena idea ... Y la cama. ¿Dónde ponemos la cama?
PAULINA	¿Qué sé yo? A ver ... Delante de la alfombra.
ESPOSO	Sí, delante de la alfombra y así podemos poner el televisor encima de la alfombra y así mirar televisión desde la cama.
PAULINA	Perfecto, entonces ponemos la alfombra entre la cama y la cómoda. Bueno, ¿y qué más tenemos?
ESPOSO	El sillón azul y la mesa aquella.
PAULINA	Bueno, me gustaría poner el sillón a la derecha del televisor.
ESPOSO	No, no, no. Mejor a la izquierda porque a la derecha está muy cerca de la puerta.
PAULINA	Bien, entonces a la izquierda. ¿Y qué opinas de poner la mesa a la derecha de la cama, al lado del ropero?
ESPOSO	Sí, está bien. Creo que ahí va a quedar bien. ¿Nos queda algún otro mueble?
PAULINA	No, ésos son todos.
ESPOSO	Bueno, ahora a colocarlos.

Actividad 6: En el Rastro. Vicente and Teresa go to the Rastro (an open-air market in Madrid) to look for some inexpensive shelves. Listen to their conversation with a vendor and, based on what you hear, check whether the statements in your lab manual are true or false.

VICENTE	Cuánta gente hay, ¿no?
TERESA	Sí, es que hoy es domingo y mucha gente no trabaja.
VICENTE	Oye. Mira esos estantes.
TERESA	¿Cuáles?
VICENTE	Aquéllos, los estantes blancos.
TERESA	Sí, de veras son bonitos. Vamos a averiguar el precio.

VICENTE	Vamos.
TERESA	Señor, quiero saber cuánto cuesta ese estante.
COMERCIANTE	¿Cuál? ¿Este blanco?
TERESA	Sí, ése mismo.
COMERCIANTE	6.000 pesetas.
TERESA	¡Pero qué caro!
COMERCIANTE	Es que es de muy buena calidad.
TERESA	Sí, pero igual es caro. ¿No tiene otros más baratos?
COMERCIANTE	No, es el único que tengo.
TERESA	Bueno, le doy 5.500 pesetas por éste.
COMERCIANTE	No, señorita, no puedo hacer eso.
VICENTE	Es que es una estudiante. No tiene mucho dinero.
COMERCIANTE	¿Pero cuántos estantes va a llevar?
TERESA	Necesito dos. Es que tengo muchos libros.
COMERCIANTE	Bueno, le doy dos por 10.000 pesetas.
TERESA	Está bien, 10.000 pesetas. Aquí tiene. Muchas gracias, señor.
COMERCIANTE	De nada.

Actividad 7: Radio consulta. *(a)* Esperanza is the hostess of **"Problemas"**, a call-in radio show. As you listen to the following conversation between a caller and Esperanza, check off the caller's problem.

ESPERANZA	Bueno, y ahora con nuestra próxima llamada. Sí, adelante. Está en el aire.
MUJER	¿Esperanza?
ESPERANZA	Sí, soy yo. ¿Cuál es su nombre?
MUJER	Esperanza, me llamo Catalina. No sabe lo feliz que estoy de poder hablar con Ud. Quiero felicitarla por el programa que tiene. Es excelente.
ESPERANZA	Bueno, muchas gracias. A ver. Cuéntenos su problema.
MUJER	Bueno, me da vergüenza decirlo.
ESPERANZA	No se preocupe. Estoy aquí para ayudarla.
MUJER	Bueno ... este ... Es un problema con mi esposo.
ESPERANZA	¿Qué ocurre?
MUJER	Es que hace dos meses que no se baña y tiene un olor terrible. Yo le digo que se bañe pero no quiere. No sé por qué. Siempre se pone las mismas medias sucias y sólo cuando yo las escondo— las pongo debajo de la cama, ¿sabe?—sólo cuando las pongo allí, donde él no las ve, se pone unas nuevas. Tiene un olor terrible. Parece un animal. No entiendo cómo hacen sus compañeros de la oficina para tolerar ese olor. Ya no sé qué hacer, pues es imposible estar con una persona que no se baña. ¿Qué hago?

(b) Before you listen to Esperanza's reply, choose which actions from the list *you* would advise the caller to take.

(c) Now, listen to Esperanza and check off the three pieces of advice she gives from the preceding list.

ESPERANZA	Bueno, querida Catalina, yo le aconsejo que lleve a su esposo a un psicólogo inmediatamente. No es normal que una persona no se bañe por tanto tiempo. Quiero que le diga a su esposo que es muy desconsiderado por no bañarse y que todos sienten ese olor terrible que él tiene. Busque un psicólogo y haga una cita para que su esposo hable con él. Quiero que le diga a su esposo que la situación no puede continuar así; si no, Ud. va a hacer algo drástico. ¿Me entendió?

Actividad 8: El dictáfono. Patricio's boss is out of the office, and she has left him a message on the dictaphone reminding him of the things they have to do today. Listen to the message and write a **P** in front of the things that Patricio is asked to do or a **J** (for **jefa**) in front of the things that Patricio's boss will do herself.

Patricio, tengo que salir un momento de la oficina, pero te dejo un mensaje con las cosas que tenemos que hacer hoy. Quiero que compres una cafetera para la oficina. La que tenemos no funciona bien. También es importante que les escribas el telegrama a los señores Montero. Yo necesito llamarlos para conseguir su dirección exacta. Pero no te preocupes. Quiero que escribas el telegrama, que yo averiguo la dirección. Esta tarde voy a llamar a la agencia de viajes para ver si tienen preparado mi pasaje. Necesito que vayas a buscar el pasaje, pues lo necesito para el fin de semana. No te preocupes por el dinero. Yo tengo que ir al banco a buscar dinero; así que te voy a dar el dinero para que pagues el pasaje. Así que la cafetera, el telegrama y el pasaje. No te olvides, por favor. Nos vemos pronto.

You have finished the lab program for Chapter 8. Now you will hear the textbook conversations.

Conversación: Buscando apartamento (text p. 189)

Conversación: Todos son expertos (text p. 206)

Capítulo 9

MEJORANDO TU PRONUNCIACIÓN

The consonants *c*, *s*, and *z*

The consonant **c** followed by an **e** or an **i**, and the consonants **s** and **z**, are all pronounced like the *s* in the English word *sin*.

In Hispanic America, **c, s,** and **z**, followed by an **e** or an **i**, are usually pronounced like the *s* in the English word *sin*. In Spain, on the other hand, the consonants **c** and **z** followed by an **e** or an **i** are usually pronounced like the *th* in the English word *thin*.

Actividad 1: Escucha y repite. *(a)* Listen and repeat the following food-related words. Pay attention to the pronunciation of the consonant **c** followed by an **e** or an **i**, and the consonants **s** and **z**.

1. la taza (#)
2. el vaso (#)
3. la ensalada (#)
4. el postre (#)
5. la cocina (#)
6. la cerveza (#)

(b) Now listen to the same words again as they are pronounced by a speaker from Spain. Do not repeat the words.

1. la taza
2. el vaso
3. la ensalada
4. el postre
5. la cocina
6. la cerveza

Actividad 2: La receta. Listen to the following portions of Álvaro's tortilla recipe. Pay attention to how Álvaro, who is from Spain, pronounces the letter **c** followed by an **e** or an **i**, and the letters **s** and **z**.

Se cortan unas cuatro patatas grandes. (#)
Luego se fríen en aceite. (#)
Mientras tanto, revuelves los huevos. (#)
Se ponen las patatas y la cebolla en un recipiente. (#)
Y se añade un poco de sal. (#)

MEJORANDO TU COMPRENSIÓN

Actividad 3: ¿Certeza o duda? You will hear four statements. For each of them, indicate whether the speaker is expressing certainty or doubt.

1. Es evidente que a ti no te interesa estudiar. Siempre estás mirando televisión.
2. Es dudoso que él tenga cuarenta mil dólares para comprar un Mercedes Benz.
3. Es posible que Marco esté divorciado.
4. No hay duda que Salamanca es una ciudad bellísima.

Actividad 4: Mañana es día de fiesta. Silvia is talking on the phone with a friend about her plans for tomorrow. As you listen to what she says, write four phrases about what may happen.

¡Ay, sí! Yo tengo el día libre mañana. Y quizás ... quizás vaya a la playa. Tengo muchas ganas de ir a la playa. ¿Quieres ir? ... ¿Sí? Tal vez ... tal vez prepare unos sándwiches para llevar. ¿Te gusta la idea? O quizás podamos ...

podamos comer en un bar en la playa. Espero que no salga caro. ¿Qué prefieres tú? ... Bueno, entonces comemos en un bar. ¡Ah! Casi me olvido. Quizás venga Pablo, mi hermano. No estoy segura. Pero él quizás venga con nosotras. Ojalá que traiga a su amigo Andrés. Es tan guapo. Quiero que lo conozcas. Bueno, entonces mañana por la mañana te llamo y si es un día lindo vamos a la playa. Chau.

Actividad 5: Mi primer trabajo. As you listen to Mariano telling about his first job, fill in each of the blanks in his story with one or more words.

Tenía veinte años cuando tuve mi primer trabajo. Eran las ocho y media cuando llegué a la oficina el primer día. Allí conocí a mis colegas. Todos eran muy simpáticos. Una persona estaba enferma, así que yo trabajé por él todo el santo día. Era la una de la mañana cuando terminé. Ése fue un día difícil pero feliz.

Actividad 6: El horario de Nélida. After you hear what Nélida did this evening, figure out when each event happened. You may want to take notes in the space provided.

Era medianoche cuando Nélida entró a su casa. Media hora más tarde, alguien la llamó por teléfono pero ella no contestó porque todavía estaba mojada. (Es que cinco minutos antes había entrado a la bañera, donde estuvo por unos quince minutos.) Cuando salió del baño, empezó en la televisión el programa "Cheers", donde Rebecca finalmente besa a Sam. Cuando terminó el programa, ella se durmió.

Actividad 7: Las compras. Doña Emilia is going to send her son Ramón grocery shopping and is now figuring out what they need. As you listen to their conversation, check off the items they have, those they need to buy, and those they are going to borrow from a neighbor.

EMILIA	Bueno, a ver qué necesitamos comprar para la cena de esta noche.
RAMÓN	A ver. ¿Tenemos aceite?
EMILIA	No, no tenemos. Creo que necesitamos. Compra aceite de oliva, por favor.
RAMÓN	Bueno, lo voy a anotar. ¿Qué más?
EMILIA	No sé. Ah, sí, tomates. Compra más o menos un kilo.
RAMÓN	¿Tenemos Coca-Cola?
EMILIA	Sí, hay dos botellas, así que no compres más. A ver el vino ... vino, vino ... No, no hay. Compra una botella de vino blanco.
RAMÓN	Bueno, vino blanco. ¿Qué marca?
EMILIA	Cualquiera, no importa. Ah, leche. A ver si tenemos. No. Bueno, no importa. Le podemos pedir a la vecina que nos dé una taza.
RAMÓN	¿Y no necesitamos vinagre para la ensalada?
EMILIA	No, ayer compré, así que tenemos una botella entera.
RAMÓN	¿Algo más?
EMILIA	No, creo que nada más. Aquí tienes el dinero.

Actividad 8: La receta de doña Petrona. You will now hear doña Petrona demonstrating how to make **ensalada criolla** on her television program, **"Recetas Exitosas"**. As you hear her description of each step, number the drawings to show the correct order. Note that there are some extra drawings.

Buenas, señoras y señores. ¿Cómo están? ¿Bien? Bueno, ahora les voy a enseñar cómo preparar una "ensalada criolla". Primero, se cortan los pimientos, los tomates y las cebollas. Así, bien cortados. Ojo con las cebollas. No lloren. Luego se ponen estos ingredientes—los tomates, los pimientos y las cebollas—en un recipiente. Luego se añade aceite y vinagre al gusto. Y finalmente todo se revuelve bien. ¿Ven? Luego, se pone la ensalada en la nevera para servirla bien fría. Así es como queda terminada la ensalada. Es rápida y fácil de preparar e ideal para las visitas inesperadas.

Actividad 9: Cuando estudio mucho. *(a)* Turn off the cassette player and write in Spanish three things that you like doing to take your mind off school or work.

   (b) Federico, Gustavo, and Marisa are discussing what they do to take their minds off their studies. Listen to their conversation and write down sentences to indicate what activity (or activities) each of them finds relaxing.

FEDERICO	Bueno, ¿pero qué haces tú, Marisa, en tu tiempo libre?
MARISA	Bueno pues, depende. A veces necesito hacer cosas con las manos; por ejemplo, a veces me gusta tejer.
FEDERICO	¿Y a ti, Gustavo?
GUSTAVO	A mí me gusta trabajar con madera. Creo que las actividades con las manos a veces son necesarias para quitar la tensión de nuestros cuerpos. ¿Y qué haces tú, Federico?
FEDERICO	Si yo estudio todo el día, necesito relajarme. Para mí lo mejor es nadar. Cuando termino de nadar, me siento tan bien, tan relajado.
GUSTAVO	A veces cuando estoy muy cansado, me gusta leer, pero nada serio o muy complicado sino algo simple como una revista de Superman o de Batman, tú sabes.
MARISA	Sí, cuando estoy cansada, a veces me gusta mirar televisión para olvidarme de los estudios. Es una buena terapia y a veces me quedo dormida mirando un programa.

Actividad 10: El viaje a Machu Picchu. Sr. López receives a strange phone call. Listen to his conversation with the caller and check whether each statement is true or false.

SR. LÓPEZ	Dígame.
MUJER	Felicitaciones, señor. Ud. acaba de ganar un viaje a Machu Picchu, Perú, para ver las increíbles ruinas de los incas.
SR. LÓPEZ	¿Qué?
MUJER	Que ganó un viaje a Machu Picchu.
SR. LÓPEZ	¿Cómo! No es posible.
MUJER	Sí, es posible, señor. Va a ir a Machu Picchu.
SR. LÓPEZ	¿Y por qué?
MUJER	Porque nuestra computadora escogió su número de teléfono.
SR. LÓPEZ	No creo que sea verdad.
MUJER	Pero, señor, tiene dos pasajes de ida y vuelta a Machu Picchu para Ud. y una persona más y cinco noches en un hotel de cinco estrellas en Cuzco, con comidas incluidas.
SR. LÓPEZ	¿Cinco noches dijo?
MUJER	Sí, cinco noches.
SR. LÓPEZ	¿Pasajes para dos personas?
MUJER	Así es. Oyó bien. Dos pasajes: para Ud. y otra persona. ¿Me puede dar su número de tarjeta de crédito?
SR. LÓPEZ	Bueno, está bien. Un momento, que la tengo que buscar. Pe-pe-pe-pero ¿para qué quiere mi número de tarjeta?
MUJER	Es que necesita darme su número de tarjeta y su dirección para que reciba los pasajes y las reservas de hotel.
SR. LÓPEZ	Pero esto me parece muy extraño.
MUJER	Pero es necesario que me dé su número de tarjeta.
SR. LÓPEZ	Creo que lo voy a pensar.
MUJER	Pero, señor, es probable que no reciba los pasajes si no me da su número de tarjeta ahora.
SR. LÓPEZ	No creo que sea cierto lo que Ud. me dice. Adiós.
MUJER	Pe-pero, señor. ¡Hola! ¡Hola!

You have finished the lab program for Chapter 9. Now you will hear the textbook conversations.

Conversación: Un fin de semana activo (text p. 215)

Conversación: Después de un día de trabajo, una cena ligera (text p. 230)

Capítulo 10

MEJORANDO TU PRONUNCIACIÓN

Diphthongs

In Spanish, vowels are classified as weak (**i, u**) or strong (**a, e, o**). A diphthong is a combination of two weak vowels or a strong and a weak vowel. When a strong and a weak vowel are combined in the same syllable, the strong vowel takes a slightly greater stress, for example, **vuelvo**. When two weak vowels are combined, the second one takes a slightly greater stress, as in the word **ciudad**. Sometimes the weak vowel in a strong-weak combination takes a written accent, and the diphthong is therefore dissolved, as in **día**.

Actividad 1: Escucha y repite. Escucha y repite las siguientes palabras.

1. la pierna (#)
2. la lengua (#)
3. los oídos (#)

4. los labios (#)
5. el pie (#)
6. cuidar (#)

Actividad 2: Escucha y repite. Escucha y repite las siguientes oraciones de la conversación en el libro de texto entre Vicente y sus padres.

1. Siempre los echo de menos. (#)
2. Bueno, ahora vamos a ir a Sarchí. (#)
3. Tenía tres años cuando subí a la carreta del abuelo. (#)
4. Me duele la cabeza. (#)
5. ¿Quieres comprarle algo de artesanía típica? (#)

Actividad 3: ¿Diptongo o no? Escucha y marca si las siguientes palabras contienen un diptongo o no.

1. estadio
2. béisbol
3. esquíes
4. pierna
5. oído

MEJORANDO TU COMPRENSIÓN

Actividad 4: Los preparativos de la fiesta. La Sra. Uriburu llama a casa para ver si su esposo ha hecho algunos preparativos para la cena de esta noche. Mientras escuchas a la Sra. Uriburu, escoge las respuestas correctas de su esposo de la lista presentada.

SRA. URIBURU   Querido, ¿limpiaste la sala?
ESPOSO   (1.)
SRA. URIBURU   ¡Qué bien! Y, ¿compraste el vino blanco?
ESPOSO   (2.)
SRA. URIBURU   Pero, ¿por qué no lo compraste?
ESPOSO   (3.)
SRA. URIBURU   Y, ¿le preparaste la comida al perro?
ESPOSO   (4.)

SRA. URIBURU	Bien. Entonces ya no debe tener hambre. ¿Qué más? ¿Les diste el dinero a los niños para ir al cine?
ESPOSO	(5.)
SRA. URIBURU	Y, ¿te llamó Lucía para confirmar si venía?
ESPOSO	(6.)
SRA. URIBURU	¡Qué lástima que no te llamara! Bueno, voy a estar en casa en una hora. Voy a ver si la llamo cuando llegue a casa. Adiós.

Actividad 5: Los testimonios. Ayer hubo un asalto a un banco y ahora un detective les está haciendo preguntas a tres testigos. Escucha las descripciones de los testigos y escoge el dibujo correcto del asaltante.

DETECTIVE	Bueno, abuelita, ¿cómo era el asaltante?
TESTIGO 1	Era muy guapo. Era alto y tenía unos ojos bellísimos. Me recuerda a mi hijo. Tenía unos labios grandes.
DETECTIVE	¿Era gordo o delgado?
TESTIGO 1	Era un poco gordo pero no gordo, gordo.
DETECTIVE	Y, ¿qué llevaba?
TESTIGO 1	Llevaba un saco y unos pantalones. No recuerdo mucho.
TESTIGO 2	Sí, yo creo que vi bien al asaltante. Era un hombre joven, tenía unos treinta años. Era un poco gordo.
DETECTIVE	¿Su altura?
TESTIGO 2	Era alto. Su pelo era largo hasta los hombros.
DETECTIVE	¿Alguna otra característica notable?
TESTIGO 2	Bueno, tenía barba. Sí, tenía barba.
TESTIGO 3	Yo vi bien al asaltante pero sabe que estoy un poco nervioso.
DETECTIVE	Cálmese, señor. A ver, ¿qué recuerda de este hombre?
TESTIGO 3	Bueno, era alto, con pelo largo; tenía unos ojos grandes.
DETECTIVE	Y, ¿barba? ¿Tenía barba?
TESTIGO 3	Sí, tenía barba pero era una barba bastante corta. Era una barba de hace un mes.
DETECTIVE	¿Algo más que recuerda?
TESTIGO 3	Tenía una nariz bastante pequeña. Llevaba un saco y pantalones ...

Actividad 6: El telegrama. El asaltante del banco llama por teléfono al correo porque necesita mandar un telegrama a su jefe. Escucha la conversación y escribe el telegrama. Cuando termines, para el cassette y usa las letras que tienen números debajo para descifrar el mensaje secreto que el asaltante le manda a su jefe.

EMPLEADO	Correos. Buenos días.
ASALTANTE	Sí, quiero mandar un telegrama.
EMPLEADO	Un momento, por favor. Sí. ¿Su nombre?
ASALTANTE	Papo Díaz.
EMPLEADO	Un momento ... Sí. ¿Cuál es el mensaje?
ASALTANTE	El mensaje es: "Estoy bien. Compré los zapatos".
EMPLEADO	"Estoy bien. Compré los zapatos". ¿Sí?
ASALTANTE	"Buenos días".
EMPLEADO	"Buenos días". ¿Algo más?
ASALTANTE	No.
EMPLEADO	¿La dirección?
ASALTANTE	Libertador 342 ...

Actividad 7: El accidente automovilístico. *(a)* Vas a escuchar una entrevista de radio con una doctora que vio un accidente automovilístico entre un camión y un autobús escolar. Antes de escuchar, para el cassette y usa la imaginación para marcar qué hacían las personas de la lista cuando la doctora llegó al lugar del accidente.

     (b) Ahora escucha la entrevista y marca qué hacían las personas de la lista según la doctora.

ENTREVISTADOR	Bueno, Dra. Ramos, ¿por qué no nos cuenta un poco del accidente de esta mañana entre el camión y el autobús escolar?
DOCTORA	Bueno, fue un accidente bastante feo, sabe. Cuando recibí la llamada de emergencia, salí corriendo y cuando llegué a la esquina de las calles Bolívar y Perú, me encontré con esta escena. Ud. sabe, los niños, pobrecitos, lloraban y lloraban como locos. Había mucho ruido con las ambulancias, el conductor del autobús que gritaba para que sacaran a los niños del autobús y bueno, los paramédicos ayudaban ... ayudaban a sacar a los niños del autobús. Bueno, y por supuesto, los revisaban.
ENTREVISTADOR	¿Y cómo estaban los niños?
DOCTORA	Por suerte, los niños estaban bien. Y la policía controlaba el tráfico, pues Ud. sabe, el tráfico era terrible y los peatones simplemente miraban con curiosidad el accidente.
ENTREVISTADOR	¿Qué pasó con el camión?
DOCTORA	Desafortunadamente, el camión se quemó y el conductor del camión murió instantáneamente.

Actividad 8: Los regalos. María y Pedro van a una tienda de deportes que tiene varias ofertas. Escucha la conversación y escribe qué les compran a sus hijos.

MARÍA	Mira todas las cosas que hay ¡y qué precios más baratos!
PEDRO	Sí, aprovechemos para comprarles regalos de Navidad a los niños. A ver, a Miguel qué le podemos comprar. Bueno quizás unos guantes de boxeo.
MARÍA	No, por favor. Pienso que boxear es demasiado violento. Pero mira esa raqueta que está allí. ¿Te gusta?
PEDRO	¿Cuál? ¿La raqueta de squash?
MARÍA	Sí, esa Dunlop. Es la raqueta que a él le gusta. A ver el precio ... Está barata.
PEDRO	Es muy bonita. Bueno, entonces se la compramos.
MARÍA	De acuerdo.
PEDRO	Y ya que estamos en esta sección le podemos buscar una raqueta de tenis a Patricia.
MARÍA	Pero Patricia acaba de comenzar a jugar y no sabemos si le va a gustar por mucho tiempo. ¿Qué tal unos esquíes? Los de ella están muy viejos.
PEDRO	Bueno. Ven. Vamos a verlos... ¡Mira qué bonitos! Y ¡qué rebajas! Le podemos comprar unos esquíes a Patricia y unos a Felipe. Les van a encantar.
MARÍA	Pero, ¿no son un poco caros?
PEDRO	No, aquí los tienen baratísimos. Y van a estar felices con estos esquíes.
MARÍA	Está bien, está bien. Bueno, a ver ... ¿Qué tenemos?
PEDRO	Tenemos los esquíes para Patricia, los otros esquíes para Felipe ... para Miguel la, la raqueta de squash ... y ahora nos falta un regalo para Ángeles.
MARÍA	Pobre Ángeles. A ver ... ¿Qué te parece que necesita?
PEDRO	No sé ... Bueno, guante de béisbol ya tiene, ¿no?
MARÍA	Sí, tiene dos o tres.
PEDRO	¡Ah! Ya sé. Un par de patines.
MARÍA	¿De hielo?
PEDRO	No, patines de ruedas; así puede patinar por la calle que tanto le gusta.
MARÍA	Bueno, listo. Con eso tenemos suficientes regalos. Y tú, ¿no necesitas nada? ...

Actividad 9: Diana en los Estados Unidos. Diana está hablando con Teresa sobre su vida en los Estados Unidos. Escucha la conversación y marca **C** si las oraciones sobre Diana son ciertas o **F** si son falsas.

DIANA	Y sí. Mi vida allí en los Estados Unidos era un poco diferente.
TERESA	¿Diferente? ¿Por qué?
DIANA	Bueno, porque yo vivía en Ohio en una ciudad pequeña, y ahora vivo en Madrid, que es mucho más grande.
TERESA	Y ¿qué prefieres?
DIANA	No sé. Me gustan las ciudades pequeñas porque son tranquilas, pero también me gustan las ciudades grandes porque son muy activas culturalmente.
TERESA	Y ¿qué otras diferencias hay entre tu vida aquí y allí?
DIANA	Bueno, aquí enseño inglés y en Ohio enseñaba español en una escuela secundaria. En general hablaba español casi todo el día: en la escuela, con mi madre, con algunos amigos ... También allí me levantaba temprano para ir a trabajar. Y aquí no; aquí me levanto tarde.
TERESA	Y en Ohio ¿vivías en casa de tus padres?
DIANA	No, no. Vivía en un apartamento con Nancy, una compañera de trabajo.
TERESA	¿Ella enseñaba en la misma escuela que tú?
DIANA	Sí, pero yo trabajaba todo el día y ella no porque también estudiaba en la universidad.
TERESA	Y, ¿qué estudiaba?
DIANA	Ehm ... Estudiaba literatura española. Y ahora yo estudio literatura española aquí en Madrid.
TERESA	¿Y? ¿Te gusta?
DIANA	Sí. Me encanta. Estoy muy contenta.

Éste es el final del programa de laboratorio para el Capítulo 10. Escucha ahora las conversaciones del libro de texto.

Conversación: ¡Feliz día! (text p. 240)

Conversación: Teresa, campeona de tenis (text p. 253)

Capítulo 11

MEJORANDO TU PRONUNCIACIÓN

The consonant *h*

The consonant **h** is always silent in Spanish. For example, the word *hotel* in English is **hotel** in Spanish.

Actividad 1: Escucha y repite. Escucha y repite las siguientes palabras relacionadas con la salud.

1. hemorragia (#)
2. hospital (#)
3. hacer un análisis (#)
4. herida (#)
5. alcohol (#)
6. hepatitis (#)

Actividad 2: En el consultorio. Escucha y repite las siguientes oraciones de la conversación en el libro de texto entre la familia de don Alejandro y la doctora.

1. Hoy me duele la pierna derecha. (#)
2. Debemos hacerle un análisis de sangre ahora mismo. (#)
3. Hay que internarlo en el hospital. (#)
4. Tú eres un hombrecito. (#)

MEJORANDO TU COMPRENSIÓN

Actividad 3: No me siento bien. *(a)* Vas a escuchar tres conversaciones sobre personas que tienen problemas de salud. Escucha y escribe en la tabla qué problema tiene cada persona.

1.
HOMBRE   ¡Ay! ¡Qué dolor!
MUJER   ¿Qué te pasa?
HOMBRE   Tengo un dolor de cabeza terrible.
MUJER   ¡Qué mala suerte! ¿Por qué no duermes un poco? Creo que si duermes, te vas a sentir mejor. Necesitas relajarte.
HOMBRE   Bueno, voy a dormir por media hora.

2.
NIÑA   Mami, tengo náuseas. No sé qué me pasa.
MADRE   A ver. ¿Comiste algo malo?
NIÑA   No, no comí nada.
MADRE   Bueno, no quiero que comas nada. Espera una hora a ver si se te va la sensación de náuseas.
NIÑA   Pero tengo hambre.
MADRE   Por favor, no comas nada porque te puede hacer mal.

3.
ADRIANA   Dígame.
VALERIA   ¿Adriana? ¿Eres tú?
ADRIANA   Sí, soy yo. ¿Quién es? ¿Valeria?
VALERIA   Sí, ¿pero qué te pasa?
ADRIANA   Tengo un dolor de garganta terrible. Casi no puedo hablar.
VALERIA   Sí, ya veo. Pues entonces debes beber un té bien caliente.
ADRIANA   Pero no me gusta el té.

VALERIA	Pero el té te va a hacer bien. Tómate una taza de té y trata de no hablar mucho. Vas a ver que te va a hacer muy bien.
ADRIANA	Bueno, está bien, está bien.
VALERIA	Que te mejores.
ADRIANA	Gracias.
VALERIA	Chau.
ADRIANA	Adiós.

(b) Ahora escucha las conversaciones otra vez y escribe en la tabla qué consejo recibe cada persona.

Actividad 4: La conversación telefónica. Clara está hablando por teléfono con una amiga. Tiene hipo y no puede terminar algunas frases. Escucha lo que dice Clara y selecciona una palabra para completar la idea que ella no termina cada vez que el hipo la interrumpe. Numéralas del 1 al 4.

CLARA	¿Qué estoy haciendo? Bueno, Pablo y yo estamos en la sala, en el sofá. Estamos (hic) mirando televisión. Es una película de Clint Eastwood. Pero a Pablo no le gusta. Está (hic) ... No, no te preocupes; ahora están dando anuncios comerciales, así que no me estoy perdiendo nada ... ¿Qué dices? No te oigo. Espera un momento ... ¡Pablo! Por favor, baja el volumen del televisor, que los niños están (hic) y se van a despertar. Gracias ... Hola. Bueno, ¿qué te iba a decir? Ah, sí, que son las doce de la noche y mi hijo todavía no ha regresado. Estoy un poco (hic) ... ¡Ay! No sé qué voy a hacer con este hipo que tengo. Quizás sea porque estoy nerviosa por mi hijo que todavía no vuelve a casa.

Actividad 5: La fiesta inesperada. Esteban decidió hacer una fiesta ayer por la noche e inmediatamente llamó a sus amigos y les dijo que vinieran exactamente como estaban en ese momento. Hoy Esteban está hablando con su madre sobre la fiesta. Escucha la conversación y marca qué estaba haciendo cada una de estas personas cuando Esteban las llamó.

ESTEBAN	¡Qué divertida que estuvo la fiesta anoche!
MADRE	Cuéntame, hijo.
ESTEBAN	Bueno, conoces a Ricardo, ¿no?
MADRE	Sí.
ESTEBAN	Bueno, él tenía el pelo mojado y vino sin ropa y con sólo una toalla.
MADRE	No me digas. ¿Y tu amiga María?
ESTEBAN	Ah, ella vino a la fiesta con un solo zapato y Héctor, su novio, vino con un tenedor en la boca.
MADRE	¡Ay, qué gracioso! ¿Y alguien más?
ESTEBAN	Sí, Claudia, mi vecina, vino con crema de afeitar en las piernas.
MADRE	¿En las piernas?
ESTEBAN	Sí, en las piernas. ¡Te imaginas cómo se reía la gente! Aparte caminaba y dejaba la crema de afeitar en todas partes.
MADRE	¿Y Silvio fue a tu fiesta?
ESTEBAN	Sí, tuve que insistirle mil veces para que viniera y por fin vino él, muy fanático. Trajo una guía de televisión. Tú sabes, siempre está sentado delante de la televisión.

Actividad 6: Problemas con el auto. Un señor tuvo un accidente automovilístico y ahora está hablando por teléfono con un agente de la compañía de seguros para decirle los problemas que tiene su auto. Escucha la conversación y pon una **X** sólo en las partes del auto que tienen problemas.

AGENTE	Bueno, ¿y cuándo ocurrió el accidente?
HOMBRE	Ayer a las dos de la mañana.
AGENTE	¡Qué mala suerte! A ver, descríbame un poco los problemas del auto. ¿Problemas con el motor?
HOMBRE	No, el motor está intacto, por suerte. Pero el auto necesita un parabrisas nuevo porque está totalmente destruido.
AGENTE	Bien. ¿Qué más? ¿El parabrisas de atrás está bien?
HOMBRE	Sí, ése está bien, pues el hombre me golpeó a mi lado.

AGENTE	¡Qué peligro!
HOMBRE	Por suerte yo estoy bien. ¡Ah, sí! Mi puerta, la del conductor, tiene problemas. Es difícil abrirla.
AGENTE	Bueno, ¿algo más? ¿Las luces?
HOMBRE	Sí, las luces de atrás. Necesito luces nuevas.
AGENTE	¿Qué más?
HOMBRE	Creo que eso es todo.
AGENTE	Bien. Lleve su auto a un mecánico y luego quiero que me llame. Así puedo ir personalmente a ver el auto para aprobarle los costos de reparación.
HOMBRE	Bien, muchas gracias.
AGENTE	No hay de qué. Buenos días.
HOMBRE	Buenos días.

Actividad 7: Quiero alquilar un auto. Tomás está en Santiago, Chile, y quiere alquilar un auto por una semana para conocer el país. Por eso llama a una agencia de alquiler para obtener información. Escucha la conversación y completa los apuntes que él toma.

EMPLEADA	Rent-a-carro. Buenos días.
TOMÁS	Buenos días. Estoy interesado en alquilar un auto.
EMPLEADA	Bien. ¿Para cuándo lo quiere?
TOMÁS	Para mañana.
EMPLEADA	¿Y para cuántas personas?
TOMÁS	Para dos. Quiero saber cuánto cuesta.
EMPLEADA	Bueno, hay diferentes precios. Por ejemplo, tenemos un precio de kilometraje ilimitado, que le sale por una semana 72.200 pesos y por quince días 137.200 pesos.
TOMÁS	Sí, a mí me interesa alquilar por una semana.
EMPLEADA	Entonces por siete días son 72.200 pesos.
TOMÁS	En ese precio que Ud. me dice, ¿está incluido el seguro del auto?
EMPLEADA	No, el seguro no está incluido en el precio.
TOMÁS	¿Y en cuánto me sale?
EMPLEADA	Bueno, más o menos en 7.220 pesos por día.
TOMÁS	Y si quiero alquilar el auto por ocho días en vez de siete, ¿cuánto cuesta el día extra?
EMPLEADA	Espere que me fije ... Cuesta 10.800 pesos por cada día extra.
TOMÁS	10.800 pesos. Bien. ¿Y a qué hora tengo que devolver el auto?
EMPLEADA	A las doce de la noche del día de entrega. Si lo devuelve después de las doce, tiene que pagar por un día más.
TOMÁS	¿Y puedo entregar el auto en otra ciudad?
EMPLEADA	No, lo tiene que entregar aquí en Santiago, en la misma ciudad donde lo recibe. ¿Algo más?
TOMÁS	Sí. ¿Necesito pagar algún depósito?
EMPLEADA	Bueno, necesitamos su número de tarjeta de crédito.
TOMÁS	De acuerdo. ¿Tiene un auto disponible para mañana?
EMPLEADA	Sí, pero tiene que venir temprano para buscarlo.
TOMÁS	¿A qué hora?
EMPLEADA	A las ocho; si no, después es difícil conseguir uno.
TOMÁS	Bien. Entonces mañana a las ocho estoy allí.
EMPLEADA	De acuerdo. ¿El número de su tarjeta de crédito, por favor? ...

Éste es el final del programa de laboratorio para el Capítulo 11. Escucha ahora las conversaciones del libro de texto.

Conversación: De vacaciones y enfermo (text p. 261)

Conversación: Si manejas, te juegas la vida (text p. 278)

Capítulo 12

MEJORANDO TU PRONUNCIACIÓN

Linking

In normal conversation, you link words as you speak to provide a smooth transition from one word to the next. In Spanish, the last letter of a word can usually be linked to the first letter of the following word, for example, **mis amigas, tú o yo.** When the last letter of a word is the same as the first letter of the following word, they are pronounced as one letter, for example, **las sillas, te encargo.** Remember that the **h** is silent in Spanish, so the link occurs as follows: **la habilidad.**

Actividad 1: Escucha y repite. Escucha y repite las siguientes frases idiomáticas prestando atención de unir las palabras.

1. el mal de ojo (#)
2. vale la pena (#)
3. qué hotel más lujoso (#)

4. más o menos (#)
5. favor de escribirme (#)

Actividad 2: En el restaurante argentino. Escucha y repite parte de la conversación entre Teresa y Vicente en el restaurante argentino.

TERESA	¡Qué chévere este restaurante argentino! (#) ¡Y con conjunto de música! (#)
VICENTE	Espero que a la experta de tenis (#) le gusten la comida y los tangos argentinos (#) con bandoneón y todo. (#)
TERESA	Me fascinan. (#) Pero, juegas bastante bien, ¿sabes? (#)
VICENTE	Eso es lo que pensaba (#) antes de jugar contigo ... (#)

MEJORANDO TU COMPRENSIÓN

Actividad 3: Los instrumentos musicales. Vas a escuchar cuatro instrumentos musicales. Numera cada instrumento que escuches.

1. *(Sound of a flute.)*
2. *(Sound of a violin.)*
3. *(Sound of drums.)*
4. *(Sound of a trumpet.)*

Actividad 4: En el restaurante. Una familia está pidiendo la comida en un restaurante. Escucha la conversación y marca qué quiere cada persona.

CAMARERO	Bueno, ¿están listos para pedir?
MUJER	Sí, creo que sí.
CAMARERO	Bueno, ¿qué desean de primer plato?
MUJER	Yo quiero unos espárragos con mayonesa y para el niño una sopa de verduras.
NIÑO	No, yo no quiero sopa. No me gusta.
MUJER	Bueno, entonces ¿qué quieres?
NIÑO	No sé, esteee ... un tomate.
MUJER	¿Un tomate relleno?
NIÑO	Sí, eso quiero. Un tomate relleno.

HOMBRE	Yo no quiero nada.
CAMARERO	Bien. ¿Y de segundo plato?
MUJER	Yo quiero ravioles.
CAMARERO	¿De ricota o de verdura?
MUJER	De ricota.
CAMARERO	¿Con qué tipo de salsa?
MUJER	Con salsa blanca.
CAMARERO	Bien. ¿Y para ti?
NIÑO	El tomate relleno.
CAMARERO	¿Pero no vas a comer nada más?
HOMBRE	No te preocupes; después si tiene más hambre, le pedimos otra cosa.
CAMARERO	Está bien. ¿Y Ud., señor?
HOMBRE	¿Cómo está el pollo al ajo?
CAMARERO	Está delicioso. Se lo recomiendo.
HOMBRE	Bien, entonces yo quiero medio pollo al ajo.
CAMARERO	¿Y para acompañar el pollo?
HOMBRE	¿Tiene alguna ensalada rica?
CAMARERO	Sí, tenemos ensalada criolla, especialidad del chef.
HOMBRE	Bueno, una ensalada criolla.
CAMARERO	Bien. Entonces para el niño un tomate relleno, para Ud., señora, unos espárragos y luego de segundo plato los ravioles con salsa blanca y para el caballero medio pollo con ensalada criolla. ¿Algo más?
HOMBRE	No, eso es todo.
CAMARERO	Bien. Ahora vengo a tomarle el pedido de las bebidas.
HOMBRE	Está bien.

Actividad 5: La dieta Kitakilos. *(a)* Mira los dibujos de María antes y después de la dieta del Dr. Popoff. Para el cassette y escribe debajo de cada dibujo dos adjetivos que la describen. Imagínate y escribe también dos cosas que ella puede hacer ahora que no hacía antes.

(b) Ahora escucha un anuncio comercial sobre la dieta del Dr. Popoff y escribe qué hacía María antes de la dieta y dos cosas que hace después de la dieta. No es necesario escribir todas las actividades que ella menciona.

Antes yo no hacía nada. Miraba televisión todo el día, fumaba veinte cigarrillos por día, comía muchísimo, no era activa, no salía mucho. Ahora, gracias al sistema dietético del Dr. Popoff, soy activa, no tengo hambre todo el tiempo, voy a bailar y puedo comprarme ropa. Todo esto gracias a la dieta del Dr. Popoff.

Actividad 6: La isla Pita Pita. Escucha la descripción de la isla Pita Pita y usa los símbolos que se presentan y los nombres de los lugares para completar el mapa incompleto. Los nombres de los lugares que se mencionan son **Blanca Nieves, Hércules, Mala-Mala, Panamericana** y **Pata.**

Esta isla es muy pequeña. En el norte de la isla está el volcán Hércules, y en el centro del país está la capital de la isla, que es la ciudad Pata. Esta ciudad está conectada con la ciudad de Mala-Mala, que está en el suroeste del país, por la carretera Panamericana. Esta carretera es muy moderna. En el noreste, a dos horas en auto del volcán, tenemos el increíble bosque de Blanca Nieves.

Actividad 7: Visite Venezuela. ¿Sabes cuáles de los lugares de la lista presentada pertenecen a Venezuela y cuáles no? Escucha el anuncio comercial sobre Venezuela y marca sólo los lugares que pertenecen a este país.

Visite Venezuela. En nuestro país tenemos una gran variedad de vegetación y un clima maravilloso. Debe ver la increíble catarata el Salto Ángel, que es la catarata más alta del mundo. También puede disfrutar de nuestras hermosas playas como La Guaira o tomar un barco y visitar las Islas Los Roques. Nuestras ciudades le sorprenderán. Mérida, fundada en 1558, es una ciudad universitaria con un ambiente colonial y Ciudad Bolívar, que es la segunda ciudad más grande del país, es también una ciudad colonial. Venga a Venezuela y conozca este bonito país. No se arrepentirá.

Actividad 8: Las tres casas. *(a)* Llamas a una inmobiliaria para obtener información sobre tres casas y te contesta el contestador automático. Escucha la descripción sobre las casas y completa la tabla.

Buenas tardes, Inmobiliaria Vendetuti. Nuestra oficina ya está cerrada. Pero no importa. Tenemos para ofrecerle hoy una preciosa casa de 250 metros cuadrados con tres dormitorios, ideal para una familia con dos niños. Esta casa se construyó en el año 1975. ¿Su precio? Sólo 350.000,00 dólares. Luego, tenemos otra casa muy similar pero con dos dormitorios y con una superficie de 225 metros cuadrados. Es del año 1978 y cuesta 425.000,00 dólares. Por último tenemos una joyita. Ésta es una casa de cuatro dormitorios con dependencia de servicio y es nuevísima. Se terminó de construir en 1995, tiene una superficie de 355 metros cuadrados y cuesta tan sólo 773.000,00 dólares. Si quiere más información, llámenos mañana al 852-26-32 y lo atenderemos como a un amigo.

(b) Ahora mira la tabla y escucha las siguientes oraciones. Marca **C** si son ciertas o **F** si son falsas.

1. La casa número 1 es la más grande.
2. La casa número 3 es más pequeña que la casa número 2.
3. La casa número 2 tiene más dormitorios que la casa número 1.
4. La casa número 2 es la más barata.
5. La casa número 1 es más vieja que la casa número 2.

Éste es el final del programa de laboratorio para el Capítulo 12. Escucha ahora la conversación del libro de texto.

Conversación: ¡Qué música! (text p. 288)

Capítulo 13

MEJORANDO TU PRONUNCIACIÓN

Intonation

Intonation in Spanish usually goes down in statements, information questions, and commands. For example, **Me llamo Susana. ¡Qué interesante! ¿Cómo te llamas? No fume.** On the other hand, intonation goes up in yes/no questions and tag questions, for example, **¿Eres casado? Estás casado, ¿no?**

Actividad 1: ¿Oración declarativa o pregunta? Escucha las siguientes oraciones y marca si son oraciones declarativas o preguntas que se pueden contestar con **sí** o **no.**

1. ¿Pueden darme los detalles?
2. ¿Te quiero mucho?
3. Te quiero mucho.
4. ¿Tú no?
5. Tú no.
6. ¡Vamos a América!
7. ¿Vamos a América?
8. Estás cansado, ¿no?

Actividad 2: Escucha y repite. Escucha y repite las siguientes oraciones de la conversación en el libro de texto entre don Alejandro y los chicos. Presta atención a la entonación.

1. ¡Entren, entren muchachos! (#)
2. Igualmente, don Alejandro. ¿Cómo está? (#)
3. Yo no tengo ningún plan en particular. (#)
4. ¿Pueden darme más detalles? (#)
5. ¿De qué se trata? (#)
6. Hasta luego. (#)
7. ¡Me parece buenísimo! (#)

MEJORANDO TU COMPRENSIÓN

Actividad 3: ¿Qué le pasó? Vas a escuchar cuatro situaciones de personas que están viajando. Numera las frases según la situación que describen.

1.
MUJER A   Sí, ¿hablo con American Express? Mire, señorita, estoy de vacaciones aquí en Cartagena y no encuentro mi dinero. Necesito saber si me pueden dar dinero en efectivo.

2.
HOMBRE A   Hola, ¿cómo estás? Te presento a un amigo. Éste es Carlos. Carlos, ella es ... es ... ¡Ay! ¿Cómo te llamas?

3.
MUJER B   Mira la ropa que está en mi maleta. Toda es color de rosa. Yo no lo puedo creer. ¿Qué voy a hacer ahora con toda esta ropa rosa?

4.

HOMBRE B Bueno, ahora vamos a casa. ¿Pero dónde está la llave del auto? No la encuentro por ningún lado. ¿Pero dónde puede estar? Me muero si está dentro del auto.

Actividad 4: La dieta. *(a)* La Sra. Kilomás necesita perder peso y está en el consultorio hablando con el médico. Para el cassette y escribe tres cosas que piensas que el médico le va a decir que no coma.

(b) Ahora escucha la conversación y escribe en la columna correcta las cosas que la Sra. Kilomás puede y no puede comer o beber.

MÉDICO Bueno, señora, ya sabe. No coma las tres pes: papas, pastas y postres.

SRA. KILOMÁS ¡Ay! Pero, doctor, me encantan las pastas: los espaguetis en especial.

MÉDICO Señora, necesita adelgazar. Está pesando cien kilos. Mire, no coma pastas durante un mes y vemos qué pasa. Y, por favor, no tome vino. Tome agua o té pero olvídese del vino.

SRA. KILOMÁS Entonces vino no. ¿Y puedo tomar leche? Me encanta la leche.

MÉDICO Sí, pero con moderación. No tome más de un vaso de leche por día. ¡Ah! Y ojo con la sal. No le ponga sal a las comidas.

SRA. KILOMÁS Puedo comer frutas, ¿no?

MÉDICO Sí, pero no todas. No coma bananos, por ejemplo. En cambio si le gusta, coma mucha ensalada. ¿De acuerdo?

SRA. KILOMÁS De acuerdo.

MÉDICO Bueno. Entonces venga a verme dentro de un mes.

SRA. KILOMÁS Gracias, doctor.

Actividad 5: El Club Med. El Sr. Lobos está hablando con su secretaria sobre el tipo de persona que busca para el puesto de director de actividades. Escucha la conversación y luego elige el aviso clasificado que prepara la secretaria después de la conversación.

SR. LOBOS Bueno, señorita, quiero entonces que escriba un aviso para el puesto de director de actividades.

SECRETARIA Bien. ¿Qué decimos?

SR. LOBOS Bueno, busco una persona que conozca uno de nuestros clubes; no importa cuál. Necesita saber cómo se siente un turista durante esos siete días.

SECRETARIA Bien. ¿Para qué club es?

SR. LOBOS Es para el de Punta Cana, en la República Dominicana.

SECRETARIA Bien. Entonces la persona necesita saber inglés.

SR. LOBOS Sí, es necesario pues a ese lugar van muchos turistas de los Estados Unidos y de Europa. También necesitamos a alguien que haya tenido experiencia trabajando con niños, pues esta persona va a coordinar actividades para los niños: campeonatos de natación, de tenis, de todo, Ud. sabe.

SECRETARIA Sí, sí. La persona debe ser enérgica.

SR. LOBOS Sí, enérgica y atlética. Queremos una persona que haya practicado varios deportes: que sepa nadar, jugar tenis, ...

SECRETARIA Bien. Entonces experiencia con niños, enérgica, atlética, inglés ... y que conozca un Club Med.

SR. LOBOS Listo. Bueno, ahora puede escribir el aviso.

Actividad 6: El tour a Guatemala. *(a)* Imagínate que tienes la posibilidad de ir a Guatemala. Para el cassette y escribe cuál de los tours presentados prefieres.

(b) Terencio llama a una agencia de viajes porque quiere hacer un tour por Guatemala. Escucha la conversación con el agente de viajes y luego indica qué tour de la parte *(a)* el agente de viajes le va a ofrecer.

OPERADORA Turitur. Buenos días.

TERENCIO Sí, necesito información para ir a Guatemala.

OPERADORA Un momento, que lo transfiero a un agente.

AGENTE ¿Sí?

TERENCIO Sí, necesito información. Quiero hacer un viaje a Guatemala.

AGENTE ¿Es la primera vez que vas a Guatemala?

TERENCIO	Sí, es la primera vez. No conozco el país.
AGENTE	Bien. ¿Y cuántos días quieres estar?
TERENCIO	Bueno, tengo diez días de vacaciones.
AGENTE	Bueno, tenemos dos paquetes de nueve días con pasaje de ida y vuelta.
TERENCIO	Sí, eso es lo que quiero. Y me gustaría visitar Antigua, Chichicastenango y las ruinas de Tikal. Y si tengo tiempo, me gustaría visitar otros lugares.
AGENTE	Bueno, tenemos excursiones a Antigua con un guía turístico.
TERENCIO	Sí, pero creo que no necesito guía. Prefiero conocer los lugares solo.
AGENTE	Bueno.
TERENCIO	¿El paquete incluye traslado a los hoteles?
AGENTE	Sí, y tenemos hoteles de cuatro y de tres estrellas.
TERENCIO	Bueno, yo quisiera algo económico porque voy a viajar solo.
AGENTE	Bien, entonces tengo para ofrecerte ...

Actividad 7: En la oficina de turismo. Hay algunos turistas en una oficina de turismo. Escucha las conversaciones entre un empleado y diferentes turistas y completa el mapa con los nombres de los lugares donde quieren ir los turistas: el **correo,** una **iglesia** y el **Hotel Aurora.** Antes de empezar, busca en el mapa la oficina de turismo.

1.

EMPLEADO	Buenos días. ¿En qué puedo servirle?
TURISTA A	¿Puede decirme cómo llegar al correo?
EMPLEADO	Sí, como no. Salga a la derecha y vaya derecho por la Avenida Santa Lucía tres cuadras. En la calle Pueyrredón, cruce la calle. El correo está en la esquina de la Avenida Santa Lucía y Pueyrredón.
TURISTA A	Muchas gracias.
EMPLEADO	De nada.

2.

TURISTA B	Sí, ¿podría decirme dónde hay una iglesia cerca de aquí?
EMPLEADO	Sí. Espere que piense. ¡Ah, sí! Mire, salga a la derecha y vaya derecho por Santa Lucía una cuadra. En la esquina doble a la izquierda.
TURISTA B	¿Cómo se llama la calle?
EMPLEADO	Álvarez. En la esquina de Santa Lucía y Álvarez doble a la izquierda y siga derecho una cuadra y media. Allí va a ver la iglesia.
TURISTA B	Ah, bueno. Es fácil.
EMPLEADO	Sí, sí está muy cerca de aquí.

3.

TURISTA C	Mire. Necesito un hotel barato. ¿Sabe dónde hay uno por aquí?
EMPLEADO	Bueno, el Hotel Aurora es bastante económico.
TURISTA C	Bien. Bien.
EMPLEADO	¿Sabe dónde está?
TURISTA C	No. No conozco la ciudad.
EMPLEADO	Mire. Salga de la oficina a la derecha y vaya por la Avenida Santa Lucía. En la esquina de Santa Lucía y Álvarez doble a la izquierda y ...
TURISTA C	¿Álvarez dijo?
EMPLEADO	Sí, vaya derecho por Álvarez una cuadra y en la esquina cruce la calle y doble a la derecha.
TURISTA C	¿Cómo se llama esa calle?
EMPLEADO	Eh ... se llama Santo Tomás. Vaya derecho por Santo Tomás. Una cuadra solamente.
TURISTA C	Por Santo Tomás.
EMPLEADO	Así es. Cruce la calle y el hotel está allí, en la esquina de Santo Tomás y Carvajal, justo enfrente del parque.
TURISTA C	¿Cómo dijo que se llama el hotel?
EMPLEADO	Hotel Aurora.
TURISTA C	Bueno. Muchas gracias.
EMPLEADO	De nada y disfrute su estadía.

Actividad 8: La llamada anónima. Unos hombres secuestraron al Sr. Tomono, un diplomático, en Guayaquil, Ecuador, y quieren un millón de dólares. Llaman a la Sra. Tomono para decirle qué debe hacer con el dinero. Escucha la conversación telefónica y marca las oraciones presentadas con **C** si son ciertas o con **F** si son falsas.

SRA. TOMONO	¿Aló?
SECUESTRADOR	¿Sra. Tomono?
SRA. TOMONO	Sí, ¿quién es?
SECUESTRADOR	¿Ya tiene el dinero?
SRA. TOMONO	Sí, ya tengo el millón de dólares que me pidieron.
SECUESTRADOR	Bien. Ahora ponga el dinero en una maleta pequeña de color negro.
SRA. TOMONO	Una maleta.
SECUESTRADOR	Sí, y tiene que ser negra.
SRA. TOMONO	Bien.
SECUESTRADOR	Mañana a las ocho y treinta y cinco de la mañana vaya a la esquina de Quito y Colón con la maleta negra.
SRA. TOMONO	Quito y Colón. Bien.
SECUESTRADOR	Espere. Cuando llegue a la esquina, vaya al teléfono público y párese al lado del teléfono.
SRA. TOMONO	Bueno, en la esquina de Quito y Colón al lado del teléfono.
SECUESTRADOR	Sí, y no traiga a nadie. Debe venir sola.
SRA. TOMONO	Pero, pero, señor, yo no sé manejar y no puedo ir sola con un millón de dólares por la calle.
SECUESTRADOR	Bueno, entonces tome un taxi y esté en la esquina a las ocho y treinta y cinco. ¿Entendió?
SRA. TOMONO	Sí, sí.
SECUESTRADOR	Obedezca, pues si no, su esposo es persona muerta.
SRA. TOMONO	No, por favor. ¿Cómo está mi esposo? ¿Aló? ¿Aló?

Actividad 9: Los secuestradores y el detector. La Sra. Tomono le avisó a la policía y ellos pusieron un detector en la maleta con el dinero. La señora ya entregó el dinero a los secuestradores y ahora un policía está siguiendo el camino del auto en una computadora. Mientras escuchas al policía, marca el camino que toma el auto y pon una **X** donde el auto se detiene. Cuando termines, vas a saber dónde está el Sr. Tomono. Comienza en la esquina de las calles Quito y Colón.

POLICÍA	En este momento el auto está en la esquina de las calles Quito y Colón y ahora va derecho por la calle Quito hacia el norte ... una ... dos ... tres ... cuatro ... cinco cuadras. Ahora dobla a la izquierda en la calle Luque ... y va derecho por Luque una ... dos ... tres cuadras. Llegó a la esquina de General Moreno. Ahora dobla a la derecha en General Moreno ... pasa por la Piscina Olímpica ... y sigue derecho ... Ahora está doblando en la calle 9 de Octubre ... y sigue derecho por 9 de Octubre una cuadra ... dos cuadras ... tres cuadras ... cuatro. Ahora llegó al Parque del Centenario. ¿Qué hace? ... Está doblando a la izquierda en Moncayo. Ahora cruza Primero de Mayo ... Quisquis ... ahora cruza Urdaneta ... Y ahora llegó a la calle Solano ... ¡Atención! Está doblando a la izquierda en la calle Solano. Y se detiene a la derecha ... Están en el Hotel Regina. ¡Vamos para allá a rescatar al Sr. Tomono!

Éste es el final del programa de laboratorio para el Capítulo 13. Escucha ahora las conversaciones del libro de texto.

Conversación: La oferta de trabajo (text p. 312)

Conversación: Impresiones de Miami (text p. 327)

Capítulo 14

MEJORANDO TU PRONUNCIACIÓN

Review of the Spanish sounds _p_, _t_, _[k]_, and _d_

Remember that the Spanish sounds **p, t,** and [k] are not aspirated, as in **papel, tomate, carta,** and that **d** can be pronounced as in **donde** or as in **Adela.**

Actividad 1: Un dictado. Escucha y completa la siguiente historia sobre Álvaro.

Álvaro fue al dentista. (Pause.) Él tenía mucho miedo (Pause.) porque sabía que tenía un problema muy grave en la muela. (Pause.) El dentista le miró la boca (Pause.) y le dijo que tenía una caries. (Pause.) A Álvaro le dolía mucho y fue una tortura (Pause.), pero finalmente le pusieron un empaste.

MEJORANDO TU COMPRENSIÓN

Actividad 2: ¿Cómo paga? Escucha las siguientes situaciones y marca cómo va a pagar la persona en cada caso.

1.

VENDEDOR	Bien. ¿Necesita algo más?
CLIENTE A	No, eso es todo.
VENDEDOR	Bien. ¿Cómo va a pagar?
CLIENTE A	Con tarjeta.
VENDEDOR	Bien. ¿Qué tarjeta tiene?
CLIENTE A	MasterCard
VENDEDOR	Bueno. Son ...

2.

CLIENTE B	Camarero, ¿me puede traer la cuenta?
CAMARERO	Sí, señor. Aquí la tiene.
CLIENTE B	Tome.
CAMARERO	Perdón, señor, pero no aceptamos cheques de viajero.
CLIENTE B	¿No?
CAMARERO	No.
CLIENTE B	Bueno, entonces voy a pagar en efectivo.
CAMARERO	Bien.
CLIENTE B	Aquí tiene.

3.

CLIENTE C	Bueno, entonces voy a llevarme ese televisor.
VENDEDORA	Bien. ¿Cómo va a pagar?
CLIENTE C	Con tarjeta.
VENDEDORA	¿Cuál?
CLIENTE C	American Express.
VENDEDORA	Lo siento pero no aceptamos American.
CLIENTE C	¡Qué mala suerte!
VENDEDORA	Pero sí aceptamos cheques personales.
CLIENTE C	Bien. Entonces voy a pagar con cheque.

Actividad 3: En la casa de cambio. Un cliente está en una casa de cambio y necesita cambiar dinero. Escucha la conversación y contesta las preguntas en el manual de laboratorio.

CLIENTE	Buenos días.
VENDEDORA	Sí, ¿qué necesita?
CLIENTE	Sí, quiero cambiar estos dólares por pesos mexicanos. ¿A cuánto está el cambio?
VENDEDORA	A 6.200 pesos por dólar.
CLIENTE	Bien. Quiero cambiar 150 dólares.
VENDEDORA	Bien. Entonces son 930.000 pesos mexicanos. Pase por la caja, que le van a dar el dinero.
CLIENTE	Gracias.

Actividad 4: Pichicho. Sebastián le está mostrando a su amigo Ramón las cosas que su perro Pichicho puede hacer. Escucha a Sebastián y numera los dibujos según los mandatos. ¡Ojo! Hay dibujos de ocho mandatos pero Sebastián sólo da seis.

Ahora vas a ver las cosas que hace Pichicho. Pichicho, siéntate. Así, así. Ahora la pata. Dame la mano izquierda. Ahora dale la mano derecha a Ramón. Bien. Así me gusta. Ahora al suelo. Acuéstate. Eso, eso. ¿Viste qué bueno? Y ahora levántate. En dos patas. ¿A ver? ¡Muy bien! Bien. El periódico. Tráeme el periódico. Eso es. ¡Qué perrito tan obediente!

Actividad 5: ¿De qué hablan? Escucha las minisituaciones y marca de qué están hablando las personas.

1.
HOMBRE A	¿Cuál te gusta más?
MUJER A	Me gustan las dos, pero más me gusta la de oro.

2.
MUJER B	¿A cuál prefieres ir?
HOMBRE B	Creo que prefiero ir al vegetariano.

3.
MUJER C	Bueno, ¿y cuáles vas a comprar?
HOMBRE C	Los más baratos.

4.
HOMBRE D	¿Cuál vas a tomar?
MUJER D	Me parece que voy a tomar la de historia. Es más fácil.

Actividad 6: El café de la esquina. Son las siete de la mañana y el camarero todavía tiene mucho sueño. No anota los pedidos y entonces trae las cosas a las mesas equivocadas. Escucha las conversaciones con los clientes y escribe qué trajo el camarero y qué pidieron realmente estas personas.

1.
CAMARERO	Aquí tiene su pedido.
HOMBRE A	Pero, camarero, el mío era sin leche y me trajo café con leche.
CAMARERO	¿Sin leche me pidió?
HOMBRE A	Sí, café sin leche. Solo. ¿Y estas tostadas? Yo le pedí croissants, no tostadas.
CAMARERO	Lo siento. Ahora le traigo lo que me pidió.
HOMBRE A	Bueno, rápido, que tengo que ir a trabajar.

2.

CAMARERO	Uds. me pidieron dos jugos, ¿no?
HOMBRE B	No, un solo jugo para ella y un té para mí.
MUJER	Sí, yo le pedí un jugo de manzana, no de naranja.
CAMARERO	Pero, señora, me pidió de naranja.
MUJER	No, le pedí de manzana.
CAMARERO	Es que no tenemos de manzana.
MUJER	Bueno, entonces tráigame un café con leche.
HOMBRE B	Y a mí tráigame el té.

Actividad 7: La cita con el dentista. Mirna trabaja en el consultorio de un dentista. Escucha las conversaciones entre ella y dos pacientes que llaman para hacer citas. Completa la agenda del dentista con la hora de la cita, el nombre de los pacientes y el problema de cada persona.

MIRNA	Consultorio, buenos días.
SR. DÍAZ	Sí, señorita. Necesito hacer una cita urgente con el dentista.
MIRNA	¿Su nombre?
SR. DÍAZ	Soy el Sr. Díaz.
MIRNA	¡Ah! Sr. Díaz, ¿cómo está? ¿Cuál es su problema?
SR. DÍAZ	(Muffled sound.)
MIRNA	No le entiendo, señor. ¿Puede repetir?
SR. DÍAZ	Tengo un dolor de muela terrible.
MIRNA	Bien. Vamos a hacer una cita para mañana, martes, a las dos.
SR. DÍAZ	Está bien.
MIRNA	Mientras tanto, tómese una aspirina, Sr. Díaz.
SR. DÍAZ	Bueno, bueno. Hasta mañana.

MIRNA	Consultorio, buenos días.
ANTONIO	Sí, ¿está el Dr. Sonrisa?
MIRNA	¿Qué necesita?
ANTONIO	Quiero hacer una cita.
MIRNA	Dígame, yo soy la secretaria del Dr. Sonrisa.
ANTONIO	¡Ah! Yo soy el sobrino.
MIRNA	¡Ah! ¿Tú eres el que necesita un empaste?
ANTONIO	¿Yo? ¿Un empaste? No. Yo necesito una limpieza de dientes urgente.
MIRNA	Entonces debe ser otro sobrino porque el doctor me dijo que un sobrino ...
ANTONIO	¡Ah! Quizás sea mi hermana la que necesita el empaste. Yo soy Antonio.
MIRNA	Bueno, Antonio, entonces, ¿una limpieza?
ANTONIO	Sí.
MIRNA	Bueno, si vienes el jueves temprano, a eso de las ocho, le digo a tu tío que te vea.
ANTONIO	Se lo agradezco, entonces.
MIRNA	Hasta el jueves a las ocho, Antonio.
ANTONIO	Hasta el jueves. Adiós.

Actividad 8: La peluquería. La Sra. López y la Sra. Díaz están en la peluquería hablando de sus hijos. Escucha la conversación y completa la información sobre sus hijos.

SRA. DÍAZ	Y dígame, Sra. López, ¿cuántos años tiene su hijo?
SRA. LÓPEZ	¡Ay! Mi hijo Alejandro tiene treinta y dos. Y es un hijo modelo. Le gustan mucho los deportes, ¿sabe?
SRA. DÍAZ	¿Sí?
SRA. LÓPEZ	Sí, le gusta jugar golf. Juega muy bien.
SRA. DÍAZ	¡Ay! Mi hijo Marcos también juega muy bien al golf. Tiene diez de handicap. Empezó a jugar cuando tenía diez años. Ahora tiene treinta.
SRA. LÓPEZ	¿Y qué hace su hijo?

SRA. DÍAZ	Bueno, Marcos es un profesional, ¿sabe? Estudió en la Universidad de la República y se graduó de abogado. Trabaja para la corte.
SRA. LÓPEZ	El mío es contador. Tiene su propio estudio. Y gana muchísimo dinero. Más o menos 3.000 pesos por mes.
SRA. DÍAZ	El mío gana 3.500 porque los fines de semana también trabaja. Es profesor de tenis. Juega muy bien tenis y tiene muchos clientes.
SRA. LÓPEZ	¿De veras? El mío no juega tenis pero le encanta nadar.
SRA. DÍAZ	No me diga. El mío tiene una novia ...

Éste es el final del programa de laboratorio para el Capítulo 14. Escucha ahora las conversaciones del libro de texto.

Conversación: De paseo por la ciudad de México (text p. 337)

Carta Hablada: En Yucatán (text p. 351)

Capítulo 15

MEJORANDO TU PRONUNCIACIÓN

Rhythm of sentences in Spanish

Rhythm in Spanish differs from rhythm in English. In English, the length of syllables can vary within a word. For example, in the word *information,* the third syllable is longer than the others. In Spanish, all syllables are of equal length, as in **información**. In Chapters 15 through 17, you will practice rhythm in sentences.

Actividad 1: El ritmo de las oraciones. Primero escucha la siguiente conversación. Luego, escucha y repite las oraciones prestando atención al ritmo.

CARLOS	¿Qué pasa? Dímelo. (#)
SONIA	No, no puedo. (#)
CARLOS	¿Qué tienes? Cuéntame. (#)
SONIA	No, no quiero. (#)
CARLOS	Vamos. Vamos. No seas así. ¿Es por Miguel? (#)
SONIA	Me cae la mar de mal. (#)

MEJORANDO TU COMPRENSIÓN

Actividad 2: El crucigrama. Escucha las pistas y completa el crucigrama con los animales de la lista presentada.

1. Éste es un animal que pone huevos.
2. Este animal es rápido y lo usaba Don Quijote.
3. A este animal le encanta cantar.
4. Éste es el rey de la selva y aparece en el logo de las películas de la Metro-Goldwyn-Mayer.
5. Éste es un animal que da leche y es frecuentemente de color blanco y negro.
6. Éste es un animal de color gris, con orejas grandes.
7. A este animal le gusta subir a los árboles y comer bananas.

Actividad 3: ¿Cuándo ocurre? Vas a escuchar cuatro minisituaciones. Marca si la persona en cada caso habla del pasado o del futuro.

1. Después de comer esos espaguetis, me sentí muy mal.
2. Cuando llegue a mi casa, me voy a duchar.
3. Nosotros vamos a estudiar matemáticas hasta que terminemos.
4. Pablo y Héctor se encontraron con una sorpresa cuando entraron a la oficina.

Actividad 4: De regreso a casa. *(a)* Imagínate que eres un/a soldado/a y vas a regresar a tu casa después de un año de estar en la guerra. Para el cassette y escribe lo primero que vas a hacer cuando llegues a tu casa.

  (b) Simón Colón y Alberto Donnes son dos soldados que van a regresar a su casa después de un año de estar en la guerra. Ahora están hablando de las cosas que van a hacer cuando lleguen a su casa. Escucha y marca quién va a hacer qué cosa.

SIMÓN	¡Qué emoción! No veo la hora de llegar a casa, Alberto.
ALBERTO	Es increíble, después de tanto tiempo. ¡Qué ganas de estar en casa! Cuando llegue, lo primero que voy a hacer es comer un pollo con ajo, que me fascina. ¡Qué rico! ¡Hace tanto tiempo que no como un pollito!
SIMÓN	¡Pero, Alberto! ¡Tú piensas en comer! Yo cuando llegue a casa quiero estar con mis padres y mis hermanos. Los extraño mucho.
ALBERTO	¿Y tu novia, Simón? Todavía tienes novia, ¿no?
SIMÓN	Claro que sí, hombre. A ella también la voy a ver cuando llegue a casa. Pero, ¿y tú? ¿No vas a ver a tu familia?
ALBERTO	No creo. No tengo ganas. Creo que prefiero estar solo. No quiero que me empiecen a hacer preguntas.
SIMÓN	¿Y qué vas a hacer?
ALBERTO	Pues comer y salir a caminar a ver gente en la calle, pero no quiero hablar con nadie. No quiero que me hagan preguntas.
SIMÓN	¡Qué tipo tan raro eres, Alberto!

Actividad 5: ¿Cómo es en realidad? *(a)* Éste es Rubén. ¿Cómo crees tú que sea él? Para el cassette y escribe tres adjetivos de la lista presentada que lo describan.

   (b) Ahora vas a escuchar a Julia y a Sandro hablando de Rubén. Escucha la conversación y escribe los adjetivos que cada persona usa para describir a Rubén.

JULIA	Yo no entiendo cómo tu hermana sale con Rubén.
SANDRO	¿Por qué dices eso, Julia?
JULIA	Pues creo que es una persona bastante agresiva, ¿no crees tú?
SANDRO	Sí, es verdad. Él es agresivo pero a veces es muy amable con ella.
JULIA	No sé si será amable con ella pero me molestan los hombres agresivos y orgullosos.
SANDRO	¿Orgulloso? ¿Tú piensas que Rubén es orgulloso?
JULIA	Sandro, por supuesto. Mira, yo he visto cuando tu hermana y Rubén pelean y ella tiene la razón; él nunca lo admite. Piensa que no se equivoca nunca.
SANDRO	No creo que tengas razón. Ahora debo admitir que es bastante perezoso. ¿Tú sabes que hace un mes que no tiene trabajo y no sale a buscar?
JULIA	Pues no entiendo por qué es así porque parece ser una persona ambiciosa.
SANDRO	Sí, no hay duda que es ambicioso.

Actividad 6: La fiesta de Alejandro. Cuando Alejandro celebró su cumpleaños el sábado pasado, tomaron una foto de la fiesta. Escucha las siguientes oraciones y marca si es cierto (C) o falso (F) que las cosas mencionadas habían ocurrido antes de que se tomara esta foto.

1. Antes de que tomaran esta foto la gente ya había llegado a la fiesta.
2. Alejandro ya había abierto los regalos.
3. La gente ya se había comido parte del pastel de cumpleaños.
4. Ya habían tomado otras fotografías.
5. Ya se habían bebido el champán.

Actividad 7: ¿De qué están hablando? Un padre y su hijo se divierten con un juego sobre palabras del tema de la ecología. Escucha la conversación y cada vez que oigas el *(beep)*, numera la palabra a la que se refieren.

PADRE	Bueno, te voy a describir una idea y tienes que adivinar de lo que estoy hablando.
HIJO	Bueno, dale.
PADRE	Esta idea está conectada con la ecología, es una idea negativa y es lo que ocurre con el agua cuando le tiramos productos químicos.
HIJO	¿Lo que ocurre con el agua?
PADRE	Sí, cuando le tiramos sustancias que no son buenas.
HIJO	¡Ah! Ya sé. Tú hablas de *(beep)*.

PADRE	Sí, exactamente. Ahora otra. Ésta también es negativa y es lo que les ocurre a los peces cuando tiras algo al mar o a un río.
HIJO	Es algo que les ocurre a otros animales también, ¿no?
PADRE	Exactamente.
HIJO	Entonces es *(beep)*.
PADRE	Muy bien, muy bien. A ver ... Ésta es lo que haces cuando no tiras los periódicos a la basura sino que los llevas a un centro especial.
HIJO	¿Es lo mismo que haces con las botellas?
PADRE	Sí, lo haces con las botellas y con los periódicos.
HIJO	Tú hablas de *(beep)*.
PADRE	Sí.
HIJO	Pues, ¡qué fácil! Ahora yo tengo una para ti.
PADRE	A ver.
HIJO	Bueno, esto es lo que mata a los peces en el agua.
PADRE	¿Lo que mata a los peces en el agua? Pero eso es la contaminación.
HIJO	No, papá, es otra cosa. Es lo que llevan algunos barcos y a veces se cae al agua y mata a muchos peces.
PADRE	De color negro, ¿no?
HIJO	Sí.
PADRE	Ya sé. Es *(beep)*.

Actividad 8: El anuncio comercial. La asociación Paz Verde está haciendo una campaña publicitaria para proteger el medio ambiente. Escucha el anuncio y marca sólo las cosas que se mencionan.

Querido ciudadano, protejamos el medio ambiente. No tiremos papeles en la calle. Ensucian la ciudad y le dan un aspecto bastante feo. Si tiene plantas, no use insecticidas para matar a los insectos pues el insecticida contamina el ambiente. Y no compremos productos en aerosol como desodorantes o spray para el pelo. Las sustancias que contienen se llaman fluorocarbonos y destruyen la capa de ozono. Hagamos esto y tendremos un mundo sano y limpio. Se lo pide Paz Verde ... para un mundo mejor.

Éste es el final del programa de laboratorio para el Capítulo 15. Escucha ahora las conversaciones del libro de texto.

Conversación: Pasándolo muy bien en Guatemala (text p. 358)

Anuncio: Sí, mi capitán (text p. 372)

Capítulo 16

MEJORANDO TU PRONUNCIACIÓN

Actividad 1: El ritmo de las oraciones. Primero escucha el siguiente monólogo. Luego, escucha y repite las oraciones prestando atención al ritmo.

Sin amigos no podría vivir. (#)
Sin dinero sería feliz. (#)
Sin inteligencia no podría pensar (#)
en cómo hacer para triunfar. (#)

MEJORANDO TU COMPRENSIÓN

Actividad 2: En la casa de fotos. Vas a escuchar una conversación entre un cliente y una vendedora en una casa de fotos. Marca sólo las cosas que el cliente compra.

VENDEDORA	Buenos días, señor. ¿Qué necesita?
CLIENTE	Sí, quiero un rollo de fotos para mi cámara pero no sé qué tipo de rollo necesito.
VENDEDORA	A ver. ¿Tiene su cámara aquí?
CLIENTE	Sí, aquí está.
VENDEDORA	Bueno, para esta cámara necesita un rollo de treinta y cinco milímetros. ¿Qué prefiere, foto o diapositiva?
CLIENTE	A ver. Esteeee ... Deme un rollo de fotos.
VENDEDORA	¿De cuántas fotos quiere?
CLIENTE	¿De cuántas tiene?
VENDEDORA	Tengo rollos de veinticuatro y de treinta y seis.
CLIENTE	Deme uno de veinticuatro.
VENDEDORA	Bien. ¿Quiere color o blanco y negro?
CLIENTE	Color, color. Blanco y negro es muy aburrido.
VENDEDORA	Bien. ¿Algo más? ¿No necesita algún lente?
CLIENTE	No. Creo que nada más. ¡Ah! Me olvidaba. Sí, necesito una pila porque el flash no funciona muy bien.
VENDEDORA	Bien. ¿Cuántas quiere?
CLIENTE	Con una está bien.
VENDEDORA	Bien. Aquí tiene la pila.
CLIENTE	Gracias. Eso es todo. A ver ... ¿Me puede mostrar ese álbum de fotos que tiene ahí?
VENDEDORA	¿Éste?
CLIENTE	Sí, ése mismo.
VENDEDORA	Aquí lo tiene.
CLIENTE	¿Cuánto cuesta?
VENDEDORA	$4.200.
CLIENTE	Bien, lo voy a llevar también.
VENDEDORA	Bueno, entonces el álbum, el rollo y la pila son $7.500.

Actividad 3: La cámara Tannon. Escucha el anuncio de la cámara de fotos y marca las tres cosas que dice el anuncio que podrás hacer con esta cámara.

Con las cámaras comunes uno siempre tiene problemas: el enfoque, la pila, el rollo que se termina ... En fin, miles de problemas. Pero ahora llegó lo que usted estaba esperando: la cámara Tannon, resistente a todo y muy fácil de usar. Con la cámara Tannon usted podrá sacar fotos perfectas, no necesitará pilas para su flash y lo más innovador es que no necesitará rollo de fotos. Sí, comprendió bien. La cámara Tannon no necesita rollo de fotos. Solamente necesita un disco como de computadora y le permitirá ver sus fotos al instante en su televisor. Tannon—la tecnología de siglo XXI a su alcance.

Actividad 4: Vivir en Caracas. Juan Carlos está en Caracas hablando con Simón, un venezolano, sobre lo bueno y lo malo de vivir en esta ciudad. Escucha la conversación y escribe las ideas mencionadas bajo la columna correspondiente.

SIMÓN	Bueno, ¿y te gusta la ciudad, Juan Carlos?
JUAN CARLOS	Sí, me gusta pero hay mucho tráfico.
SIMÓN	Sí, es verdad. Eso es lo que no me gusta de esta ciudad: el tráfico que hay para ir a todos lados y a toda hora.
JUAN CARLOS	Bueno, ¿pero a ti te gusta vivir en esta ciudad?
SIMÓN	Sí. Es mi ciudad. Nunca viví en otro lado.
JUAN CARLOS	¿Qué es lo que te gusta de esta ciudad?
SIMÓN	Lo bueno es que si eres profesional, tienes muchas posibilidades de trabajo. En cambio, en otras ciudades del país no es así.
JUAN CARLOS	¿Qué más?
SIMÓN	Pues me gusta el clima. Caracas tiene un clima muy bonito.
JUAN CARLOS	Sí, lo bueno es que puedes ir a la playa en una hora y media pues está muy cerca. Allá en Madrid, tengo que viajar seis u ocho horas para llegar a la playa.
SIMÓN	Sí, el clima y la playa son unas de las cosas buenas que tiene esta ciudad. Ahora, lo malo es el problema del tráfico, y por supuesto con el tráfico viene el ruido y la contaminación.
JUAN CARLOS	El ruido. Eso es igual a Madrid. Siempre hay ruido a toda hora. ¿Has estado en Bogotá alguna vez?
SIMÓN	Sí, ¿por qué?

Actividad 5: La candidata para presidenta. *(a)* Cuando los candidatos para la presidencia le hablan al pueblo, siempre prometen cosas. Para el cassette y escribe tres promesas típicas de los candidatos.

(b) Una candidata a presidenta está dando un discurso antes de las elecciones. Escucha y marca sólo las cosas que ella promete hacer.

Querido pueblo, es un honor hablarles a ustedes hoy aquí. Y es un honor para mí ser la única mujer candidata a presidenta de la nación. Quiero decirles que me preocupan tanto los pobres como los niños. Es por eso que si yo soy presidenta prometo que habrá una mejor educación, con buenos maestros para nuestros hijos y los ancianos tendrán hospitales gratis donde los atenderán muy bien. No voy a prometer que reduciré los impuestos porque es imposible hacerlo. Y si algún otro candidato les promete eso no le crean pues no es posible hacerlo sin sacrificar la economía. Pero sí les prometo que habrá más trabajo para todos, que ya no habrá desempleados en la calle, que todos tendrán un empleo. Y algo fundamental que prometo es subir el sueldo mínimo. No es posible que la gente viva con el sueldo que tiene ahora. Les prometo que si gano, aumentaré el sueldo mínimo. Gracias, pueblo querido, y les pido que tengan fe en mí.

Actividad 6: El año 2025. *(a)* Para el cassette y escribe oraciones para describir tres cosas que crees que serán diferentes en el año 2025.

(b) Ahora vas a escuchar a dos amigos, Armando y Victoria, haciendo dos predicciones cada uno para el año 2025. Marca quién hace cada predicción.

VICTORIA	¿Te imaginas, Armando, cómo será el mundo en el año 2025?
ARMANDO	¡Habrá tantos cambios! Yo creo que los carros no usarán gasolina.
VICTORIA	¿Y qué usarán entonces?
ARMANDO	No sé. Tal vez energía solar.
VICTORIA	Puede ser. Yo pienso que no habrá más libros.
ARMANDO	¿Por qué dices eso?
VICTORIA	Pues la gente va a estar muy ocupada y no tendrá tiempo para leer libros y entonces quizás tenga esa información en un disco en su computadora o grabada en un cassette.
ARMANDO	Sí, ahora se está poniendo muy de moda comprar novelas en cassettes en vez de libros.
VICTORIA	Y la comida. ¿Cómo será la comida en el año 2025?
ARMANDO	Pues pienso que la gente tampoco tendrá tiempo para preparar sus comidas. Entonces existirán comidas en píldoras o tabletas.

VICTORIA	¿Tú crees?
ARMANDO	Sí, será rápido entonces almorzar o cenar.
VICTORIA	Pero va a ser aburrido. A mí me gusta sentarme a la mesa y disfrutar de la comida. Si sólo tomo una píldora, no le voy a sentir el gusto.
ARMANDO	Claro que no. La idea es sólo alimentarse. Bueno, pero ¿y tú? ¿Qué otro cambio piensas que ocurrirá?
VICTORIA	A ver ... Déjame pensar ... ¡Ah, sí! Yo pienso que para ese año ya no tendremos más llaves.
ARMANDO	¿Llaves?
VICTORIA	Sí, llaves. Las casas y los carros no necesitarán llaves sino que tendrán unas minicomputadoras para abrir las puertas.
ARMANDO	O quizás obedezcan a un código que uno diga como "¡Ábrete Sésamo!" ¿no?
VICTORIA	No me tomes el pelo.

Actividad 7: Entrevista de trabajo. Miguel ve el aviso presentado y llama por teléfono para obtener más información. Escucha la conversación y completa las notas que toma Miguel.

SECRETARIA	Gente Asociados. Buenos días.
MIGUEL	Sí, buenos días. Llamo por el aviso que salió en el periódico de hoy.
SECRETARIA	¡Ah! Sí, sí. ¿Tú eres el interesado?
MIGUEL	Sí.
SECRETARIA	Pues, ¿eres estudiante universitario?
MIGUEL	Sí, estudio en la Universidad de Buenos Aires.
SECRETARIA	Bueno. Pues, mira, el trabajo consiste en llamar por teléfono a la gente para vender nuestra revista.
MIGUEL	¿Qué revista?
SECRETARIA	La revista *Gente*. Nos interesan personas que consigan clientes para suscribirse a nuestra revista.
MIGUEL	¿Y cuántas horas por día tendría que trabajar?
SECRETARIA	Unas tres horas.
MIGUEL	¿En cualquier momento del día? ¿Podría trabajar por la noche?
SECRETARIA	Bueno, las llamadas las tendrías que hacer preferiblemente por la tarde de cuatro a siete.
MIGUEL	Por la tarde. Bueno. ¿Y tendría que ir a una oficina a hacer las llamadas?
SECRETARIA	No, las llamadas las harías desde tu casa.
MIGUEL	¿Y cuál sería el sueldo?
SECRETARIA	Bueno, te daríamos una comisión por cada suscripción que consigas.
MIGUEL	Es decir que si no consigo ninguna suscripción, no tendré dinero.
SECRETARIA	Sí, pero a mucha gente le interesa la revista *Gente*. Y aparte la estamos ofreciendo a un cincuenta por ciento menos del valor que se ofrece en la calle. ¿Pero sabes? Me gustaría que hicieras una cita conmigo para que te contara más detalles de este trabajo. ¿Podrías venir mañana por la tarde?
MIGUEL	¿A qué hora?
SECRETARIA	¿A eso de las tres te parece bien?
MIGUEL	Bueno. ¿Necesito llevar un curriculum conmigo?
SECRETARIA	Sí, por favor. No te olvides de traerlo. Ahora anota la dirección.
MIGUEL	Sí, dígame.
SECRETARIA	Santa Fe 3450.
MIGUEL	Bueno.
SECRETARIA	Entonces nos vemos mañana a las tres. ¿Tu nombre es?
MIGUEL	Miguel Lobos.
SECRETARIA	Bueno, Miguel. Hasta mañana.
MIGUEL	Adiós.

Éste es el final del programa de laboratorio para el Capítulo 16. Escucha ahora las conversaciones del libro de texto.

Conversación: Ya nos vamos ... (text p. 380)

Conversación: ¿A trabajar en la Patagonia? (text p. 394)

Capítulo 17

MEJORANDO TU PRONUNCIACIÓN

Actividad 1: El ritmo de las oraciones. Primero escucha la siguiente conversación entre padre e hija. Luego, escucha y repite la conversación, prestando atención al ritmo.

PADRE   Quería que vinieras. (#)
HIJA   Disculpa. No pude. (#)
PADRE   Te pedí que fueras. (#)
HIJA   Lo siento. Me olvidé. (#)
PADRE   Te prohibí que fumaras. (#)
HIJA   Es que tenía muchas ganas. (#)
PADRE   Te aconsejé que trabajaras. (#)
HIJA   Basta, por favor. ¡Basta! (#)

MEJORANDO TU COMPRENSIÓN

Actividad 2: No veo la hora. Vas a escuchar cuatro situaciones. Para cada caso escoge qué es lo que la persona espera que pase lo antes posible. Pon la letra de la situación correspondiente.

1.
MUJER A   Mira, Alejandro y yo hace cuatro años que estamos casados y yo siempre le digo que tengo ganas, pero él dice que vamos a perder nuestra independencia. Pero a mí no me importa.

2.
HOMBRE A   Ya estoy cansado del frío y de la nieve. Uno tiene que estar poniéndose ropa y más ropa. Parecemos unos osos.

3.
MUJER B   Querido, son las doce de la noche y esta gente sigue hablando. Yo tengo sueño. Mañana es martes y me tengo que levantar temprano para ir a trabajar.

4.
HOMBRE B   Pero es muy aburrida. No me parece nada graciosa. Encima, estos actores son horribles. ¡Qué mala! Y con lo caro que sale el cine hoy día.

Actividad 3: Si fuera ... Vas a escuchar cuatro frases que están incompletas. Escoge un final apropiado para cada frase.

1. Mira, hace cinco años que ella es tu novia. Si yo estuviera en tu lugar ...
2. ¡Qué suerte que no vivo en esta ciudad con tanto tráfico! Si yo viviera aquí ...
3. Pues pienso que él está esperando que lo llames. Yo no le haría esperar más ...
4. Yo pienso que para perder peso no sólo haría ejercicio sino que también ...

Actividad 4: ¿Recíproco o no? Escucha las siguientes descripciones y marca el dibujo apropiado.

1. Ellos se abrazan uno al otro.
2. Ella lo besa.
3. Ellos no se hablan.
4. Ellos se miran a sí mismos en el espejo.

Actividad 5: Yo llevaría ... (a) Imagínate que tuvieras que ir a vivir en una cueva por seis meses. Para el cassette y escribe tres cosas que llevarías contigo.

(b) Escucha ahora a Rolando y a Blanca hablando de lo que ellos llevarían si tuvieran que vivir en una cueva durante seis meses. Marca qué cosas llevaría cada uno.

BLANCA	Te imaginas si tuvieras que vivir seis meses en una cueva, Rolando. ¿Qué te llevarías?
ROLANDO	¡Pues qué idea tan ridícula!
BLANCA	Pues dime, ¿qué te llevarías?
ROLANDO	Pues comida, seguro, pues necesitaría comer, ¿no?
BLANCA	Sí, por supuesto. Yo también me llevaría comida.
ROLANDO	Y me gustaría llevar un televisor.
BLANCA	¡Un televisor! Tú estás loco. No tendrías antena.
ROLANDO	Bueno, no sé, pero a mí me gustaría llevar un televisor.
BLANCA	Bien. Bien. Yo creo que llevaría algún libro para entretenerme.
ROLANDO	¿Y qué harías en la cueva? ¿Leerías todo el día en la oscuridad?
BLANCA	No. También haría gimnasia, pues sería muy importante estar en buen estado físico. Y tú, ¿qué harías?
ROLANDO	Pues dormiría todo el día y miraría televisión.
BLANCA	¡Pero qué hombre, por Dios! ¿No quisieras llevar una cama también?
ROLANDO	No, no creo, pero sí llevaría una radio.
BLANCA	¡Pero si tienes un televisor! ¿Para qué quieres una radio?
ROLANDO	Necesito música buena.

Actividad 6: Mi hija. (a) Un padre está hablando de cómo quería él que fuera su hija. Escucha lo que dice y marca **C** si las frases presentadas son ciertas o **F** si son falsas.

AMIGA	Bueno, ¿y piensas que se cumplieron los sueños que tenías sobre tu hija?
PADRE	Pues sí y no.
AMIGA	¿Por qué?
PADRE	Bueno, porque yo quería que mi hija fuera doctora.
AMIGA	Bueno, pero es enfermera y muy buena. ¿Te imaginas a tu hija doctora? Estaría ocupada todo el día.
PADRE	Sí, pero yo quería que trabajara en una clínica privada y no en un hospital estatal pues allí no le pagan muy bien.
AMIGA	Bueno, quizás en el futuro obtenga un trabajo en el consultorio de un médico. Yo creo que como es tan buena enfermera, conseguirá un puesto mejor pronto.
PADRE	Bueno, por suerte se casó con un abogado, pues yo quería que ella se casara con un profesional. Pero los dos están muy ocupados con sus trabajos ahora y yo le dije a ella que viajara y que conociera el mundo antes de casarse, y no. Se casó joven y ahora no tiene tiempo para hacer nada, sólo para trabajar.
AMIGA	Bueno, es que necesitan dinero para pagar su casa. Ya verás que cuando tengan más dinero, podrán viajar y conocer el mundo.
PADRE	Eso espero.

(b) Ahora escucha la conversación otra vez y escribe cuál expectativa del padre se hizo realidad.

Actividad 7: *Guernica*. (a) Mira el cuadro y para el cassette. Después, contesta las preguntas que aparecen en el manual de laboratorio.

(b) Ahora imagínate que estás en Madrid en el Centro de Arte Reina Sofía y escuchas una grabación que te explica la historia del cuadro. Escucha y marca las siguientes oraciones con **C** si son ciertas o con **F** si son falsas.

Y este cuadro que están mirando ahora es el famoso *Guernica,* la obra maestra de Pablo Picasso. Y ahora un poco de historia. Guernica es un pueblo en el norte de España que durante la Guerra Civil española estaba en contra del General Francisco Franco, quien más tarde, en el año 1939, llegó a ser el dictador de España. En 1937, Hitler mandó aviones alemanes para bombardear este pueblo para ayudar a Franco. En el ataque las bombas destruyeron el pueblo entero y mataron a miles de habitantes, incluyendo a niños, mujeres y ancianos. Como protesta a esta masacre, Picasso pintó este cuadro. El cuadro está pintado en blanco y negro para dar dramatismo a la pintura. Hay tres mujeres y dos hombres en el cuadro. A la izquierda pueden ver a una mujer con un niño en los brazos. A la derecha de la mujer hay un hombre con una flor en la mano. Esa flor puede indicar la esperanza. También hay dos animales en el cuadro: un toro, a la izquierda, y un caballo, en el centro. Se puede ver el terror hasta en la cara del caballo. Picasso pintó este cuadro en Francia y lo llevó al Museo de Arte Moderno de Nueva York en 1939. Después de la muerte de Franco y casi cuarenta años de dictadura, llegó la democracia a España otra vez, y con este cambio político empezaron a hacer planes para llevar el *Guernica* a España. Por fin, en el año 1981 lo trajeron aquí a Madrid y en 1993 lo colocaron aquí, en el Centro de Arte Reina Sofía, donde lo ven Uds. ahora.

Éste es el final del programa de laboratorio para el Capítulo 17. Escucha ahora las conversaciones del libro de texto.

Conversación: El arte escondido (text p. 402)

Conversación: La pregunta inesperada (text p. 416)

Capítulo 18

MEJORANDO TU COMPRENSIÓN

Actividad 1: Dentro de poco. Vas a escuchar cuatro situaciones diferentes. Numera las oraciones para cada situación según lo que va a ocurrir dentro de poco.

1. ¿Cuántos meses te faltan? Tienes un estómago bien grande. ¿Cómo lo vas a llamar?
2. ¡Te felicito! ¿Cuándo lo decidieron? ¿Adónde se van a ir de luna de miel? ¿Les dijeron a tus padres?
3. Tengo una semana y tengo ganas de ir a la Isla de Pascua.
4. Quiero tostadas con mermelada y un café con leche.

Actividad 2: Los anuncios comerciales. Vas a escuchar cinco anuncios comerciales. Escoge el final apropiado para cada anuncio. Pon el número del anuncio correspondiente.

1. Ahora que se acerca el veranito, uno se mira el cuerpo y se asusta. ¿Quiere adelgazar?
2. ¿Cansado de café? ¿No puede dormir por las noches? ¿Necesita relajarse?
3. Señora, ¿desea tener manos de niña y una piel tan suave como la seda? Entonces ...
4. Joven de hoy, ¿quieres ayudar a tu país? Tu país te necesita ...
5. ¿Quiere disfrutar de un viaje placentero, de una atención perfecta con personal de primera línea? Entonces ...

Actividad 3: El SIDA. *(a)* Para el cassette y marca en el manual de laboratorio tres maneras de transmitir el SIDA.

(b) Ahora escucha el anuncio informativo sobre el SIDA y marca sólo las formas de transmisión que se mencionan.

Todo el mundo habla del SIDA hoy en día, pero pocos saben cómo se transmite. No es verdad que se transmita por un beso, o por usar el mismo vaso que una persona que tiene el virus, o por el agua de una piscina. El virus del SIDA se transmite por contacto sexual, por usar las mismas agujas de una persona infectada o por las mujeres embarazadas que tienen SIDA y lo transmiten a los niños. Debemos tomar conciencia. Para más información llama al 50-84-67.

Actividad 4: Nuestro futuro. *(a)* Para el cassette y escribe tres cosas que vas a hacer cuando termines tus estudios.

(b) Ramón está hablando con Cecilia sobre lo que va a hacer cuando termine sus estudios universitarios. Escucha la conversación y completa la oración del manual de laboratorio.

RAMÓN   No veo la hora de terminar las clases en la universidad.
CECILIA   Sí, pobre. Todos los días estudias, ¿no?
RAMÓN   Sí, no solamente los días de semana sino también los fines de semana.
CECILIA   Sí, yo recuerdo cuando era estudiante que también estudiaba los fines de semana. Bueno, pero ¿qué piensas hacer cuando te gradúes de arquitecto?
RAMÓN   Pues primero iré de viaje. No sé bien adónde ... quizás vaya a Perú. Quiero conocer Machu Picchu.
CECILIA   Sí, me imagino que vas a necesitar esas vacaciones. Y luego, ¿qué harás?
RAMÓN   Pues cuando regrese buscaré un trabajo en alguna compañía. Mandaré mi curriculum a varias compañías y luego tendré entrevistas. Pero no va a ser fácil encontrar trabajo pues quiero quedarme en Santiago. No quiero ir a otra ciudad.
CECILIA   Sí, todo el mundo quiere quedarse en la capital.
RAMÓN   Bueno, pero lo más importante: ¿Sabes qué haré los fines de semana?
CECILIA   No. ¿Qué?
RAMÓN   Iré al cine, a comer afuera ... En fin, me divertiré y no tendré que estudiar.

CECILIA	Pero quizás tengas que trabajar los fines de semana.
RAMÓN	¿Estás loca?

Éste es el final del programa de laboratorio para el Capítulo 18. Escucha ahora la conversación del libro de texto.

Conversación: *La despedida* (text p. 426)

Lab Manual Answer Key

Capítulo Preliminar

Mejorando tu pronunciación

Actividad 1: Escucha y subraya. *(a, b)*
1. Pa-na-<u>má</u>   2. Bo-go-<u>tá</u>   3. <u>Cu</u>-ba   4. Ve-ne-<u>zue</u>-la
5. <u>Mé</u>-xi-co   6. Ma-<u>drid</u>   7. Te-gu-ci-<u>gal</u>-pa
8. A-sun-<u>ción</u>

Actividad 2: Los acentos. *(a, b)*   1. o-fi-<u>ci</u>-na
2. di-rec-<u>tor</u>   3. pa-<u>pel</u>   4. dis-cu-<u>sión</u>
5. te-<u>lé</u>-fo-no   6. bo-<u>lí</u>-gra-fo   7. se-cre-<u>ta</u>-rio
8. ins-truc-<u>cio</u>-nes

Mejorando tu comprensión

Actividad 3: La fiesta.   1. formal   2. informal
3. formal

Actividad 4: ¿De dónde eres?   1. Ecuador
2. Guatemala   3. Uruguay

Actividad 5: ¡Hola! ¡Adiós!   1. saludo
2. despedida   3. saludo

Actividad 6: La entrevista.   1; 4; 3; 2

Actividad 7: Las capitales.   1. San Salvador
2. Madrid   3. Washington, D.C.

Actividad 8: Los mandatos.   Top row: 2; 4
Bottom row: 1; 3

Actividad 9: Las siglas.   1. IBM   2. CBS
3. FMI   4. BBC   5. RCA   6. CNN

Actividad 10: ¿Cómo se escribe?   1. Obuljen
2. Marinetti

Capítulo 1

Mejorando tu pronunciación

Actividad 4: Guatemala.   The numbers should be
connected in the following order: 4; 7; 47; 50; 60; 68; 67;
95; 94; 72; 62; 53; 33; 35; 13; 14; 4.

Actividad 5: Los números de teléfono.
1. 234-9788   2. 58-92-02   3. 837-0422

Actividad 6: ¿El o ella?   1. — ✔   2. ✔ —
3. ✔ —

Actividad 7: En el tren.   3; 1; 4; 2

Actividad 8: En el hotel.   *NOMBRE:* María
Schaeffer   *OCUPACIÓN:* arquitecta   *DIRECCIÓN:* Calle
5, número 232   *Ciudad:* Managua   *País:* Nicaragua
Código postal: 1432   *TELÉFONO:* 74-89-70

Actividad 9: Los participantes.   *Francisco:*
Chile; ingeniero; 25   *Laura:* Bolivia; abogada; 28
Gonzalo: Guatemala; director de dine; 30   *Andrea:*
México; estudiante; 25

Capítulo 2

Mejorando tu comprensión

Actividad 4: La perfumería.   1. —   2. más de
uno   3. uno   4. —   5 uno   6. más de uno   7. —
8. más de uno   9. —

Actividad 5: ¿Hombre o mujer?   1. — ✔   2. —
✔   3. ✔ —   4. ✔ —

Actividad 6: El mensaje telefónico.   1. Esteban
2. Esteban   3. Carina   4. Carina

Actividad 7: El regalo de cumpleaños.   *(a)*
✔ computadora   ✔ toallas   *(b)* una lámpara

Actividad 8: La agenda de Diana.   *(a)* Answers
will vary. For example: 1. Voy a hablar con Roberto.
2. Voy a estudiar español.   *(b) viernes:* 3:00 P.M.—
examen de literatura   *sábado:* ir a la fiesta de Marisel;
llevar Coca-Cola   *domingo:* ir a Toledo

Actividad 9: La conexión amorosa.   Óscar
Varone

Capítulo 3

Mejorando tu pronunciación

Actividad 2: Escucha y marca la diferencia.
1. caro   2. corro   3. ahora   4. cero

Mejorando tu comprensión

Actividad 4: ¿En dónde?   1. —   2. b   3. a
4. —   5. c   6. d

Actividad 5: Mi niña es . . .   Drawing number 1
shows the child that the father is looking for.

Actividad 6: Su hijo está . . .   *En general, él es*
bueno, inteligente, simpático.   *Pero, esta semana él esta*
aburrido, cansado, antipático.

Actividad 7: La conversación telefónica.
1. Se llama   2. Estudia   3. Estudia en   4. Es   5. Sí; están   6. Él   7. Ella   8. (Estoy) bien   9. Sí, estudio   10. Trabajo   11. Está

Actividad 8: Intercambio estudiantil.
Teléfono: 54-67-39   *Edad:* 23   *Ocupación:* estudiante (de computación)   *Gustos:* leer ciencia ficción; correr con sus amigos; la música rock; ir a conciertos de rock; salir con sus amigos a bailar y a comer   *Preferencia de nacionalidad:* estadounidense o canadiense

Actividad 9: Las descripciones.   *(a)* Answers will vary somewhat. For example: 1. artística, simpática, optimista   2. pesimista, intelectual, serio   *(b)* 1. artística, optimista, inteligente, simpática   2. tímido, intelectual, pesimista, serio

Capítulo 4

Mejorando tu comprensión

Actividad 3: Los sonidos de la mañana.
Answers will vary. For example: 1. Está escuchando la radio. / Se está levantando.   2. Está haciendo ejercicio.   3. Está lavándose la cara. / Está lavándose las manos.   4. Está duchándose.

Actividad 4: El tiempo este fin de semana.   *(a, b) Buenos Aires:* (rainy symbol) 10°   *La Pampa:* (windy symbol) 8°   *Bariloche:* (snowy symbol) –15°   *Tierra del Fuego:* (windy symbol) –20°   *Jujuy:* (sunny symbol) 20°   *Cataratas del Iguazú:* (rainy symbol) 16° to 20°

Actividad 5: El detective Alonzo.   First row: 6; 1; 2   Second row: 3; 5; 4

Actividad 6: La identificación del ladrón.
Drawing should show a bald man with a big face, a long neck, a short stubble of a beard, and a Groucho Marx–style mustache. He should have very big ears, a big nose, very small eyes, and a big mouth with large teeth.

Actividad 7: La entrevista.   The following notebook entries should be crossed out: **se levanta tarde; hace gimnasia en un gimnasio; estudia sus libretos; va al cine.**

Capítulo 5

Mejorando tu comprensión

Actividad 3: ¿Qué acaban de hacer?   1. a   2. b   3. b

Actividad 4: El cine.   *La historia oficial Horario:* 3:00, 5:15, 7:30, 10:00; *Precio:* $425, $340 (matinée)   *La mujer cucaracha   Horario:* 4:45, 8:00, 10:30; *Precio:* $350, $350 (matinée)

Actividad 5: Las citas del Dr. Malapata.   (1) *Paciente:* Sra. Gómez; *Fecha:* (miércoles) 16 de agosto; *Hora:* 3:30; *Fecha de hoy:* 11 de julio   (2) *Paciente:* Sr. Kleinburd; *Fecha:* (viernes) 15 de julio; *Hora:* 8:45; *Fecha de hoy:* 11 de julio

Actividad 6: *Segundamano*.   1. Se; secretaria; 87-69-32   2. Vendo; 94; 675-4322; 2.500 pesos   3. Hago; español; Kowalski; 75-33-00

Actividad 7: La fiesta.   *(a)* Answers will vary. For example: 1. Una mujer está bebiendo una Coca-Cola.   2. Dos hombres están hablando.   3. Una mujer está hablando con un hombre.   4. Una mujer está fumando.   *(b)* The following people in the drawing should be labeled: **Mariana** is the woman wearing a striped skirt and drinking Coca-Cola. **Pablo** is the man sitting on the couch who does not have a mustache. **Lucía** is the woman wearing dark pants and a scarf around her shoulders who is drinking Coca-Cola. **Fabiana** is the woman wearing dark pants and a scarf around her shoulders who is standing alone and smoking.   *(c)* 1. profesor   2. estudiante   3. estudiante   4. abogada

Actividad 8: Los fines de semana.   *(a)* Answers will vary. For example: 1. Estudio español.   2. Salgo con mis amigos.   3. Juego al tenis.   *(b) Pedro:* 2; 4; 5; 6   *Mario:* 1; 4; 6

Capítulo 6

Mejorando tu comprensión

Actividad 4: El gran almacén.   The drawing should be marked with the following prices: blouses $22.000; skirts $18.000; bathing suits $19.000; jackets $66.000; neckties $11.200.

Actividad 5: La habitación de Vicente.   The drawing should show the following words: **medias** (under the bed); **teléfono** (under the chair); **libros** (on top of the bed); **periódico** (behind the computer).

Actividad 6: ¿Presente o pasado?   1. pasado   2. presente   3. presente   4. pasado

Actividad 7: El fin de semana pasado.
(a) Answers will vary. For example: 1. Hablé con Pedro.   2. Visité a mi abuela.   3. Fui a la biblioteca.   *(b)* Raúl: 2, 3, 4, 9, 10.   Alicia: 1, 5, 6, 7, 8.

Actividad 8: La familia de Álvaro.   First row: X; X; Héctor; Susana   Second row: Tomás; Marta   Third row: Juan José; Patricia; Álvaro   Fourth row: Flavia

Actividad 10: El matrimonio de Nando y Olga.
(a) Answers will vary.   1. Carlos   2. Olga   3. traje   4. padres (Nando)   5. padres (Nando).   *(b)* 1. Carlos llamó al padre de Nando.   2. La Sra. Montedio le hizo un vestido a su hija.   3. La mamá de Nando le alquiló un traje a su hijo.   4. Los padres de Nando les regalaron un

viaje a los novios.   5. Los novios llamaron a los padres de Nando desde la República Dominicana.

Capítulo 7

Mejorando tu comprensión

Actividad 4: ¿Qué es?   1. una blusa   2. unos pantalones   3. unos videos

Actividad 5: Un mensaje para Teresa.   *Para:* Teresa   *Llamó:* Vicente   *Teléfono:* 87-45-09   *Mensaje:* Llamar a casa de Álvaro.   *Recibido por:* Alejandro   *Fecha:* 6 de septiembre   *Hora:* 2:00 de la tarde

Actividad 6: La operadora.   *Llamada 1:* teléfono a teléfono   *Llamada 2:* a cobro revertido

Actividad 7: Las excusas.   1. b   2. a   3. d   4. e

Actividad 8: Aeropuerto Internacional, buenos días.   (1) Iberia; 952; Lima; 9:50; a tiempo   (2) VIASA; 357; Caracas; 12:15; con retraso   (3) TWA; 904; NY/México; 14:35; con retraso

Capítulo 8

Mejorando tu comprensión

Actividad 3: El crucigrama   1. aspiradora   2. cafetera   3. lavadora   4. lavaplatos   5. tostadora

Actividad 4: Alquilando un apartamento.   *¿Alquiler?:* $2.575   *¿Depósito?:* $1.200   *¿Amueblado?:* No(, pero tiene una cocina de gas).   *¿Teléfono?:* No.   *¿Dirección?:* San Martín 8963.   *¿Piso?:* Séptimo (piso) (, apartamento) C.

Actividad 5: ¿Dónde ponemos los muebles?   Items 1–6 should be labeled in the drawing as follows: 1 is the largest square in the center of the drawing; 3 is at the top of the drawing, behind the open door; 2 is at the base of the drawing, against the wall directly opposite 3 and just to the left of 4; 5 is the square positioned along the left-hand side of the drawing on the same horizontal axis as 1 and 6.

Actividad 6: En el Rastro.   1. falso   2. cierto   3. falso   4. cierto   5. falso   6. cierto

Actividad 7: Radio consulta.   *(a)* 3   *(b)* Answers will vary.   *(c)* 3; 5; 6

Actividad 8: El dictáfono.   1. P   2. P   3. J   4. J   5. P   6. J   7. P

Capítulo 9

Mejorando tu comprensión

Actividad 3: ¿Certeza o duda?   1. certeza   2. duda   3. duda   4. certeza

Actividad 4: Mañana es día de fiesta.   Answers will vary. For example: 1. . . . vaya a la playa.   2. . . . prepare unos sándwiches.   3. . . . podamos comer en un bar.   4. . . . venga Pablo un amigo de Pablo.

Actividad 5: Mi primer trabajo.   (1) Tenía veinte años   (2) Eran las ocho y media   (3) trabajé por él   (4) Era la una

Actividad 6: El horario de Nelida.   1. 12:00 (medianoche)   2. 12:30   3. 12:25   4. 12:40   5. 1:10

Actividad 7: Las compras.   *Tienen:* 3; 6   *Van a comprar:* 1; 2; 4   *Van a pedir prestado:* 5

Actividad 8: La receta de doña Petrona.   First row: 1; —; —; 3   Second row: 2; 4; —; 5

Actividad 9: Cuando estudio mucho.   *(a)* Answers will vary. For example: 1. Me gusta leer novelas.   2. Me gusta mirar televisión.   3. Me gusta hablar con mis amigos.   *(b)* 1. Le gusta nadar.   2. Le gusta trabajar con madera y leer.   3. Le gusta tejer y mirar televisión.

Actividad 10: El viaje a Machu Picchu.   1. falso   2. cierto   3. cierto   4. falso   5. falso

Capítulo 10

Mejorando tu pronunciación

Actividad 3: ¿Diptongo o no?   1. sí   2. sí   3. no   4. sí   5. no

Mejorando tu comprensión

Actividad 4: Los preparativos de la fiesta.   1. a   2. b   3. b   4. b   5. a   6. a

Actividad 5: Los testimonios.   The center drawing shows the thief.

Actividad 6: El telegrama.   *Telegrama:* Estoy bien STOP Compré los zapatos STOP Buenos días STOP   *Mensaje secreto:* Lo deposité en Suiza.

Actividad 7: El accidente automovilístico.   *(a)* Answers will vary.   *(b)* 1. b   2. d; a   3. e   4. c

Actividad 8: Los regalos. 1. *Miguel:* una raqueta de squash 2. *Felipe:* unos esquíes 3. *Ángeles:* un par de patines de ruedas 4. *Patricia:* unos esquíes

Actividad 9: Diana en los Estados Unidos.
1. C 2. F 3. C 4. F 5. F 6. F

Capítulo 11

Mejorando tu comprensión

Actividad 3: No me siento bien. *(a) El hombre:* color de cabeza *La niña:* náuseas *Adriana:* dolor de garganta *(b) El hombre:* dormir, relajarse *La niña:* no comer nada por una hora *Adriana:* beber un té caliente, no hablar mucho

Actividad 4: La conversación telefónica.
2; 3; 4; 1

Actividad 5: La fiesta inesperada. c; b; e; a; d

Actividad 6: Problemas con el carro. The following parts of the car should be marked with an **X**: front windshield, door on the driver's side, front windshield

Actividad 7: Quiero alquilar un carro.
Por semana: $72.200 *Día extra:* $10.800
¿Seguro incluido? No. *¿Cuánto?* $7.220 por día
¿Depósito? No. (Número de tarjeta de crédito.)
¿Puedo devolver el carro en otra ciudad? No.
¿A qué hora debo devolverlo? A las doce de la noche (del día de entrega).

Capítulo 12

Mejorando tu comprensión

Actividad 3: Los instrumentos musicales.
3; 2; —; 4; 1

Actividad 4: En el restaurante. *Cliente No. 1:* espárragos con mayonesa; ravioles *Cliente No. 2:* medio pollo al ajo; ensalada criolla *Cliente No. 3:* tomate relleno

Actividad 5: La dieta Kitakilos. Answers will vary somewhat. For example: *(a) Antes:* gorda; fea *Después:* delgada; bonita; nadar; esquiar *(b) Antes:* Fumaba; miraba televisión. *Después:* Se compra ropa; baila.

Actividad 6: La isla Pita Pita. The completed map should show the following: Hércules (volcano symbol) is in the north. Pata (city symbol) is in the middle of the island. Mala-Mala (city symbol) is in the southwest. The Panamericana highway (highway symbol) connects the cities of Pata and Mala-Mala. Blanca Nieves (forest symbol) is to the east of Hércules.

Actividad 7: Visite Venezuela. The following places should be checked off: Salto Ángel, Ciudad Bolívar, Mérida, Islas Los Roques, playa de La Guaira.

Actividad 8: Las tres casas. *(a) Casa 1:* 250; 3; 1981; $350.000 *Casa 2:* 225; 2; 1988; $425.000 *Casa 3:* 355; 4; 1995; $773.000 *(b)* 1. F 2. F 3. F 4. F 5. C

Capítulo 13

Mejorando tu pronunciación

Actividad 1: ¿Oración declarativa o pregunta? *Oración declarative:* 3; 5; 6 *Pregunta con respuesta di sí o no:* 1; 2; 4; 7; 8

Mejorando tu comprensión

Actividad 3: ¿Qué le pasó? 3; —; 1; —; 2; 4

Actividad 4: La dieta. *(a)* Answers will vary. For example: 1. dulces 2. queso 3. helado *(b) Coma:* (algunas frutas,) ensalada. *No coma:* papas, pastas, postres, sal, bananas. *Beba:* agua, té, leche (un vaso). *No beba:* vino.

Actividad 5: El Club Med. 1

Actividad 6: El tour a Guatemala. *(a)* Answers will vary. *(b)* Guatemala Calor

Actividad 7: En la oficina de turismo. Map should be marked as follows: **correo** on the southeast the corner of Avenida Santa Lucía and Pueyrredón; **iglesia** at the corner of Álvarez and Santo Tomás; **Hotel Aurora** at the corner of Santo Tomás and Carbajal, across from the park.

Actividad 8: La llamada anónima. 1. F 2. C 3. F 4. F

Actividad 9: Los secuestradors y el detector. The X (marking the Hotel Regina, Mr. Tomono's location) should be on the north side of Solano between Moncayo and Quito.

Capítulo 14

Mejorando tu pronunciación

Actividad 1: Un dictado. (1) dentista (2) tenía (3) problema (4) dentista (5) boca (6) caries (7) dolía (8) tortura (9) empaste

Mejorando tu comprensión

Actividad 2: ¿Cómo paga?   1. tarjeta de crédito
2. efectivo   3. cheque

Actividad 3: En la casa de cambio.   1. dólares
2. pesos mexicanos   3. 6.200 pesos mexicanos por
dólar   4. 150 dólares   5. 930.000 pesos mexicanos

Actividad 4: Pichicho.   First row: 4; —; 2; 3
Second row: 1; 6; —; 5

Actividad 5: ¿De qué hablan?   1. b   2. a   3. a
4. b

Actividad 6: El café de la esquina.   1. *Le trae:*
café con leche, tostadas.   *Pidió:* café sin leche,
croissants.   2. *Les trae:* dos jugos (de naranja).
Pidieron: un jugo de manzana, un té.

Actividad 7: La cita con el dentista.   *martes 25:*
2:00; Sr. Díaz; un dolor de muela   *jueves 27:* 8:00;
Antonio; una limpieza de dientes

Actividad 8: La peluquería.   *Alejandro López:* 32;
contador; $3.000 por mes; golf, nadar   *Marcos Díaz:* 30;
abogado y profesor de tenis; $3.500 por mes; golf, tenis

Capítulo 15

Mejorando tu comprensión

Actividad 2: El crucigrama   1. gallina
2. caballo   3. pájaro   4. león   5. vaca   6. elefante
7. mono

Actividad 3: ¿Cuándo ocurre?   1. pasado
2. futuro   3. futuro   4. pasado

Actividad 4: De regreso a casa.   *(a)* Answers will
vary. For example: dormir por una semana
(b) 1. Simón   2. Alberto   3. Alberto   4. Alberto
5. Simón
Actividad 5: ¿Cómo es en realidad?   *(a)* Answers
will vary. For example: 1. agresivo   2. ambicioso
3. orgulloso   *(b)* 1. agresivo, orgulloso, ambicioso
2. agresivo, amable, perezoso, ambicioso

Actividad 6: La fiesta de Alejandro.   1. cierto
2. falso   3. cierto   4. cierto   5. falso

Actividad 7: ¿De qué están hablando?   —
; 4; 2; —; 1; 3

Actividad 8: El anuncio comercial.   The
following items should be checked off: 2; 3; 5.

Capítulo 16

Mejorando tu comprensión

Actividad 2: En la casa de fotos.   The following
items should be checked off: 1; 5; 6.

Actividad 3: La cámara Tannon.   The following
items should be checked off: 2; 3; 4.

Actividad 4: Vivir en Caracas.   *Lo bueno:* muchas
posibilidades de trabajo; el clima; la playa   *Lo malo:* el
tráfico; el ruido; la contaminación

Actividad 5: La candidata para presidenta.
(a) Answers will vary. For example: 1. menos
impuestos   2. combatir las drogas   3. más beneficios
sociales   *(b)* The following items should be checked off:
2; 3; 4; 6.

Actividad 6: El año 2025.   *(a)* Answers will vary.
For example: 1. Habrá carros eléctricos.   2. Usaremos
energía solar y del viento.   3. Habrá un gobierno
mundial.   *(b)* 1. Armando   2. Armando   3. —
4. Victoria   5. Victoria   6. —

Actividad 7: Entrevista de trabajo.   Answers
will vary. For example: *¿Qué tipo de trabajo?* Conseguir
clientes para suscribirse a una revista.   *¿Cuántas horas por
día?* Tres.   *¿Puedo trabajar por las noches?* No.   *¿Dónde es
el trabajo?* En casa.   *¿Necesito carro?* No.   *¿Cuál es el
sueldo?* Comision.   *¿Necesito un curriculum?* Sí.

Capítulo 17

Mejorando tu comprensión

Actividad 2: No veo la hora.   1. c   2. b   3. e
4. d

Actividad 3: Si fuera . . .   1. e   2. c   3. d
4. a

Actividad 4: ¿Recíproco o no?   1. ✔ —
2. ✔ —   3. — ✔   4. — ✔

Actividad 5: Yo llevaría . . .   *(a)* Answers will
vary. For example: 1. unos libros   2. agua
3. comida   *(b)* *Rolando:* 1; 2; 6   *Blanca:* 1; 3

Actividad 6: Mi hija.   *(a)* 1. C   2. C   3. F
4. F   5. C   6. C   *(b)* Él quería que su hija se casara
con un profesional.

Actividad 7: *Guernica*.   *(a)* Answers will vary. For
example: 1. Veo seis personas en el cuadro.   2. Veo un
toro y un caballo.   3. Los colores son blanco y negro.
4. Es violento y dramático.   *(b)* 1. C   2. F   3. F
4. F   5. C   6. C

Capítulo 18

Mejorando tu comprensión

Actividad 1: Dentro de poco. 2; 1; —; 3; 4

Actividad 2: Los anuncios comerciales.
5; 4; —; 1; 3; 2

Actividad 3: EL SIDA. *(a)* Answers will vary. For example: 2; 4; 5; 7. *(b)* The following numbers should be checked off: 2; 4; 5.

Actividad 4: Nuestro futuro. *(a)* Answers will vary. For example: 1. Voy a trabajar en una compañía grande. 2. No voy a leer. 3. Mi novio y yo vamos a casarnos. *(b)* Answers may vary slightly. For example: irá de viaje; buscará trabajo en alguna compañía; irá al cine; irá a comer afuera; se divertirá; no estudiará.

Video Program

Instructor's Notes for the *TravelTur* Video

TravelTur, a video program shot in the United States, Spain, Puerto Rico, and Colombia, was created specifically to accompany *¡Claro que sí!* The program is comprised of ten modules, each lasting approximately five to seven minutes. Each module can be viewed and worked with easily in a single class period or less. The protagonist of the video is a Hispanic man from the United States who works for TravelTur, a travel agency in San Antonio. He is given the assignment of filming ads for a promotional campaign. This story line is loosely connected to the story line of *¡Claro que sí!*—Don Alejandro, a character from the text, is the head of TravelTur in Madrid. In each module, the major linguistic functions presented in the text form the basis for the interaction among characters in the video. The video modules can be shown after their corresponding textbook chapters have been presented. They correlate as follows:

TravelTur		*¡Claro que sí!*
Module 1	→	Chapter 1
Module 2	→	Chapter 3
Module 3	→	Chapter 5
Module 4	→	Chapter 7
Module 5	→	Chapter 9
Module 6	→	Chapter 11
Module 7	→	Chapter 13
Module 8	→	Chapter 15
Module 9	→	Chapter 17
Module 10	→	Chapter 18

Note that each module is independent of the others and can be shown without the viewing of prior modules. Nevertheless, you may want to make sure that students understand that Andrés, the protagonist, is traveling to film footage for use in a series of travel commercials. The **Tomas** at the end of each module lists the footage for the commercials.

Module	(Duration)	Location
1	San Antonio, Texas / ¿Yo director? (6:21)	00:00
2	Madrid, España / España de mis sueños (7:18)	06:23
3	Madrid, España / Por fin, ¡me voy a Sevilla! (5:39)	13:43
4	Sevilla, España / ¡Vale! (7:13)	19:25
5	San Juan, Puerto Rico / Visiones de palmas (6:16)	26:41
6	El Yunque, Puerto Rico / Recuerdos (5:20)	32:59
7	Bogotá, Colombia / Flor de mis cariños (6:30)	38:22
8	Sopó, Colombia / Milagros (6:26)	44:55
9	Bogotá, Colombia / ¿Solos por fin? (6:15)	51:24
10	San Antonio, Texas / Al fin y al cabo (6:22)	57:43

The *TravelTur* video section of *¡Claro que sí!* contains pre-, while-, and post-viewing activities. The activities have been created to recycle functions and vocabulary presented in the textbook and to encourage students to learn about culture through observation. The activities that accompany each module may be completed in one class period. All activities can be done in class and some may be assigned for out-of-class work, thus serving as the basis for written assignments. Pair and small group activities are included to help foster oral communication based on the contents of the video.

The *TravelTur* video program contains the following segments for each module:

1. **Antes de ver:** These activities are designed to *activate background knowledge* and to *get students ready* to view the module. This is sometimes done through prediction activities. It is important to note that students are not expected to get the *right* answer, but rather to start thinking about the subject and to familiarize themselves with vocabulary and themes that they will be viewing. They can later confirm or reject their answers while viewing.

2. **Mientras ves:** These activities give students a focus for viewing. By making them *active listeners and viewers,* students will be more involved in the viewing process. These activities are designed to be read prior to viewing the entire module or a section of the module. For activities that require only a portion of the module to be viewed, a counter number is given as a reference in the margin.

3. **Después de ver:** The post-viewing activities allow instructors *to go beyond* the *who, what, where,* and *why* questions of the previous section. Here, students work more in depth with themes presented in the video. This section includes numerous paired activities. These activities are designed for in-class work, but many can easily be adapted to serve as the basis for out-of-class writing assignments.

Viewing Suggestions

When working with video, the following suggestions may be useful:

- *Before* students view the video, a pre-viewing activity should take place to orient them to what they will see. It is important to activate students' background knowledge (linguistic, lexical, and even knowledge about the world and life in general) before asking them to view a video segment.

- *While* students view, their comprehension is increased if they are active viewers. Students can be asked to carry out a task while viewing, such as answering a few questions, putting a list of events in order, or filling out a form. In the while-viewing phase, instructors need to decide whether or not to show the entire module to the students or to break it up into short manageable scenes, checking responses as each segment is completed.

- *After* viewing the program and ensuring that comprehension has taken place, students can do post-viewing activities. During this phase, students' attention can be focused on both "small c" and "large C" culture. At this time, students may be asked to recreate conversations similar to those they have seen in the video, remember and analyze cultural points they may have noticed (such as how people greet each other), or do research on items seen (for example, Simón Bolívar, paintings by Velázquez).

The following notes highlight the major functions and themes present in each module; they also contain some helpful suggestions for those who wish to go beyond what is offered in the *TravelTur* sections of *¡Claro que sí!*.

Module 1—San Antonio, Texas

Major functions and themes presented:

Introducing yourself	Greeting others
Stating where you are from	Telling what you do
Inquiring about health	Asking and giving telephone numbers

Additional suggestions:

- Have students listen and identify all greetings they hear in the module.

- Note how telephone numbers are read.

- As students view the module, have them list items they see that they associate with Mexico.

- Discuss the demographics of the Hispanic population in the United States.

- Point out the number of Spanish-language newspapers, as well as radio and TV stations in the United States, that cater to the Spanish-speaking population.

- Discuss the importance of bilingualism in the workplace today. Some professions where knowledge of Spanish is beneficial include travel, medicine, education, broadcasting, politics, and the import/export industry.

Module 2—Madrid, España

Major functions and themes presented:

Greeting others

Asking and answering questions

Describing daily activities

Describing people and things

Discussing future plans

Ordering in a bar

Additional suggestions:

- Ask students to notice how Andrés is greeted by his aunt and uncle. Discuss the importance of the **abrazo** and the **beso** in greetings. Point out to students that in some countries, such as Spain, two kisses—one on each cheek—are the norm, whereas in other countries, such as Colombia and Puerto Rico, one kiss is typical.

- Discuss the formation of and use of the diminutive in the Spanish language (Andrés asks about **Miguelito** in the car). Note that the diminutive can be used to denote something that is small in size, young in age, or as a term of endearment. Also note that this construction is used a great deal more in some countries (such as Mexico) than in others (such as Argentina or Spain).

- **COU = Curso de Orientación Universitaria**

- **AVE = tren de Alta Velocidad Español**

- Have students observe the scene in the bar. Ask them to notice what the waiter brought out. Did they order anything to eat with their drinks? Discuss the fact that it is common in Spain to bring out **algo para picar** when drinks are ordered, and that it is free of charge. Such foods may include olives, nuts, potato chips, or even a **pincho de tortilla**.

- Have students note what is said when they toast: **¡Salud!** Discuss other possible toasts: **Arriba, abajo, al centro, pa' dentro; Salud, dinero y amor, y tiempo para gozarlos.**

- Since the Velázquez door of the Prado Museum is shown in the last shot of the **Tomas de Madrid** section, you may want to show works by Velázquez or by other Spanish artists whose works are in the Prado: Murillo, Goya, Zurbarán, El Greco, etc. This topic could also form the basis for reports written or presented in class by students.

Module 3—Madrid, España

Major functions and themes presented:

Telling time

Discussing present and future events

Showing gratitude

Indicating weather conditions

Discussing clothing

Discussing transportation

Additional suggestions:

- Discuss mealtimes in various Hispanic countries.

- Spain's workday has been affected by the need to conform in some industries to the hours held by the rest of the European Economic Community. Many small businesses still close for the **siesta** and reopen in the afternoon, but those in the shopping malls tend to remain open, as do the large department stores.

- Point out some salient geographical features of the Iberian Peninsula: the white beaches of Andalucía, Almería, Alicante, and Valencia; the rugged Costa Brava, where the mountains meet the sea; the green mountains of Asturias; the beauty of the Rías Bajas and Rías Altas of Galicia; and the austere landscape of Castilla. Remember that Spain is the second most mountainous country in Europe, following Switzerland. Discuss how the geography of Spain has influenced modern-day tourism. Spain has more tourists per year than any other country in Europe. Most go to the beaches, some to the mountains to ski, and many go to see the country, its monuments, and its people.

- After viewing the **Tomas del viaje a Sevilla,** you may want to give an overview of Spain's history, paying particular attention to the Roman domination, the almost 800 years of Arab presence, and the forced expulsion or conversion of the Sephardic Jews.

Module 4—Sevilla, España

Major functions and themes presented:

Narrating in the past	Registering at a hotel
Asking and giving prices	Stating how long ago an action took place
Discussing location of people and things	

Additional suggestions:

- En route to Sevilla, Andrés passes through La Mancha and sees some of the windmills made famous by Cervantes. While there, he recites the first line of the *Quijote*. He later stays at the Hotel Cervantes in Sevilla. These scenes could serve as a point of departure to discuss this masterpiece of Spanish literature.

- Discuss the importance of Sevilla as an Atlantic port due to the fact that the Guadalquivir river is navigable. For this reason, Sevilla played an important role in the years of the colonization of the Americas. The Archivo de las Indias is located in Sevilla and contains many important documents relating to the period.

- Inform students that to commemorate 1992 as the 500th anniversary of Columbus's voyage, Sevilla hosted the world fair: **La Expo.** Today the fairgrounds are an amusement park. In order to facilitate travel from Madrid to Sevilla during the Expo, RENFE (the Spanish train company) constructed a rail system to handle the AVE **(tren de Alta Velocidad Español).**

- Play flamenco music for the students, typical of Andalucía. You may also want to play music from other parts of Spain (for example, bagpipes from Galicia) to show the musical variety in the peninsula.

- Inform students that Sevilla is home to many programs that cater to foreign students wishing to learn Spanish. A large number of Junior Year Abroad Programs are located in Sevilla. Madrid and Salamanca also have numerous programs.

- The following are the lyrics to the song sung during the **Tomas de Sevilla** section of the video:

  Olé, Olé,

  Giralda de Sevilla, Mantilla, Torre de Oro,

  Torre de Oro, Giralda de Sevilla, Mantilla, Torre de Oro,

  Giralda de Sevilla, Mantilla, Torre de Oro

  Torre de Oro donde los maletillas,* mantillas, juegan al toro,

  donde los maletillas, mantillas, juegan al toro,

  juegan al toro, con cabos de grana,**

campanas de un patio moro,

Sevilla y sus mujeres, quereres, vaya un tesoro.

* **los maletillas** = *group of men who accompany the bullfighter*
** **cabos de grana** = *reddish-colored adornments*

Module 5—San Juan, Puerto Rico

Major functions and themes presented:

Describing wants and needs	Describing an apartment
Indicating preferences	Discussing leisure-time activities

Additional suggestions:

- Discuss the fate of the indigenous people of Puerto Rico (the **taínos**), and how that has affected the ethnic make-up of the island.

- Discuss the status of Puerto Rico as a Commonwealth of the United States. Explain to students what this means: serving in the armed forces and being drafted in times of war, having a U.S. passport, being able to hold jobs in the U.S., not having representation for the island in the U.S. Congress, etc. Mention that in a referendum held in November, 1993, Puerto Ricans voted to remain a commonwealth, rather than to try to become the 51st state or to obtain total independence from the United States.

- Discuss the importance of tourism in Puerto Rico. Mention the creation of a hotel system created specially for tourists; the **paradores** were modeled after the Spanish system. Students may also find it interesting that all beaches are public in Puerto Rico, even ones that are directly adjacent to the best hotels.

- Play music from the region, such as salsa and merengue. Discuss African influence in Caribbean music.

- Discuss or have interested students report on Puerto Ricans in baseball. This could be expanded to include Dominicans, Mexicans, Cubans, and other Hispanic baseball players. Some students might find it interesting to research the life of Roberto Clemente, perhaps the most famous Puerto Rican baseball player of all time, who died while still in his prime.

Module 6—El Yunque, Puerto Rico

Major functions and themes presented:

Describing and narrating past events	Ordering food
Telling what you used to do	Expressing likes

Additional suggestions:

- Point out to students that the information on the signs in El Yunque appears only in English. Although elementary and high school education is normally imparted in Spanish, English is a required subject throughout the twelve years of study.

- Puerto Rico is in a hurricane-prone area.

- Some staples of the Caribbean diet are **arroz, frijoles** (**habichuelas** in P.R.), and **tostones** (fried plantains). You may want to discuss other typical dishes of the region.

Module 7—Bogotá, Colombia

Major functions and themes presented:

Making comparisons   Discussing travel plans

Describing people and things

Additional suggestions:

- The Museo del Oro houses the largest collection of pre-Columbian gold objects in the world. Many of the objects in the museum were found at the bottom of Lake Guatavita.

- Hacienda Santa Bárbara used to be a dairy ranch. The Spanish-style buildings have been preserved and blended with modern constructions. Nowadays, they form one of Bogotá's most elegant shopping centers.

- Inside the shopping center, there is a sign that reads **Las Plazuelas.** These are small outdoor rest areas that imitate the **plazuelas** in Spain.

- Have students note the word Cristina uses to refer to a black coffee: **tintico.** Tell students this is the diminutive of **tinto.** Ask what Andrés thinks Cristina is inviting him to drink. The diminutive **-ico** is used instead of **-ito** in Colombia, Cuba, and Costa Rica.

Module 8—Sopó, Colombia

Major functions and themes presented:

Discussing the environment and ecology   Giving informal and implied commands

Expressing pending actions

Additional suggestions:

- Have students note how Andrés and Cristina greet each other at the beginning of the module. Ask students how young people greet each other in Spain (a kiss on both cheeks).

- Have students listen between the lines when Andrés is speaking about Cristina's friend and says "¡Qué pena! ¡Y a mí me cayó tan bien ... !"

- Sopó, located in the mountains 8,000 feet above sea level, is very famous for its Swiss cheese.

- The **carreras de observación** mentioned by Cristina consist of competitions usually done in the Savanna of Bogotá. Participants travel around the area by car, trying to observe certain things in the area (plants, animals, etc.) as well as perform some **pruebas** (tests). The first group of people to successfully complete the steps in the competition is the winner.

- The following are the lyrics to the song a group of young people sings at a park in Sopó:

  > Rafa no te enamores más de mujeres extranjeras
  >
  > porque ellas enloquecen a los hombres con su mirar.
  >
  > Fíjate como a ti te enloqueció esa brasilera.
  >
  > La que conociste una mañana en ...
  >
  > Por eso Zavaleta, como amigo, te aconseja
  >
  > que de las brasileras no te vuelvas a enamorar.

- The bus that appears after the group finishes singing is called a **chiva.** These buses are usually very colorful, and they are only found in small villages.

- In Sopó, Cristina purchases a **papagayo.** This bird is not found in this area, but in the jungle.

Module 9—Bogotá, Colombia

Major functions and themes presented:

Discussing sports

Making suggestions

Giving commands

Expressing ideas on love and romance

Talking about past events in relation to the present

Ordering a meal

Additional suggestions:

- Have students observe how Andrés greets Cristina's aunt. Have them contrast this with the way Andrés and Cristina greeted each other in the previous module.

- **Microfútbol** is a version of soccer where the field, the goal, and even the ball are smaller. This game is popular among young men, and some young women play it as well.

- Explain the expression **menú del día.** Note that this normally consists of a first course, entrée, dessert, and something to drink.

- Pair up students and have them discuss the meaning of two phrases Cristina brings up in her conversation with Andrés at the end of the module: **la soledad nunca está lejos** and **el amor de lejos es difícil.** Ask students to say whether they agree or not.

Module 10—San Antonio, Texas

Major functions and themes presented:

Reporting what occurred

Agreeing

Giving an opinion

Asking for a favor

Additional suggestions:

- Have students mention some of the important sights in the commercials that they remember from each place Andrés visited.

- In groups of three, tell students they are to decide on three cities in the U.S. to focus on in a video to attract Hispanic tourism. Have them decide on the cities and what they would highlight about each city, and to justify their responses.

Transcript for the *TravelTur* Video

Script by Sylvia Madrigal
With contributions by Debbie Rusch and F. Isabel Campoy Coronado

Módulo 1: San Antonio / ¿Yo director?   (00:00)

ANDRÉS	¡Hola! ¡Buenos días! Me llamo Andrés González y vivo en San Antonio, Texas. Además, soy agente de viajes en TravelTur.
ANDRÉS	¡José, Eddie! ¿Cómo están?
EDDIE	Buenos días.
ANDRÉS	Buenos días, Señora Guzmán. ¿Cómo está usted?
SEÑORA GUZMÁN	Bien, Andrés. ¿Y tú?
ANDRÉS	Muy bien, gracias.
SEÑORA GUZMÁN	Lindo día, ¿no?
ANDRÉS	Precioso. Hasta mañana.
SEÑORA GUZMÁN	¡Adiós!
ANDRÉS	¡Hola!
RECEPCIONISTA	Hola. Buenos días.
ANDRÉS	¿Cómo estás?
RECEPCIONISTA	Muy bien, gracias. ¿Qué hay, Andrés?
ANDRÉS	Nada.
JEFA	¡Oye, Andrés! Ven a mi oficina, por favor.
ANDRÉS	¿Cómo?
JEFA	A mi oficina inmediatamente. Tengo que hablar contigo.
ANDRÉS	Está bien.
RECEPCIONISTA	TravelTur. Hello! Sí, hablo español. Me llamo Lisa Suárez. Sí, tenemos viajes a Costa Rica, El Salvador, Nicaragua, Honduras. Claro que sí, a Chile también. Sí. ¡Ah! O.K.
ANDRÉS	Yo, director. Buenos días. Con ustedes, Andrés González, y voy a ser director de anuncios comerciales para estudiantes ... ¡Sí, director!
	Buenos días. Con ustedes Andrés González, y voy a ser director de anuncios comerciales para estudiantes ... ¡Sí, director!

ANDRÉS	Lisa, por favor, ¿cuál es el número de teléfono de TravelTur en Madrid?
LISA	El código internacional es ... a ver ... 011.
ANDRÉS	Cero, uno, uno.
LISA	España es 34.
ANDRÉS	Tres cuatro.
LISA	El prefijo de Madrid es 1.
ANDRÉS	Uno.
LISA	Y el número es 4-16-65-08.
ANDRÉS	O.K. ¿Cuatro, dieciséis, sesenta y cinco, cero ocho?
LISA	Correcto.
ANDRÉS	Gracias.
LISA	De nada.
ANDRÉS	... Seis, seis cinco, cero ocho.

(Llamada)

	...
ANDRÉS	¿Está el Señor Alberto González Velasco?
	...
ANDRÉS	Sí, por favor. Soy su sobrino, Andrés González. Llamo de TravelTur en San Antonio, en los Estados Unidos. Él tiene mi número de teléfono.
	...
ANDRÉS	Muchas gracias.
	...
ANDRÉS	Adiós.
ANDRÉS	Lisa, voy a ser ¡director!
LISA	¿De qué?
ANDRÉS	De comerciales para hispanos y para estudiantes en los Estados Unidos.
LISA	¡Qué bien!
ANDRÉS	Pero primero, tengo que practicar.
LISA	¡Buena suerte!

Tomas de San Antonio: El Mercado; El Paseo del Río; El Álamo

(¿Qué recuerdan ustedes?)

Preguntas:
>   ¿Cómo se llama él?
>   ¿Cuál es su ocupación?
>
>   ¿Cómo se llama ella?
>   ¿Cuál es su ocupación?
>
>   ¿Cuál es la capital de Colombia?

(6:21)

Módulo 2: Madrid / España de mis sueños   (06:23)

ANDRÉS	¡Hola! Con ustedes Andrés González de la agencia de viajes TravelTur. Hoy voy a ver a mis tíos y a filmar un anuncio comercial en Madrid.
ANDRÉS	Yo, en España ... ¡Imagínate! Quiero grabar mi llegada a Madrid. ¿Me hace el favor ... ? ¿Me quiere grabar ... ?
PASAJERO	*(Indica que sí con la cabeza.)*
TÍO	¡Andrés, hijo! ¡Cuánto tiempo!
ANDRÉS	Sí, tío. Muchos años. ¡Tía!
TÍA	Pero hijo ... ¡Qué guapo estás!
ANDRÉS	Gracias, tía.
TÍO	Bien, vamos al coche.
TÍA	Coge las maletas.
TÍO	Qué bien, qué gusto de verte.
ANDRÉS	Gracias, tío.
ANDRÉS	Hace frío.
TÍO	¿Estás cansado, Andrés?
ANDRÉS	No, nada.
TÍO	Entonces, vamos a dar un paseo por Madrid y después a comer algo.
ANDRÉS	¡Vamos!
TÍA	¡Alberto! ¡Vámonos! Que hace mucho frío.
ANDRÉS	¡Un momentito! *(Al pasajero.)* Les presento a mi tío Alberto y a mi tía Consuelo.
TÍA	Pero hace mucho frío.
ANDRÉS	*(Al pasajero.)* Gracias.

TÍO	Por favor. Y cuéntanos, Andrés ... ¿Cómo está mi hermano y el resto de la familia?
ANDRÉS	La familia está bien. Mis padres trabajan mucho como siempre.
TÍA	Y ¿están contentos?
ANDRÉS	¡Ay, sí! A papá le gusta mucho su trabajo en el Canal Cuatro. Y mamá ahora es dueña de una agencia de seguros.
TÍO	Muy bien.
ANDRÉS	Bueno ... ¿Cómo está Miguelito?
TÍO	Miguelito, Miguelito no es tal, ahora se llama Miguel.
TÍA	Miguel tiene diecisiete años y está así de alto.
TÍO	Y toca en un conjunto de rock. ¿Qué te parece?
TÍA	Y tiene un novia que se llama Magdalena.
ANDRÉS	¿Y Magdalena? ¿Cómo es?
TÍA	Es muy simpática y además estudia C.O.U.
ANDRÉS	¿"C.O.U."? ¿Qué significa "C.O.U."?
TÍO	"C.O.U." es el último curso de la escuela secundaria.
TÍA	Y es la preparación para entrar a la universidad.
ANDRÉS	¡Qué bien! ¿Y es buen estudiante?
TÍO, TÍA	Sí.
TÍA	Como tú.
ANDRÉS	Gracias, tía.
TÍO	¿Os habéis dado cuenta del tiempo que hace?
ANDRÉS	Sí.
TÍA	¡Horroroso! ¡Frío!
TÍO	¡Vámonos!
TÍA	¡Vámonos!
ANDRÉS	Hola ... ¿Te importa si grabo?
CAMARERO	No, por supuesto que no.
ANDRÉS	Gracias.
CAMARERO	De nada.

TÍO	¿Y qué vas a hacer en España?
ANDRÉS	Bueno ... El anuncio comercial de TravelTur es lo más importante.
TÍA	¡Pero, si tengo un sobrino que es director!
ANDRÉS	Sí, tía. Pero no tengo idea. No soy profesional. Bueno. ¡A ver qué pasa!
TÍO	¿Estás preocupado?
ANDRÉS	Un poco.
TÍO	Hombre, vas a salir muy bien. Tienes mucho talento.
TÍA	Pero si eres muy inteligente.
ANDRÉS	Gracias, tía.
CAMARERO	¿Qué van a tomar?
TÍO	Por favor, para mí, una caña.
ANDRÉS	¿Qué es una caña?
TÍO	Una cerveza. ¿Y tú?
ANDRÉS	Un vino.
TÍA	Pide vino tinto. El vino tinto español es buenísimo. Y para mí, por favor, una Coca-Cola.
CAMARERO	Entonces una caña, una Coca-Cola y un vino tinto.
TODOS	Gracias.
TÍO	Cuéntanos, además, qué planes tienes, porque en España ya sabes que hay mucho que ver.
ANDRÉS	Bueno, lo primero, tengo que visitar a mi prima Adriana. Ella está en Sevilla.
TÍO	Por supuesto, tienes que ver a tu prima. Además con el AVE, el tren nuevo, Sevilla ya no está tan lejos.
ANDRÉS	Entonces quiere decir que tengo más tiempo para grabar más de España.
TÍA	¿Cuándo vas a salir?
ANDRÉS	Si es así, el miércoles.
TÍA	Pero ... ¿Dos días nada más?
ANDRÉS	Sí, pero regreso. Regreso en seguida para estar más tiempo con ustedes.
TÍA	¡Ah! Bueno, bueno.
TÍO	Ya está aquí la bebida.
TÍA	Gracias. El vino tinto.
TÍO	Gracias.
TODOS	¡Salud!
TÍA	¿El vino tinto es bueno?
ANDRÉS	Es rico. ¡Este bar es fantástico!

Tomas de Madrid: La Plaza de Neptuno; El Rastro; La Plaza de Cibeles, Correos; El Ministerio de Agricultura; Atocha; La Puerta de Alcalá; El Congreso de los Diputados; El Museo del Prado; La Puerta de Velázquez

(¿Qué recuerdan ustedes?)

Preguntas:

¿Cómo es Alberto?

¿Cómo es Consuelo?

¿Dónde están?

¿Cómo es el lugar?

¿Qué es una caña?

¿Y un tinto?

(7:18)

Módulo 3: Madrid / Por fin, ¡me voy a Sevilla!   (13:43)

ANDRÉS	¡Hola! Soy Andrés González. Yo soy director de anuncios comerciales para la agencia de viajes de TravelTur. Hoy espero terminar mi video de Madrid. Pero primero, necesito comprar un boleto para mi viaje a Sevilla.
ANDRÉS	¡Buenos días!
TÍA	¡Buenas tardes! ¿Pero ya estás filmando otra vez?
ANDRÉS	¿Qué hora es, tía?
TÍA	Las dos y media.
ANDRÉS	¡Huy! ¡Qué vergüenza, tía! Nunca me levanto tan tarde.
TÍA	No te preocupes, hijo.
ANDRÉS	Es que tengo el *jet lag*.
TÍA	También nosotros comemos demasiado tarde. Para ti, digo. Para nosotros es normal.
ANDRÉS	¿Y tío, dónde está?
TÍA	Está en la oficina, pero viene a la hora de comer. ¿Comemos?
ANDRÉS	Bueno, primero tengo que lavarme y vestirme.
TÍA	Date prisa, que tienes media hora ... ¿Eh?
ANDRÉS	O.K. Debo empacar para mi viaje a Sevilla, pero no sé qué voy a llevar. ¡Tía! Quiero hacerte una pregunta. ¿Podrías ayudarme?
TÍA	Sí, Andrés. ¿Qué es?
ANDRÉS	Mañana salgo para Sevilla. Y no sé qué ropa debo llevar. ¿Este suéter?

TÍA	Sí, ése. ¿Qué pantalones quieres llevar? ¿Ésos?
ANDRÉS	No. Aquéllos.
TÍA	Perfecto. Pero ... Esta corbata me fascina.
ANDRÉS	Está de moda en los Estados Unidos. Mira qué bien me queda, tía.
TÍA	¡Preciosa!
ANDRÉS	¿Qué más necesito llevar?
TÍA	Pues, mira. Una camisa de manga larga por si hace frío y una camisa de manga corta por si hace calor.
ANDRÉS	Un millón de gracias, tía.
TÍA	De nada.
ANDRÉS	Voy a comprar el boleto, digo, el billete para Sevilla.
TÍA	Yo te espero aquí.
ANDRÉS	¿Tío, quieres venir?
TÍO	Sí, voy contigo.
ANDRÉS	Tía, ¿quieres grabar? Es muy fácil.
TÍA	Sí, pero ...
ANDRÉS	¡Qué fastidio! No hay billetes.
TÍA	¿No hay nada para hoy?
TÍO	No hay nada para hoy ni para mañana. Sin embargo, podrías alquilar un coche.
ANDRÉS	Pero eso es demasiado caro. ¿Verdad?
TÍO	No. Hay coches pequeños que no son nada caros.
ANDRÉS	¡No me digas! En Texas, alquilar un carro cuesta un ojo de la cara.
TÍA	Aquí en España, no se dice "carro", se dice "coche".
ANDRÉS	¡Está bien, tía!
TÍO	No te preocupes que todo tiene solución.
ANDRÉS	Bueno.
ANDRÉS	Sólo hay un Mercedes Benz para alquilar.
TÍA	¿Cuánto cuesta?
ANDRÉS	Un ojo de la cara. No tengo tanto dinero.
TÍA	Alberto, podrías dejarle nuestro coche.

TÍO	¿Nuestro Mercedes?
TÍA	Alberto ...
TÍO	Bueno, está bien. ¿Qué le vamos a hacer?
ANDRÉS	Gracias, tío.
TÍO	¡Vámonos! Venga.

Tomas del viaje a Sevilla: Molinos, La Mancha; Córdoba (vista); El Patio de los Naranjos; La Mezquita (interior y exterior)

(¿Qué recuerdan ustedes?)

Preguntas:

¿Qué ropa llevan ellos?

¿Adónde quiere ir Andrés?

¿Les gustaría visitar Madrid? ¿Por qué?

(5:39)

Módulo 4: Sevilla / ¡Vale! (19:25)

ANDRÉS	¡Buenos días! Aquí Andrés González de la agencia de viajes TravelTur, listo para viajar. Por fin me voy a Sevilla, para grabar otro anuncio comercial y para ver a mi prima Adriana.
ANDRÉS	Estoy en Consuegra y voy hacia el sur, hacia la ciudad de Sevilla. No quiero ver llover. En un lugar de la Mancha, de cuyo nombre no quiero acordarme ... ¡Don Quijote! ¿Dónde estás?
ANDRÉS	¡Oh! Aquí es, el Hotel Cervantes. Espero poder grabar aquí. Tengo una reservación ...
RECEPCIONISTA	¿A nombre de quién, por favor?
ANDRÉS	Andrés González.
RECEPCIONISTA	Bueno, un momento, que voy a comprobar. ¿Una reserva, ha dicho? Pues ... aquí no tengo nada ...
ANDRÉS	¿Cómo que no hay nada?
RECEPCIONISTA	Pero esté tranquilo porque no hay problema. Tenemos habitaciones libres. ¿Para una persona o para dos?
ANDRÉS	Para mí solamente.
RECEPCIONISTA	Una sola persona. ¿Con baño o sin baño?
ANDRÉS	¡Con baño, por favor!
RECEPCIONISTA	Con baño. Perfecto. Y ¿desearía hacer desayuno, media pensión o pensión completa?
ANDRÉS	¿Cuánto vale con media pensión?

RECEPCIONISTA	Con media pensión, le voy a decir en seguida ... Siete mil pesetas.
ANDRÉS	¿Y con desayuno?
RECEPCIONISTA	Y con desayuno cinco, cinco mil.
ANDRÉS	O.K. Con desayuno nada más, pienso comer afuera.
RECEPCIONISTA	Perfecto. Pues su habitación será la número diez. Un momento que se la doy.
ANDRÉS	Gracias.
ANDRÉS	¡Adriana!
ADRIANA	¡Andrés!
ANDRÉS	¡Pero qué guapa estás! Estás hecha toda una mujer. Me acuerdo cuando tú solamente eras así de alta.
ADRIANA	¡Tú también estás guapísimo! ¿Qué tal por Madrid?
ANDRÉS	¡Ay! ¡Madrid es fantástico! Ya tú sabes lo que dicen ... De Madrid, al cielo.
ADRIANA	Y ... ¿Visite la Plaza Mayor?
ANDRÉS	¡Ay! Por supuesto. ¡Mira! ¡Esta plaza es fantástica!
ADRIANA	Es la Plaza de España. ¿Quieres que te grabe aquí?
ANDRÉS	¡Buena idea! ¡Vamos!
ADRIANA	¿Y qué más?
ANDRÉS	Caminé un rato en el Parque del Retiro. Luego, salí a comer con los tíos.
ADRIANA	¿Adónde fueron?
ANDRÉS	A Casa Botín. ¿Dónde más? Tío Alberto insistió. Dijo, "Hombre ... no se puede visitar Madrid sin cenar en Casa Botín".
ADRIANA	Nos está esperando mi amiga Luz en el barrio Santa Cruz.
ANDRÉS	¡Ah, pues vamos! Al barrio Santa Cruz, a ver a Luz. Eso suena gracioso, ¿verdad?
ANDRÉS	Estamos en el barrio Santa Cruz y ésta es Luz, la amiga de mi prima Adriana.
LUZ	¿Vives en San Antonio, no?
ANDRÉS	Sí.
LUZ	¿Sabes que yo estudié un año en Dallas?
ANDRÉS	¿No?
LUZ	Hice allí el C.O.U.
ANDRÉS	¿El C.O.U.? ¡Ah, sí! Es el último año de escuela secundaria.

LUZ	Sí, claro.
ANDRÉS	¿Te gustó?
LUZ	Mucho. Todavía escribo a mi familia americana.
ADRIANA	¿Y ahora adónde vas?
ANDRÉS	Bueno, primero tengo que regresar a Madrid; de allí me voy a Puerto Rico.
ADRIANA	Hace cinco años que no voy a Puerto Rico y me encantaría volver.
ANDRÉS	Yo nunca he estado allí, tengo unas ganas de estar allá.
ADRIANA	Pues tengo un buen amigo que vive en San Juan. ¿Quieres su dirección y su número de teléfono?
ANDRÉS	¡Sí, claro! ¡Vamos! Un amigo tuyo es un amigo mío. Claro ... Si tiene carro y conoce las playas.
LUZ	Que aquí estamos en España y se dice "coche".
ANDRÉS	O.K.
ADRIANA	*(Subiendo La Giralda)* ¡Qué cansada! ¡Treinta y cinco pisos!
LUZ	¡Es cierto! ¡Qué cansada!
ANDRÉS	¡Esto es una maravilla! ¡Vamos a grabar algo por este lado!
LUZ Y ADRIANA	¡De acuerdo!
LA VOZ DE LUZ	¿Ves? Aquéllas son las torres de la Plaza de España. ¡Ah! Y aquello es la Plaza de Toros. Es muy importante. Se llama "La Maestranza".
ANDRÉS	¡Olé!
LA VOZ DE ADRIANA	Eso de ahí es la catedral, es de estilo gótico.
ANDRÉS	¡Qué bonito! Pues dime, ¿qué es eso?
ADRIANA	Mira ... donde está aquella torre blanca. ¿Ves? ¿Y un poco más a la izquierda ese cohete blanco?
ANDRÉS	¡Qué bonito!
ADRIANA	Pues todo eso es La Expo. Bueno, ahora es un parque de atracciones.
LUZ	Y eso que hay allí abajo es un bar muy típico de Sevilla donde se comen muy buenas tapas. Así que ... ¡nos vamos ahora mismo todos a comer!
ANDRÉS	¡Pues ... Vamos ... O.K.!
ADRIANA	Estamos en España. Y aquí no se dice "O.K."; se dice "vale".
ANDRÉS	Pues ... ¡Vale!

The following are the lyrics to the song sung during the **Tomas de Sevilla** section of the video:

Olé, Olé,

Giralda de Sevilla, Mantilla, Torre de Oro,

Torre de Oro, Giralda de Sevilla, Mantilla, Torre de Oro,

Giralda de Sevilla, Mantilla, Torre de Oro

Torre de Oro donde los maletillas,* mantillas, juegan al toro,

donde los maletillas, mantillas, juegan al toro,

juegan al toro, con cabos de grana,**

campanas de un patio moro,

Sevilla y sus mujeres, quereres, vaya un tesoro.

* **los maletillas** = *group of men who accompany the bullfighter*
** **cabos de grana** = *reddish-colored adornments*

Tomas de Sevilla: Molinos; La Mancha; La Giralda; La Torre de Oro; Estatua del rey Felipe II; Azulejo de Jaén; Plaza de España; La Plaza de España

(¿Qué recuerdan ustedes?)

Preguntas:

¿Qué hizo Andrés en Sevilla?

¿Qué más hizo?

¿Con quién?

Y después, ¿qué hicieron?

(7:13)

Módulo 5: San Juan / Visiones de palmas   (26:41)

ANDRÉS   ¡Hola! Nuevamente con ustedes, Andrés González de la agencia de viajes TravelTur. Después de una semana en España estoy en San Juan, Puerto Rico, para grabar otro anuncio comercial. ¡Ah! Y espero que Jorge me ayude a encontrar lugares bonitos.

JORGE   ¡Hola! Tú debes ser Andrés, ¿no?

ANDRÉS   Sí. Pero, ¿cómo sabías?

JORGE   Por la cámara, chico.

ANDRÉS   ¡Claro! Un momento.

JORGE   Sí.

ANDRÉS   Les presento a Jorge, el amigo de mi prima Adriana. Mucho gusto, Jorge, y gracias por ser mi guía.

JORGE	De nada, chico, no te preocupes. Cuando me llamó Adriana para decirme que venías, me explicó que querías grabar. ¿Acabas de verla? ¿Cómo está ella?
ANDRÉS	Está muy bien y te manda muchos saludos.
JORGE	¿Está estudiando mucho?
ANDRÉS	¡Cómo la conoces! Esa chica no hace nada más, siempre con la nariz en los libros.
JORGE	¡Oye! Como decimos en Puerto Rico, "comiendo libros". No cambia.
ANDRÉS	¿"Comiendo libros"?
JORGE	Sí.
ANDRÉS	¡Ay! ¡El viejo San Juan! ¡Qué lugar más chévere!
ANDRÉS	Ahora estamos en la Plaza de Vallajá, frente al Morro.
JORGE	¡Oye, Andrés! ¿Cómo se divierten ustedes en San Antonio?
ANDRÉS	Pues en Texas el fútbol americano es el rey. Hay mucha gente que juega basquetbol, pero a mí me gusta el "raquetball".
JORGE	¡Qué bien! Aquí se juega mucho béisbol y también baloncesto.
ANDRÉS	¿"Baloncesto"?
JORGE	Sí. Aquí en Puerto Rico al "basquetbol" le decimos "baloncesto".
ANDRÉS	"Baloncesto" ...
ANDRÉS	¡Ay ... ! Me parece increíble que estoy en Puerto Rico.
JORGE	Sí. ¿Dónde quieres que te lleve? ¿De qué tienes ganas?
ANDRÉS	No sé ... ¡Estoy cansadísimo! Tengo visiones de palmas, del sol, del mar ...
JORGE	Tú lo que quieres es una playa.
ANDRÉS	¡Eso! Quiero ir a una playa que tenga ...
JORGE	... aguas cristalinas color de cielo.
ANDRÉS	Sí. Que tenga aire puro.
JORGE	Que sea tranquila.
ANDRÉS	Y también exótica.
JORGE	¡Ah! Pues yo conozco el lugar perfecto. ¡Vamos!
ANDRÉS	¡Vamos!

RAQUEL	¡Jorge! ¿Qué tal?
JORGE	¡Hola, Raquel! ¿Cómo estás?
RAQUEL	Bien.
JORGE	Mira. Quiero presentarte al primo de mi amiga Adriana, la de Texas.
ANDRÉS	Un momento.
RAQUEL	¡Ay, encantada! ¿Cómo te llamas?
ANDRÉS	Andrés. Mucho gusto. ¿Eres de aquí, de San Juan?
RAQUEL	No. Soy de Ponce, al sur de la isla.
ANDRÉS	¿Está muy lejos?
RAQUEL	No, a una hora de aquí.
ANDRÉS	Jorge, ¿qué vamos a hacer esta noche?
JORGE	Pues, no sé. Podemos ir al viejo San Juan y al Condado. Pero primero, podemos comer en mi apartamento.
RAQUEL	¿En tu apartamento? Pero si tu apartamento ni tiene cocina.
JORGE	Es que tengo un nuevo apartamento. ¿No sabías?
RAQUEL	¿Ah, sí?
JORGE	Sí. Tengo de todo, tengo horno de microondas y ... ¡hasta lavaplatos!
RAQUEL	Tú cocinando, no. Eso lo tengo que ver yo.
JORGE	¿Sí?
ANDRÉS	Jorge, ¿te gusta grabar, ah?
JORGE	Sí, claro. Me encanta.
RAQUEL	¡Qué sorpresa! Jorge cocinó una comida muy buena. ¿Verdad?
ANDRÉS	¡Ay sí, chica! Estaba todo riquísimo. Hasta engordé unas libritas.
RAQUEL	Bueno, ¿qué quieres grabar de Puerto Rico? ¿Los paisajes? ¿La gente?
ANDRÉS	Bueno, quiero mostrar sitios que tengan encanto. Paisajes bonitos ... ¡Ah! Y sobre todo gentes que sean divertidas.
RAQUEL	Pues estás en el sitio ideal. ¡Ven! Te llevamos a ver el Morro. ¡Estamos en el viejo San Juan!
ANDRÉS	¡Vamos!
RAQUEL	¡Vamos!

Tomas de San Juan: El Morro; El Viejo San Juan; La Universidad de Puerto Rico; El Viejo San Juan; La Escuela de Arte (universidad); El Viejo San Juan (calles, plazas, Tuna); El Condado

(¿Qué recuerdan ustedes?)

Preguntas:

¿Qué tipo de playa busca Andrés?

¿Qué tiempo hace?

Para las vacaciones, ¿prefieren ustedes ver monumentos como éste, o ir a la playa?

(6:16)

Módulo 6: El Yunque / Recuerdos   (32:59)

ANDRÉS	¡Hola! Buenos días, soy Andrés González y sigo en Puerto Rico, donde estoy grabando mi anuncio comercial para TravelTur. Y ahora voy a visitar el Yunque, en busca de paisajes tropicales para mi anuncio comercial.
ANDRÉS	¡Oye, Jorge! Me encanta este lugar. ¡Es maravilloso!
JORGE	¡Ah, sí! Es el único bosque pluvial que hay en Norteamérica. Antes aquí había muchas cotorras puertorriqueñas, pero en 1989 el huracán Hugo fue terrible.
ANDRÉS	Quiero que me la cuentes desde el principio. ¿Te molesta si te grabo?
JORGE	No, chico, no.
ANDRÉS	O.K.
JORGE	Bueno, cuando yo era niño, mi familia y yo veníamos casi todos los domingos y hacíamos un picnic, comíamos, nos bañábamos en la piscina, andábamos un poco ... Recuerdo una vez, yo tenía siete años; mi papá y mi hermano se estaban bañando en la piscina. Yo, yo vi un animal extraño y lo seguí y me perdí. Mis padres se pusieron histéricos; me buscaban, me buscaban, me buscaban, pero no me encontraron por ninguna parte, hasta tres horas después.
ANDRÉS	¿Tenías miedo?
JORGE	¡Imagínate! Me encontraron llorando ... Bendito ...
ANDRÉS	Bueno, vamos a la cascada. Quiero tenerla para el video.
JORGE	Bien. Andrés, chico. Mira, vamos a comprar pan, queso y unos refrescos. Vamos a hacer un picnic allá arriba. ¿Sí?
ANDRÉS	¡Chévere!
JORGE	Ven. Vamos, vamos.
ANDRÉS	¿Qué clase de pescado es éste?
JORGE	Ése es pez sierra.

ANDRÉS	Pez sierra ... Pues, yo quiero uno.
JORGE	Y ... mira, esos son tostones.
ANDRÉS	¿Y este arroz tiene jamón?
JORGE	No, ése es arroz con gandules.
ANDRÉS	Pues, yo quiero arroz con gandules, tostones y pez sierra. Y por favor, un refresco.
JORGE	Para mí lo mismo, pero a mí me da un coco frío. ¡Chico, estamos en Puerto Rico!
ANDRÉS	Bueno, dos cocos fríos entonces. Gracias.
JORGE	Así que mañana sales para Colombia.
ANDRÉS	Sí, pero es una pena dejar todo esto.
JORGE:	¿Y conoces a alguien allá o vas sólo a trabajar?
ANDRÉS	Sí, mi ex-novia, ella vive en Bogotá.
JORGE	¡Ah! Tu ex-novia.
ANDRÉS	Sí, Cristina. La conocí en Texas.
JORGE	Así que la cosa no terminó del todo. ¿Eh?
ANDRÉS	¡Ojalá que no!
JORGE	Pues, ¡salud y suerte!
ANDRÉS	Gracias.

Tomas de Puerto Rico: Playa de Luquillo; El Yunque; El Morro

(¿Qué recuerdan ustedes?)

Preguntas:

¿Adónde fueron Jorge y Andrés y cómo era el lugar?

¿Qué pidieron para beber?

¿Qué comieron?

(5:20)

Módulo 7: Bogotá / Flor de mis cariños (38:22)

ANDRÉS — ¡Hola! Soy Andrés González de la agencia de viajes TravelTur. Hoy en Bogotá, Colombia, voy a ver a mi ex-novia, Cristina, y a grabar otro anuncio comercial sobre Colombia.

ANDRÉS — ¡Qué preciosa estás! ¡Cristina!

CRISTINA — Al fin llega el famoso director, ¿ah? Casi recorres todo el mundo, ¿no?

ANDRÉS — Sí, sólo para venir a verte.

CRISTINA — Ay, Andrés, no seas tan exagerado.

ANDRÉS — ¡De verdad! Cuando oí de este proyecto, inmediatamente le dije a mi jefa, "Yo soy el perfecto para este proyecto".

CRISTINA — ¿Ah, sí?

ANDRÉS — Sí.

CRISTINA — Pues no te creo.

ANDRÉS — Cristina, por favor ... ¡Me duele! Bueno, ¿por dónde empezamos?

CRISTINA — Bueno, como sabía que ibas a grabar, hice un plan.

ANDRÉS — ¿Ah, sí?

CRISTINA — Sí, de todo lo más bonito de Bogotá.

ANDRÉS — ¡Magnífico! ¡Pues empecemos!

CRISTINA — ¡Empecemos!

CRISTINA — Bueno, pues todo el mundo empieza aquí. Es el famoso Museo del Oro; es el más importante de todo el mundo en su especie y tiene más de treinta mil piezas en oro.

ANDRÉS — ¿De verdad?

CRISTINA — Sí.

ANDRÉS — O.K.

CRISTINA — Dos boletos, por favor.

PORTERO — Son dos mil pesos.

CRISTINA — ¿A qué hora cierran?

PORTERO — Cuatro treinta. Tenga sus vueltas.

CRISTINA — Gracias.

CRISTINA	Y ésta es la Quinta de Bolívar. Aquí vivió Simón Bolívar, el libertador de América. Si quieres, entramos y vemos su habitación, su despacho y todo lo que tenía. ¡Vamos!
CRISTINA	Bueno ... No más historia por hoy. Ahora vamos a ver la Bogotá moderna.
ANDRÉS	Bogotá está llena de contrastes ...
CRISTINA	Desde luego. Y si quieres contraste entre lo viejo y lo moderno, aquí lo tienes.
CRISTINA	Hacienda Santa Bárbara es el centro comercial más importante de Bogotá, aunque algunos almacenes son más caros aquí que en otros lugares. Pero es el más original. ¿Quieres un tintico?
ANDRÉS	¡Un momento! ¿Vino tinto a esta hora?
CRISTINA	"Tinto" aquí en Colombia es café negro.
ANDRÉS	¡Oh! A mí me gusta el café con leche.
CRISTINA	Entonces tomemos café con leche.
ANDRÉS	O.K.
CRISTINA	Andrés, ahora vamos al Museo El Chicó.
ANDRÉS	¡Un momento! ¡Cristina, estoy cansadísimo! Pero mañana quiero ir a Sopó, me dicen que es un encanto.
CRISTINA	Lo es; yo no he ido desde hace años.
ANDRÉS	¿Me acompañas?
CRISTINA	¿Me dejas pensarlo?
ANDRÉS	No lo pienses mucho. ¿Me esperas un segundo?
CRISTINA	¡Claro!
CARLOS	Cristina ...
CRISTINA	Carlos ... ¡Hola!
CARLOS	¿Cómo estás?
CRISTINA	Bien, ¿y tú?
CARLOS	¿Qué haces por acá?
CRISTINA	Estoy con un amigo. Andrés, te presento a un amigo.
CARLOS	¿Un amigo?
CRISTINA	Andrés González, éste es Carlos Figueroa.

CARLOS	Encantado.
ANDRÉS	Mucho gusto.
CRISTINA	Andrés. ¿Tú crees que puedo invitar a Carlos a Sopó?
ANDRÉS	Sí.
CRISTINA	Bueno. Entonces, nos vemos mañana.
ANDRÉS	Hasta mañana.
CRISTINA	Chau.
CARLOS	Adiós.
ANDRÉS	Es un placer.

Tomas de Bogotá: La Plaza de Bolívar; Casa Vieja (restaurante); La Plaza de Bolívar; El Museo del Oro; Bogotá (vista)

(¿Qué recuerdan ustedes?)

Preguntas:

¿Les pueden comparar a Andrés y Carlos?

¿Por qué tiró la flor? ¿Cómo se sentía?

¿Pueden comparar la Hacienda Santa Bárbara con un centro comercial que ustedes conozcan?

(6:30)

Módulo 8: Sopó / Milagros   (44:55)

ANDRÉS	¡Hola! Soy Andrés González y estoy en Colombia grabando un anuncio comercial para TravelTur. Hoy vamos a grabar en el pueblo de Sopó y vienen conmigo Cristina, mi ex-novia, y Carlos, su ... nuevo amigo.
CRISTINA	¡Hola, Andrés!
ANDRÉS	¡Hola, Cristina! ¿Y Carlos?
CRISTINA	Ni lo menciones. No quiero hablar de él.
ANDRÉS	¿Algún problema?
CRISTINA	Ese hombre no es nada más que problemas. ¡Hemos terminado!
ANDRÉS	¡Qué pena! Y a mí me cayó tan bien. Está muy limpio el día. No hay mucha polución en Bogotá.
CRISTINA	Para ser una ciudad de diez millones de habitantes, está bastante limpia. ¡Mira! Ése es el taxi que nos va a llevar a Sopó. Gracias.
ANDRÉS	¿En taxi a Sopó? ¿A Sopó en taxi?

CRISTINA	Si le pagamos al taxista el almuerzo y un traguito nos costará unos veinte mil pesos.
ANDRÉS	No está mal.
ANDRÉS	¡Buenos días!
TAXISTA	¡Hola! Buenos días.
CRISTINA	Andrés, este pueblo es como para quedarse boquiabierto.
ANDRÉS	¡Un momento! ¡Oye! ¿Pero qué pasa aquí?
CRISTINA	Por pura casualidad hay una carrera de observación. ¿Sabes qué es eso?
ANDRÉS	No.
CRISTINA	Se forman equipos que deben hacer pruebas hasta que las terminen todas y ése gana.
ANDRÉS	¿De verdad? ¡Qué divertido! ... ¡Y qué pueblo más bello!
CRISTINA	Sí, hay unas flores preciosas. Es que sabes, en Colombia ha aumentado mucho el interés por la ecología en estos últimos años, por suerte.
ANDRÉS	Por suerte, exactamente. Y no debemos esperar hasta que sea demasiado tarde. Bueno ... pero demos una vuelta por el pueblo, ¿no?
CRISTINA	¡De acuerdo!
ANDRÉS	O.K.
CRISTINA	¿Sabes? Ésta es una fuente milagrosa. Aquí ocurren milagros.
ANDRÉS	¿Milagros?
CRISTINA	Sí, eso es lo que dicen.
ANDRÉS	Ya sé lo que voy a pedir ... Que Cristina venga conmigo a San Antonio, Texas, y que se case conmigo.
CRISTINA	¿Te gusta, Andrés?
ANDRÉS	Me encanta.
CRISTINA	¿Cuánto cuesta este papagayo, señorita?
VENDEDORA	Cuatro mil pesos.
CRISTINA	Rebájeme algo.
VENDEDORA	Bueno ... Tres mil quinientos se lo dejo.
CRISTINA	Bueno, entonces lo llevo.
VENDEDORA	Sus vueltas.
CRISTINA	Gracias.
VENDEDORA	A la orden.

CRISTINA	Se hace tarde. El taxista quedó de llegar a las seis.
ANDRÉS	Qué mucho me he divertido contigo, Cristina.
CRISTINA	Y yo contigo; pero, cuando te vayas, no sé.
ANDRÉS	Bueno, hay teléfonos, ¿no?
CRISTINA	Sí, pero no es igual.
ANDRÉS	También hay aviones.
CRISTINA	Ya veremos. ¡Ay, llegó el taxista!
ANDRÉS	¿Qué pasará? ¡Pobre Andrés! ¿Conseguirá por fin el amor? ¿Logrará el milagro? Vuelva mañana, a la misma hora, en el mismo canal.

Tomas de Sopó: Iglesia de Sopó; La Fuente Milagrosa; Santuario Cristo de la Piedra; Villa Aleiba

(¿Qué recuerdan ustedes?)

Preguntas:

¿Por qué no está Carlos con ellos?

¿Qué pidió Andrés en la fuente milagrosa?

Cuando vuelvan a Bogotá, ¿qué va a ocurrir?

¿Cristina va a volver a ver a Carlos?

(6:26)

Módulo 9: Bogotá / ¿Solos por fin?   (51:24)

ANDRÉS	¡Hola! Buenos días. Soy Andrés González y hoy tengo que terminar mi anuncio comercial sobre Colombia para TravelTur ... y despedirme de Bogotá ... y despedirme de Cristina.
CRISTINA	¿Qué hay, Andrés?
ANDRÉS	¡Hola, Cristina! ¿Qué tal?
CRISTINA	Bien. Te presento a mi tía Adela.
ANDRÉS	Buenos días, señora.
TÍA ADELA	Mucho gusto, Andrés. He oído hablar mucho de ti.
ANDRÉS	Ojalá cosas buenas. ¿Y este hombrecito? ¿Quién es?
TÍA ADELA	Martín.
ANDRÉS	No toques mi cámara.
MARTÍN	¿Y por qué?
ANDRÉS	Me ensucias el lente.

CRISTINA	¿Estamos todos listos?
ANDRÉS	Bien.
ANDRÉS	¿Qué clase de juego es éste? Parece fútbol, pero todo es tan pequeño.
CRISTINA	Le dicen "microfútbol" y es muy popular acá.
ANDRÉS	¡Qué curioso! Y es rapidísimo.
CRISTINA	Sí, y también lo juegan las mujeres. Yo lo juego, ¿sabes?
ANDRÉS	No sabía que las colombianas fueran tan buenas deportistas.
CRISTINA	Pues creo que deberías conocernos mejor a nosotras las colombianas.
ANDRÉS	Eso creo.
CRISTINA	¿Vamos? Mi tía nos está esperando.
ANDRÉS	O.K.
ANDRÉS	A la verdad que me he hecho un experto con esta cámara.
CRISTINA	¿Tú? ¿Y cómo sabes? ¿Acaso has visto algo de lo que has grabado?
ANDRÉS	No, pero es que ya hago maravillas.
TÍA ADELA	¡Martín!
CRISTINA	¡Cuidado con la cámara, Andrés! ¿Está bien?
ANDRÉS	La cámara sí, pero ¡yo tengo un ataque al corazón!
TÍA ADELA	Cristina, es hora de comer. ¿Por qué no se van solos? Yo me llevo a Martín a casa.
CRISTINA	¡Ay, tía! ¿No vienen con nosotros?
TÍA ADELA	No. Anda ... ¡Váyanse! Sería una molestia con Martín. ¡Fue un placer!
ANDRÉS	¡Igualmente, señora!
TÍA ADELA	¡Diviértanse!
ANDRÉS	¡Solos por fin!
CAMARERA	¿Qué van a comer?
CRISTINA	¿Cuál es el menú del día?
CAMARERA	El menú del día trae dos opciones: crema de ostras y salmón al ajillo o boquerones y trucha a la plancha.
CRISTINA	A mí me gusta el primero, crema de ostras y salmón al ajillo.

ANDRÉS	¡Ay, sí! ¡Suena riquísimo! Para mí también.
CAMARERA	¿Algo más de beber?
CRISTINA	Otra limonada.
ANDRÉS	Para mí, jugo de fresa, con leche, por favor.
CAMARERA	¡Está bien!
CRISTINA	Gracias.
ANDRÉS	Gracias. ¿Vienes a comer con frecuencia aquí?
CRISTINA	No. Nunca he comido aquí, pero he escuchado decir que es delicioso.
ANDRÉS	¡Qué feliz estoy!
CRISTINA	¡Yo también! Pero la soledad nunca está lejos.
ANDRÉS	Pero eso no tiene que ser así.
CRISTINA	No me digas que en todo este tiempo, no te has conseguido una novia.
ANDRÉS	No. ¿Y tú? ¿Cuánto te importa ese Carlos?
CRISTINA	No sé, nos vemos con frecuencia.
ANDRÉS	¡Ay! ¡Puedo oír mi corazón quebrándose!
CRISTINA	Pero es tan celoso.
ANDRÉS	Entonces hay esperanza.
CRISTINA	No estamos comprometidos, pero sí, lo hemos discutido. Andrés, no pongas esa cara, veo tus intenciones y ... no sé qué decirte.
ANDRÉS	¡Bueno, en serio! Podemos escribirnos.
CRISTINA	El amor de lejos es difícil.
ANDRÉS	Ya lo sé, pero a mí me ha encantado Bogotá. Quizás encuentre trabajo aquí.
CRISTINA	¿De veras?
ANDRÉS	Pues, sí. ¿Y a ti? ¿No te gusta San Antonio?
CRISTINA	Sí.
ANDRÉS	Entonces, esto tiene solución.
CRISTINA	Tú eres tan optimista.
ANDRÉS	¡Mi amor! ¡No hay por qué separarnos nunca!
CRISTINA	¿También vas a grabar esto?

Tomas de Bogotá: La Hacienda Santa Bárbara; Calles y tiendas

(¿Qué recuerdan ustedes?)

Preguntas:

¿Creen ustedes que el "microfútbol" podría ser popular en los Estados Unidos? ¿Por qué?

¿Qué pasó con la cámara?

¿Qué harían ustedes si estuvieran en el lugar de Cristina?

(6:15)

Módulo 10: San Antonio / Al fin y al cabo   (57:43)

ANDRÉS	¡Hola! Con ustedes por última vez, Andrés González, director de anuncios comerciales para TravelTur. Se terminó el viaje y estoy otra vez en San Antonio, con los anuncios comerciales listos para mostrárselos a mi jefa. A ver qué ustedes opinan. ¿Soy buen director?
LISA	¡Hola, Director!
ANDRÉS	¡Hola, Jefa!
JEFA	¡Andrés, qué bien te ves!
ANDRÉS	Gracias.
JEFA	Latinoamérica te ha tratado bien.
ANDRÉS	La pasé divinamente. ¿Le gustaría viajar un rato conmigo?
JEFA	Sí, Andrés, pon el video.
ANDRÉS	¡Cómo no!
ANDRÉS	Esto es España. ¡Qué increíble fue la vida en Madrid! ¡Tanto tráfico y tanta gente!
JEFA	Parece que se saben divertir, ¿verdad?
ANDRÉS	Sí. Madrid es una ciudad que vive de noche. ¡Me fascinó Madrid!
JEFA	¿Y qué me dices de Sevilla?
ANDRÉS	¡Que Sevilla es una maravilla! ¡Qué bonita es esta ciudad!
JEFA	¡Y cómo me gusta el flamenco!
ANDRÉS	En Puerto Rico hacía un calor increíble.
JEFA	¡Es una isla preciosa! ¡Es la perla del Caribe!
ANDRÉS	Colombia, el país de los milagros.
JEFA	¿Y qué milagro pediste?

ANDRÉS	Por pura casualidad me encontré con una vieja amiga.
JEFA	¿Ah, sí?
ANDRÉS	Por poco no regreso.
JEFA	¿De veras?
ANDRÉS	Señora Ortiz, quisiera pedirle unos días de vacaciones.
JEFA	¿Ah, sí? ¿Ése es el milagro que pediste? ¿Que te diera vacaciones?
ANDRÉS	Es que viene mi amiga Cristina a visitarme.
JEFA	¡Trabajo bien hecho, Andrés! ¡El milagro es que hayas acabado este video a tiempo! Al fin y al cabo te mereces por lo menos algunos días.
ANDRÉS	Gracias.

(1) Anuncio/Madrid: El Museo del Prado; La Estación de Atocha; El Ministerio de Agricultura; El Parque del Retiro; El Rastro; La Plaza de Cibeles; Correos; El Paseo del Prado; La Puerta del Sol

(2) Anuncio/Sevilla: La Giralda; La Catedral; La Iglesia de la Candelaria; La Expo; El Patio de los Naranjos; La Torre de Oro; La Maestranza, Plaza de Toros; La Plaza de España

(3) Anuncio/Puerto Rico: El Morro; La Universidad de Puerto Rico; El Yunque; El Viejo San Juan; El Morro

(4) Anuncio/Colombia: Bogotá (vista); Iglesia; El Museo del Oro; Sopó (autobús); Casa Vieja (restaurante); Villa Aleiba

(6:22)

Test and Quiz Bank

Items for Oral Interview

When conducting oral interviews, maintain a conversational tone to help put students at ease. Include comments, reactions, and transitions between questions rather than using an impersonal question/answer format. When presenting the situations (Chapters 6–18), the student should read the directions and understand what he/she has to do. Then, begin the role-play to help the student get started. For example, if the situation takes place in a store, begin by saying, **Buenas tardes. ¿En qué puedo servirle?/¿Necesita Ud. ayuda?**

Capítulo 3

Dime ...

> qué cosas te gusta hacer.
> qué tienes en tu apartamento o residencia.
> qué tienes que hacer hoy.
> qué te gusta hacer los sábados y los domingos.
> qué vas a hacer mañana.
> cómo es tu padre/madre/novio/novia.
> qué haces en un día normal.

Describe a una o dos personas de la clase.

Capítulo 6

Dime ...

> qué hiciste el verano pasado/anoche/el fin de semana pasado/etc.
> qué haces todos los días por la mañana antes de venir a clase.
> qué tiempo hace donde vives durante el año.
> qué tipo de ropa se debe llevar en el invierno/la primavera/etc.
> cuándo es el cumpleaños de tus padres y qué les regalaste el año pasado.
> qué clases tienes. ¿A qué horas y qué días son?
> qué hiciste el fin de semana pasado.

Describe la ropa que llevas.
Describe a tu familia. ¿Qué hacen? ¿Dónde viven? ¿Cómo son? (Etc.)
Habla sobre tus últimas vacaciones. Dime adónde fuiste y qué hiciste.

> *Situación*
>
> Estás en una tienda de ropa y quieres comprar ropa nueva para ir a una fiesta. Tienes que hablar con el/la vendedor/a y preguntarle cuánto cuestan cuatro cosas. Después vas a comprar dos cosas.

Capítulo 9

Dime ...

> dónde estuviste anoche y qué hiciste.
> qué haces en tu tiempo libre.

Describe el apartamento que estás buscando.
Describe el empleo perfecto que buscas.
Voy a alquilar un apartamento. ¿Qué es necesario que haga?
Describe tu casa o apartamento con detalles.
Describe cómo se prepara una ensalada.

Dime ...

> qué cosas son evidentes, posibles, probables e improbables en el futuro de los
>   Estados Unidos.
> qué piensas del presidente de los Estados Unidos.

Situación

La hija de un amigo de tus padres quiere estudiar en esta
universidad. Habla con ella, dile por qué viniste tú aquí,
pregúntale por qué quiere estudiar en esta universidad y dale
unos consejos para ayudarla.

Capítulo 12

Dime ...

> cómo era tu escuela primaria.
> qué hacías en un día típico de la escuela primaria. Y en la secundaria, ¿qué hacías?
> cuál fue la última película que viste. Explícame qué ocurrió en la película.
> qué hacía la gente en la última fiesta en que estuviste. ¿Ocurrió algo interesante o
>   especial?

Descríbeme tus últimas vacaciones.
Háblame de deportes. ¿Te gustan? ¿Practicas alguno? ¿Qué deportes practicabas en el
pasado?

Situación

Te sientes mal y vas a ver al médico. Explícale los síntomas
que tienes, cuándo te empezaste a sentir enfermo/a y
pregúntale qué medicinas debes tomar y dos o tres cosas que
debes hacer para mejorarte.

Capítulo 15

Dime ...

cuáles son algunas cosas que nunca has hecho en tu vida pero que todavía quieres hacer.

qué vas a hacer cuando termine el semestre. Y cuando termines los estudios, ¿qué piensas hacer?

cómo llegar a tu apartamento/casa/residencia estudiantil.

los tres adjetivos que más te describen y explícame por qué.

qué haces para proteger el medio ambiente. ¿Qué problemas ves en tu ciudad/estado/país?

Situación

Vas a una agencia de viajes porque quieres hacer un viaje a las montañas, pero el/la agente de viajes quiere convencerte que vayas a la playa. El boleto a la playa es más barato, pero te gustaría ir a esquiar. Habla con él/ella y pídele la información necesaria para poder decidir qué vas a hacer. Luego explícale las razones de tu decisión.

Situación

Tuviste un accidente de automóvil y ahora estás hablando con un/a policía. Descríbele lo que pasó, cómo pasó y pregúntale lo que debes hacer.

Capítulo 18

Dime ...

dónde crees que vivirás y qué estarás haciendo en el año 2020. ¿Cómo será la vida en el año 2020?

qué harías si fueras el/la presidente/a de la universidad y por qué.

qué harías si tuvieras un millón de dólares y por qué.

qué piensas de los anuncios personales.

cuáles crees que sean los problemas más grandes del gobierno de los Estados Unidos. ¿Ves algunas soluciones?

El otro día vi a *(name of a student in the class)* en un carro de la policía. ¿Qué estaría haciendo?

(Show pictures of paintings by Hispanic artists.) Explícame qué ves en este cuadro. ¿Te gusta? ¿Por qué sí o no?

Situación

Estás hablando con el/la presidente/a de una compañía que contamina el medio ambiente con su basura. Él/Ella cree que es más importante la industrialización que el ambiente limpio. Habla con él/ella y explícale la importancia de la conservación y del reciclaje.

Situación

Estás hablando con tu hermana menor que tiene dieciséis años y quiere casarse este año. Dale algunos consejos y dile algunas cosas que harías tú si estuvieras en la misma situación.

Topics for Writing

Capítulo 1: Write a paragraph introducing yourself and your parents. State your names, ages, where you are from, and what you do.

Capítulo 2: Write a paragraph saying what you have to do today and what you are going to do tomorrow.

Capítulo 3: Write a paragraph explaining activities students do while attending the university.

Capítulo 4: Write a paragraph describing your daily routine.

Capítulo 5: Write a paragraph describing your favorite outfit in great detail. Include materials, colors, where items were made, and so on.

Capítulo 6: Write a composition describing your family. Say what they look like, what they do, and so on.

Capítulo 7: Keep a diary for a few days saying what you did. Incorporate direct-object pronouns whenever possible.

Capítulo 8: Write a description of the apartment/secretary, spouse, professor, etc. you would like to have.

Capítulo 9: Write a paragraph expressing your opinions about the U.S. government and the future of the country, or write about the university and how the courses you are taking will help you in the future.

Capítulo 10: Write a paragraph describing things that you think your grandparents used to do when they were your age and what you do now that is different.

Capítulo 11: Describe a fictitious or real crime/accident you saw. Be specific in your descriptions of the people and in the actions that took place.

Capítulo 12: Write a composition comparing the different members of your family or comparing different geographical areas of the United States.

Capítulo 13: Write a paragraph justifying why certain signs need to be posted at your university. For example: DON'T LITTER. We need a sign that says "Don't litter" because students are constantly throwing papers on the ground, ... Alternatively, write a paragraph giving someone directions to your apartment, house, or dorm.

Capítulo 14: Write a series of commands telling a child how to care for his/her teeth.

Capítulo 15: Make a list of New Year's resolutions on how you can conserve energy and promote a clean environment. (Use the subjunctive in adverbial clauses: **Cuando tenga latas de aluminio ...**)

Capítulo 16: Write a short composition describing your future plans. State what you have done to prepare yourself and what you still need to do to reach your goal.

Capítulo 17: Write a paragraph describing your feelings or those of others about a painting or sculpture. (Use the imperfect subjunctive: **Mucha gente dudaba que el artista ...**)

Capítulo 18: Write a letter of advice to a friend who is considering divorcing his/her spouse. Since you have gone through the same experience, explain what his/her life will be like. Speculate about what would probably happen if he/she got a divorce. Alternatively, write an entry in your journal telling what you would do if you were very rich, and if you had the power to change the world.

Nombre _____ Fecha _____

Capítulo 1

Prueba A

I. **Comprensión.** Listen to the following conversation between a policeman and a witness to a crime. Write the following information about the witness based on what you hear. You will hear the conversation twice. (8 points)

Nombre _____

Primer apellido _____

Segundo apellido *Sánchez* _____

Edad _____

Número de teléfono _____

II. **Comprensión.** Listen to the following numbers and write them down in both numerical and word form. Each number will be read twice. (3 points)

♣ 88 *ochenta y ocho*

1. _____   4. _____

2. _____   5. _____

3. _____   6. _____

III. Complete each question with the appropriate question word (**cómo, cuál, cuántos, qué, de dónde, quién**). Then write a response for each based on yourself and your family. Feel free to invent information. (15 points)

1. ¿_____ te llamas?

_____

2. ¿_____ años tienes?

_____

3. ¿_____ se llaman tus padres?

_____

4. ¿_____ hace tu padre? ¿Y tu madre?

_____

5. ¿_____ son Uds.?

_____

IV. Read each question and circle the appropriate response. (10 points)

1. ¿Es de Venezuela Ricardo?

   a. Sí, es de Panamá.   b. No, no es de Panamá.   c. No, es de Panamá.

2. ¿Cuántos años tiene él?

   a. Tengo 20 años.   b. Ana tiene 20 años.   c. Tiene 20 años.

3. Es dentista tu madre, ¿no?

   a. Sí, es dentista.   b. No, soy artista.   c. No, es dentista.

4. Y tú, ¿también eres de España?

   a. No, no soy de España.   b. Sí, soy de Caracas.   c. No, soy de España.

5. Uds. son de Suramérica, ¿no?

   a. No, somos de Bolivia.   b. No, Uds. son de Guatemala.
   c. Sí, somos de Chile.

V. (a) Carmen is introducing herself and her parents to a group of students from different nations. First, read for the gist; then complete what she says using appropriate words. (8 points)

_____ tardes. Me _____ Carmen Rodríguez García y

_____ 10 años. Mi padre _____ llama Pablo y _____

abogado. Mi _____ se llama Pilar y es economista. Nosotros _____

de Santiago, la capital de _____ .

(b) Answer the following questions based on Carmen's introduction. Use complete sentences. (6 points)

1. ¿De dónde son ellos? _____

2. ¿Qué hace Pablo? _____

3. ¿Cuál es el apellido de Pilar? _____

Capítulo 1

Prueba B

I. **Comprensión.** You will hear a conversation between a young woman registering for classes and a receptionist. Write the following information about the young woman based on what you hear. You will hear the conversation twice. (8 points)

Nombre   _____

Primer apellido   _____

Segundo apellido   *Pérez* _____

Edad   _____

Número de teléfono _____

II. **Comprensión.** Listen to the following numbers and write them down in both numerical and word form. Each number will be read twice. (3 points)

♣ 88 *ochenta y ocho*

1. _____   4. _____

2. _____   5. _____

3. _____   6. _____

III. Complete each question with the appropriate question word (**cómo, cuál, cuántos, qué, de dónde, quién**). Then write a response for each based on yourself and your family. Feel free to invent information. (15 points)

1. ¿_____ te llamas?

   _____

2. ¿_____ se llama tu padre?

   _____

3. ¿_____ hace él?

   _____

4. ¿_____ años tienen tus padres?

_____

5. ¿_____ son tus padres?

_____

IV. Read each question and circle the appropriate response. (10 points)

1. ¿De dónde es ella?

   a. Soy de Ecuador.   b. Pedro es de Ecuador.   c. Es de Ecuador.

2. ¿Tiene 30 años Roberto?

   a. No, tiene 30 años.   b. No, tiene 27 años.   c. No, no tiene 31 años.

3. Tú eres de Centroamérica, ¿no?

   a. Sí, soy de Costa Rica.   b. Sí, soy de Colombia.
   c. No, soy de Centroamérica.

4. ¿Es economista tu padre?

   a. No, soy médico.   b. No, es abogado.   c. No, es economista.

5. Y Uds., ¿también son de Venezuela?

   a. No, somos de Suramérica.   b. No, Uds. son de Bolivia.
   c. Sí, somos de Caracas.

V. *(a)* Fernando is introducing himself and his parents to a group of students from different nations. First, read for the gist; then complete what he says using appropriate words. (8 points)

_____ días. _____ llamo Fernando Yépez Guzmán y

_____ 14 años. Mi _____ se llama Ramón y _____

dentista. Mi madre se _____ Pilar y es artista. _____ somos de

Buenos Aires, la capital de _____ .

(b) Answer the following questions based on Fernando's introduction. Use complete sentences. (6 points)

1. ¿Qué hace Pilar? _____

2. ¿De dónde son ellos? _____

3. ¿Cuál es el apellido de Ramón? _____

Nombre _____ Fecha _____

Capítulo 2

Prueba A

I. **Comprensión.** Marcos and Elena are newlyweds and have to buy several items for their new apartment. Listen to their conversation and write **M** for Marcos or **E** for Elena to indicate who will purchase the item. (16 points)

1. _____ jabón   5. _____ toallas

2. _____ crema de afeitar   6. _____ periódico

3. _____ café   7. _____ una lámpara

4. _____ pasta de dientes   8. _____ plantas

II. Write the correct form of the definite article (**el, la**) for each word. Write both forms if applicable. (5 points)

1. _____ abogado   6. _____ televisor

2. _____ universidad   7. _____ economista

3. _____ examen   8. _____ lápiz

4. _____ noche   9. _____ problema

5. _____ libro   10. _____ mesa

III. Write the correct plural form of each of the following words. Include the article **los** or **las**. Write both forms if applicable. (5 points)

1. clase   _____

2. ciudad   _____

3. director   _____

4. artista   _____

5. cámara   _____

6. lápiz   _____

7. programa   _____

8. bolígrafo _____

9. reloj _____

10. nación _____

IV. Read each word or expression in the first column, then find the most logical match in the second column. Write the letter of the matching response in the space provided. Use each response only once. (6 points)

1. beber _____   a. el jabón

2. comer _____   b. ¡claro!

3. ¿cuándo? _____   c. el periódico

4. escuchar _____   d. las papas fritas

5. leer _____   e. la sangría

6. ¿de veras? _____   f. hoy

                         g. la radio

V. You are at a party and overhear some conversations, but the music is loud, and you can't hear every word. Complete each conversation based on what you think the people said. (5 points)

1. — ¿Qué _____ que hacer Uds. mañana?

— Tenemos que escribir una composición.

2. — ¿_____ vas a hacer el fin de semana?

— _____ a esquiar.

3. — ¿De quién _____ el estéreo?

— Es _____ Sr. Valencia.

VI. Fill in the missing days in the following schedule. (3 points including accents)

			jueves			domingo
examen de historia	fiesta en casa de Ramón	correr 10 kilómetros	comprar calculadora	correr 10 kilómetros	bailar con Carmen, Ana y José	ir a Cancún

VII. Assume that the schedule in part VI is your own schedule. Answer the following questions based on the information given in the schedule. Use complete sentences. (10 points)

1. ¿Qué tienes que hacer el jueves? _____

2. ¿Cuándo vas a ir a Cancún? _____

3. ¿Cuándo van a bailar Uds.? _____

4. ¿Te gusta correr? _____

5. ¿De quién es la fiesta? _____

Nombre _____   Fecha _____

Capítulo 2

Prueba B

I. **Comprensión.** Marcos and Elena are newlyweds and have to buy several items for their new apartment. Listen to their conversation and write **M** for Marcos or **E** for Elena to indicate who will purchase the item. (16 points)

1. _____ escritorio   5. _____ silla

2. _____ crema de afeitar   6. _____ diccionario

3. _____ champú   7. _____ pasta de dientes

4. _____ periódico   8. _____ lámpara

II. Write the correct form of the definite article (**el, la**) for each word. Write both forms if applicable. (5 points)

1. _____ cámara   6. _____ director

2. _____ ciudad   7. _____ artista

3. _____ jabón   8. _____ programa

4. _____ reloj   9. _____ lápiz

5. _____ bolígrafo   10. _____ clase

III. Write the correct plural form of each of the following words. Include the article **los** or **las.** Write both forms if applicable. (5 points)

1. lámpara   _____

2. abogado   _____

3. televisor   _____

4. economista   _____

5. nación   _____

6. lápiz   _____

7. problema   _____

8. universidad _____

9. noche _____

10. libro _____

IV. Read each word or expression in the first column, then find the most logical match in the second column. Write the letter of the matching response in the space provided. Use each response only once. (6 points)

1. comer _____
2. ¿cuándo? _____
3. escribir _____
4. no importa _____
5. escuchar _____
6. beber _____

a. las novelas
b. el estéreo
c. las toallas
d. mañana
e. la tortilla de patatas
f. O.K.
g. la cerveza

V. You are at a party and overhear some conversations, but the music is loud, and you can't hear every word. Complete each conversation based on what you think the people said. (5 points)

1. — ¿_____ de la Sra. Ramírez la cámara?

   — No, es _____ Sr. Martín.

2. — ¿_____ van a hacer Uds. el sábado?

   — _____ a bailar.

3. — ¿Qué _____ que hacer mañana?

   — Tengo que estudiar porque tengo un examen.

VI. Fill in the missing days in the following schedule. (3 points including accents)

	martes			viernes		
examen de historia	fiesta en casa de Teresa	nadar 5 kilómetros	comprar calculadora	nadar 5 kilómetros	bailar con Carmen, Ana y José	ir a Cancún con Ricardo

VII. Assume that the schedule in part VI is your own schedule. Answer the following questions based on the information given in the schedule. Use complete sentences. (10 points)

1. ¿Qué tienes que hacer el viernes? _____

2. ¿Cuándo vas a tener el examen de historia? _____

3. ¿Cuándo van a ir a Cancún Uds.? _____

4. ¿Te gusta nadar? _____

5. ¿De quién es la fiesta? _____

Nombre _____ Fecha _____

Capítulo 3

Prueba A

I. **Comprensión.** Marta wants to be a "host sister" to a foreign exchange student. She contacts the director of the student-exchange program, who asks her a few questions about her interests and weekend activities. Listen to the conversation and complete the following form based on what you hear. (9 points)

Nombre: *Marta Granados*   Teléfono *546-73-90*

Ocupación: _____

Gustos: _____   _____

            _____   _____

Preferencia de nacionalidades: _____   _____

Preferencia de personalidad: _____   _____

II. Write the opposites of the following adjectives. (5 points)

1. alto _____   4. interesante _____

2. feo _____   5. moreno _____

3. viejo _____

III. Read the sentences in the first column and match them with the most logical response from the second column. Write the letter of the response in the space provided. Use each response only once. (5 points)

1. ¿Dónde vive Ana? _____

2. Voy a la librería. _____

3. Oye, ¿vamos a la playa? _____

4. ¿Te gustaría ir al cine? _____

5. Pepe y yo vamos a la escuela para

    estudiar. _____

a. Por supuesto, me gusta nadar.

b. ¿Ella? No tengo idea.

c. Claro, me gustaría ver una película de

    ciencia ficción.

d. No te preocupes.

e. ¡Ay! Necesito papel y dos bolígrafos.

f. ¿Por qué? Hoy es sábado.

IV. Carlos is complaining to his roommate, who is a slob, about their messy apartment. Complete the conversation with the appropriate forms of the possessive adjectives (**mi, mis, tu, tus,** and so on). (6 points)

CARLOS   Oye, Luis. ¿Dónde están los discos compactos de Alicia y Marta? La

             fiesta es esta noche y necesitamos los discos.

LUIS   _____ discos están en la mesa.

CARLOS   Bien. Pero, ¡tú eres un desastre! _____ papeles y

             _____ libro de cálculo están en el baño, y la máquina de

             escribir ...

LUIS   No, la máquina no es _____ máquina de escribir y los

             papeles no son _____ papeles; son de Miguel. Y todas

             _____ plantas están en el baño. ¡Miguel es un desastre,

             no yo!

CARLOS   Perdón. ¿Dónde está Miguel?

V. Pedro is writing a letter to his girlfriend about his university life in the United States. Read the letter to get the gist; then reread it and select the appropriate infinitives. Finally, write the correct forms in the spaces provided. (15 points)

Boston, 7 de octubre

Hola, Mónica:

¿Qué tal? Yo estoy muy bien en los Estados Unidos. _____ con
(vivir, comprar)

Pablo, un chico boliviano. Él y yo _____ mucho español, pero mi
(necesitar, hablar)

inglés es muy bueno. Pablo _____ el piano muy bien y es muy
(tocar, recibir)

simpático. Nosotros _____ todas las noches a las discotecas. Todas
(salir, llevar)

las mañanas él _____ en el parque y yo _____ en la
(ver, correr)   (traer, nadar)

piscina. Después de las clases, yo_____ las tareas y también
(regresar, hacer)

_____ con otros amigos. Ellos siempre _____ pizza
(salir, usar)   (leer, comer)

en un restaurante, pero yo no. Me _____ comer bien ...
(desear, gustar)

VI. Gloria is a student in Buenos Aires. Read the following paragraph and complete it with the appropriate forms of **ser** or **estar**. (10 points)

Yo _____ preocupada porque mis padres van a

_____ en Buenos Aires el fin de semana y tengo que estudiar mucho,

pero también _____ contenta. Mi padre _____ una

persona muy optimista y activa y mi madre _____ muy inteligente.

Ahora ellos _____ cansados porque viajan mucho. Nosotros

_____ chilenos, pero yo estudio en la universidad en Argentina. La

verdad es que tengo otro problema: yo _____ enamorada. Él

_____ estudiante también, pero el problema es que no conoce a mis

padres. Ellos _____ muy simpáticos, pero ...

Capítulo 3

Prueba B

I. **Comprensión.** Claudia wants to be a "host sister" to a foreign exchange student. She contacts the director of the student-exchange program, who asks her a few questions about her interests and weekend activities. Listen to the conversation and complete the following form based on what you hear. (9 points)

Nombre: *Claudia Samaniego*   Teléfono *675-53-32* _____

Ocupación: _____

Gustos: _____ _____

_____ _____

Preferencia de nacionalidades: _____ _____

Preferencia de personalidad: _____ _____

II. Write the opposites of the following adjectives. (5 points)

1. bajo _____   4. tonto _____

2. malo _____   5. grande _____

3. guapo _____

III. Read the sentences in the first column and match them with the most logical response from the second column. Write the letter of the response in the space provided. Use each response only once. (5 points)

1. ¿Es salvadoreña Ana? _____
2. Voy a la farmacia. _____
3. ¿Carlos va a ir a la playa? _____
4. Oye, ¿vamos al cine? _____
5. Perdón, ¿son tus discos

   compactos? _____

a. ¡Por supuesto! Hay una película de

   Spike Lee.

b. ¡Ay! Necesito aspirinas.

c. ¿Ella? No tengo idea.

d. Porque voy a comprar discos compactos.

e. No, él tiene que estudiar.

f. Sí, ¿por qué? ¿Te gusta la música salsa?

IV. Clara has a rowdy roommate and the situation is driving her crazy. Complete the following conversation with the appropriate forms of the possessive adjectives (**mi, mis, tu, tus,** and so on). (6 points)

CLARA   Estoy muy enojada. Tengo un problema con _____

compañera de habitación. Todas las noches ella y

_____ amigos hablan y cantan y es imposible estudiar.

Ella toca _____ guitarra y todos cantan y ...

ELENA   Pero, ¿por qué no hablas con ella?

CLARA   ¡Es imposible porque ella no escucha! Yo también tengo amigos, pero

_____ amigos y yo estudiamos. Cuando nosotros

deseamos estudiar _____ lecciones y hacer

_____ trabajo, ella siempre pone música. ¡Es muy

antipática!

ELENA   Pero tú no eres muy simpática con ella, ¿verdad?

V. Andrés receives a letter from his mother. She and Andrés' father are vacationing in Punta del Este, Uruguay. Read the letter to get the gist; then reread it and select the appropriate infinitives. Finally, write the correct forms of the verb in the spaces provided. (15 points)

Punta del Este, 18 de octubre

Querido Andrés:

¿Qué tal? Nosotros estamos muy bien. Nos _____ mucho el hotel.
(gustar, recibir)

Tengo una amiga peruana y todos los días ella y yo _____ en la
(comer, nadar)

piscina. Tu padre y sus amigos _____ en la playa todas las mañanas.
(regresar, correr)

Somos muy activos, ¿no? Por las tardes yo _____ mucho;
(salir, vender)

_____ a las tiendas o _____ una película. Por las
(caminar, saber)   (hablar, ver)

tardes tu padre _____ un poco y _____ el periódico.
(trabajar, traer)   (leer, aprender)

Todas las noches nosotros _____ en un restaurante diferente. Los
(tocar, comer)

restaurantes son muy buenos aquí y siempre tienen música; por eso, tu padre y yo

_____ todas las noches. Son unas vacaciones fantásticas ...
(bailar, vivir)

VI. Read the following paragraph and complete it with the appropriate forms of **ser** or **estar.** (10 points)

Yo _____ muy contenta porque María Elena, mi amiga,

_____ en mi clase de historia y en mi clase de arte. Ella

_____ una persona muy inteligente y optimista. Tiene un novio que

_____ venezolano. Él _____ muy simpático. Bueno,

los dos _____ simpáticos y _____ muy enamorados;

ellos _____ cómicos también. María Elena vive en una casa que

_____ en la playa. A mí me gustaría ir a su casa para nadar porque la

playa _____ muy bonita.

Nombre _____   Fecha _____

Capítulos 1–3

Examen

I. **Comprensión.** Marta wants to be a "host sister" to a foreign exchange student. She contacts the director of the student-exchange program, who asks her a few questions about her interests and weekend activities. Listen to the conversation and complete the following form based on what you hear. (10 points)

Nombre: *Marta Granados*   Teléfono _____
Ocupación: _____
Gustos: _____   _____
_____   _____
Preferencia de nacionalidades: _____   _____
Preferencia de personalidad: _____   _____

II. Look at the following drawing of a bedroom. Draw lines to indicate eight objects that you see, and write their names. Include the appropriate indefinite article (**un, una, unos, unas**). Follow the model. (8 points)

III. Complete the following paragraph about two musicians with the correct form of the descriptive adjectives in parentheses. (11 points)

Ernesto Gómez Pombo y Adriana Santos Obregón son dos pianistas suramericanos.

Ella es _____ y _____ y él es _____
        (alto)   (moreno)   (rubio)

y _____. Los dos son _____, pero van a las
    (bajo)   (joven)

capitales_____ del mundo y tocan conciertos de música
        (grande)

_____. Mañana ellos tienen un concierto muy importante en el Teatro
   (clásico)

Nacional y están _____, pero Adriana está _____ y
           (listo)   (preocupado)

_____ porque Ernesto está un poco _____.
   (triste)   (enfermo)

IV. Read the sentences in the first column and match them with the most logical response from the second column. Write the letter of the response in the space provided. Use each response only once. (5 points)

1. ¿Dónde vive Ana? _____

2. Voy a la librería. _____

3. Oye, ¿vamos a la playa? _____

4. ¿Te gustaría ir al cine? _____

5. Pepe y yo vamos a la escuela para

   estudiar. _____

a. ¿Por qué? Hoy es sábado.

b. ¿Ella? No tengo idea.

c. Claro, me gustaría ver una película de

   ciencia ficción.

d. Por supuesto, me gusta nadar.

e. No te preocupes.

f. ¡Ay! Necesito papel y dos bolígrafos.

V. Clara has a rowdy roommate and the situation is driving her crazy. Complete the conversation with the appropriate forms of the possessive adjectives. (6 points)

CLARA   Estoy muy enojada. Tengo un problema con _____

compañera de habitación. Todas las noches ella y _____

amigos hablan y cantan y es imposible estudiar. Ella toca

_____ guitarra y todos cantan y ...

ELENA   ¿Pero por qué no hablas con ella?

CLARA   ¡Es imposible porque ella no escucha! Yo también tengo amigos, pero

_____ amigos y yo estudiamos. Cuando nosotros

deseamos estudiar _____ lecciones y hacer

_____ trabajo, ella siempre pone música. ¡Es muy

antipática!

ELENA   Pero tú no eres muy simpática con ella, ¿verdad?

VI. Pedro is writing a letter to his girlfriend about his university life in the United States. Read the letter to get the gist; then reread it and select the appropriate infinitives. Finally, write the correct forms in the spaces provided. (10 points)

Boston, 7 de octubre

Hola, Mónica:

     ¿Qué tal? Yo estoy muy bien en los Estados Unidos. _____
(vivir, comprar)

con Pablo, un chico boliviano. Él y yo _____ mucho español, pero
(necesitar, hablar)

mi inglés es muy bueno. Pablo _____ el piano muy bien y es muy
(tocar, recibir)

simpático. Nosotros _____ todas las noches a las discotecas. Todas
(salir, llevar)

las mañanas él _____ en el parque y yo _____ en la
(ver, correr)   (traer, nadar)

piscina. Después de las clases, yo _____ las tareas y también
(regresar, hacer)

_____ con otros amigos. Ellos siempre _____ pizza
(salir, usar)   (leer, comer)

en un restaurante, pero yo no. Me _____ comer bien ...
(desear, gustar)

VII. Read the following paragraph and complete it with the appropriate forms of **ser** or **estar**. (9 points)

Yo _____ muy contenta porque María Elena, mi amiga,

_____ en mi clase de historia y en mi clase de arte. Ella

_____ una persona muy inteligente y optimista. Tiene un novio que

_____ venezolano. Él _____ muy simpático. Bueno,

los dos _____ simpáticos y _____ muy enamorados;

ellos _____ cómicos también. María Elena vive en una casa que

_____ en la playa. A mí me gustaría ir a su casa para nadar.

VIII. Paloma's co-worker's mother has come to meet her son for lunch. He is not at his desk and so she strikes up a conversation with Paloma. The mother is very nosy. Complete the conversation by writing the questions she asks Paloma. Use the formal **usted** form. (10 points)

MADRE ¿_____?

PALOMA Me llamo Paloma.

MADRE ¿_____?

PALOMA Tengo 28 años.

MADRE ¿_____?

PALOMA Soy de Colombia.

MADRE ¿_____?

PALOMA Ellos son de Colombia también.

MADRE ¿_____?

PALOMA No, me gusta la música clásica.

IX. Read the following paragraph to get the gist; then reread the paragraph and fill in the blanks with appropriate words. Only use one word per blank. (11 points)

¡Hola! _____ llamo Alejandra Mostaza Scallon y

_____ siete años. Mi padre es español, pero mi madre es

_____ ; ella es de Wisconsin. Ella es profesora de inglés y

_____ es médico. Nosotros vivimos en España. ¡MI CASA TIENE

UNA PISCINA! Voy _____ nadar este _____ y

domingo con mis amigos porque es el fin de semana y no tenemos

_____ ir a la escuela. En mi escuela nosotros hablamos español e

inglés; yo soy bilingüe. Todos mis profesores son _____ Inglaterra.

_____ gusta mucho mi escuela, pero me _____ más

mis amigos.

X. Read the following questionnaire to see what information is requested. Then scan the text that follows on Carla Tortelli to find the information you need to fill out the questionnaire. (10 points)

CUESTIONARIO

Nombre: _____

Nacionalidad: _____

Edad: _____

Sexo: Masculino _____   Femenino _____

Estudiante: Sí _____   No _____   Si contesta que sí:

                     Universidad _____

Trabajador/a: Sí _____   No _____   Si contesta que sí:

                     Ocupación _____

Vive con: Familia _____   Amigo/a _____   Solo/a _____

Gustos: Leer: Sí _____   No _____   Si contesta que sí:

                     ¿Qué lee? _____

                     Mirar televisión: Sí _____   No _____   Si contesta que sí:

                     ¿Qué tipo de programas? _____

                     Escuchar música: Sí _____   No _____   Si contesta que sí:

                     ¿Qué tipo de música? _____

Me llamo Carla Tortelli y soy de Nueva York, Estados Unidos, pero vivo en Boston, Massachusetts. Tengo 35 años y trabajo en un bar; soy camarera y me gusta mucho mi trabajo. Trabajo todos los días de 4:00 a 12:00 de la noche. Vivo en un apartamento con mis hijos. Me gusta mirar televisión y siempre miro basquetbol, béisbol, y hockey. También me gusta escuchar música rock, especialmente la música de Bruce Springsteen. No tengo mucho tiempo los fines de semana porque tengo que limpiar la casa y estar con mis hijos.

XI. Write two sentences about what you usually do on weekends *(simple present)* and three sentences about what you are going to do tonight after your classes (**ir a +** *infinitive*). (10 points)

1. _____

2. _____

3. _____

4. _____

5. _____

Capítulo 4

Prueba A

I. **Comprensión.** You will hear five situations. Write what the following people are doing based on what you hear. (10 points)

♣ a. usar un kleenex   b. comprar jabón   [c.] cepillarse los dientes

   La señora está cepillándose (se está cepillando) los dientes.

1. a. lavarse las manos   b. cepillarse el pelo   c. ponerse la ropa

   El señor _____.

2. a. escribir "La bamba"   b. cantar "La bamba"   c. bailar "La bamba"

   Ellos _____.

3. a. afeitarse   b. bañarse   c. desayunarse

   El señor _____.

4. a. maquillarse   b. levantarse   c. ducharse

   La señora _____.

5. a. leer un libro   b. ver un oso   c. mirar televisión

   La mamá _____.

II. Associate each of these verbs with a part of the body. Use the appropriate definite article (**el, la, los, las**). (5 points)

   ♣ escuchar *las orejas*

   1. escribir   _____

   2. caminar   _____

   3. cepillarse   _____

   4. maquillarse   _____

   5. comer   _____

III. Manuel left a note for his roommate. Complete this portion of the note with **a, al, a la, a los,** or **a las.** If no word is needed, leave the space blank. (8 points)

Ricardo y yo tenemos problemas en las clases de biología; por eso, vamos

_____ ver _____ profesor esta tarde. _____ Pablo, otro estudiante,

le gusta mucho la clase de biología, pero _____ nosotros no nos gusta. No

conozco bien _____ Pablo, pero dicen que sabe mucho de ciencias y la clase es

fácil para él. Durante la tarde tengo que estudiar _____ biología. Después tengo

que comprar _____ jabón, pasta de dientes y vino para la fiesta de esta noche.

Entonces, no sé si voy a ir _____ piscina. (¡Ah! Pablo también va a estar en la

fiesta.)

IV. Read this list of birthdays for Gonzalo's family and friends and write out the dates. (6 points)

✤ Víctor 4/3 *El cumpleaños de Víctor es el cuatro de marzo.*

1. madre 25/8 _____

_____

2. Carmen 3/12 _____

_____

3. padre 18/2 _____

_____

V. Describe the weather in each of these cities according to the weather symbols. (6 points)

Caracas   Bogotá   Buenos Aires

1. En Caracas _____ muchos meses del año.

2. En Bogotá _____ casi todos los meses.

3. En Buenos Aires _____ en el otoño.

VI. Cristina is at a party, and she is asking her friend who some of the people are. Complete their conversation with the appropriate form of the demonstratives (**este, esta ... , ese, esa ... , aquel, aquella ...**) as cued by the words **aquí**, **allí**, and **allá**. (5 points)

CRISTINA   ¿Quién es _____ chico que está allí?

AMIGA   Es mi novio; y mis amigos son _____ que están aquí.

CRISTINA   ¿Y las dos chicas?

AMIGA   ¿Cuáles?

CRISTINA   _____ que están allí hablando con Carlos.

AMIGA   Son Maribel y Renata. _____ señores que están allá en el

jardín *(garden)* son mis padres y _____ que están

comiendo allí, cerca de la mesa, son amigos de mis padres.

VII. Carmen lives with her father. Write what Carmen says she and her father do every morning before going to work. Read the description to get the gist; then reread it and select the appropriate infinitives. Finally, write the correct verb forms in the spaces provided. (10 points)

Vivo con mi padre. Todas las mañanas yo _____
(quitarse/levantarse)

muy temprano. Tomo *(I take)* el jabón, el champú y una toalla y

_____; después voy a mi habitación. Después, mi padre va al
(ducharse/desayunar)

baño, _____, pero no _____
(bañarse/maquillarse)   (afeitarse/lavarse)

porque tiene barba. Yo _____ la ropa,
(levantarse/ponerse)

_____ la cara y los ojos y _____
(maquillarse/cepillarse)   (cepillarse/ducharse)

los dientes. Mi padre _____ a un señor que tiene un restaurante
(conocer/saber)

y todos los días nosotros _____ allí café y donuts. Mi
(lavar/desayunar)

padre lee el periódico mientras come; por eso _____
(conocer/saber)

mucho de política y de los problemas del mundo.

Nombre _____ Fecha _____

Capítulo 4

Prueba B

I. **Comprensión.** You will hear five situations. Write what the following people are doing based on what you hear. (10 points)

♣ a. usar un kleenex   b. vender perfume   [c.] lavarse las manos

   La señora está lavándose (se está lavando) las manos.

1. a. escuchar música   b. tocar la guitarra   c. cantar muy bien

    El músico _____.

2. a. bailar   b. cantar   c. correr

    El hombre y la mujer _____.

3. a. cepillarse los dientes   b. ponerse la ropa   c. lavarse la cara

    La señora _____.

4. a. comer   b. levantarse   c. estudiar

    Los muchachos _____.

5. a. bañarse   b. desayunarse   c. maquillarse

    La señora _____.

II. Associate each of these verbs with a part of the body. Use the appropriate definite article (**el, la, los, las**). (5 points)

   ♣ escuchar   *las orejas*

   1. beber   _____

   2. peinarse   _____

   3. afeitarse   _____

   4. correr   _____

   5. mirar   _____

III. Manuel left a note for his roommate. Complete this portion of the note with **a, al, a la, a los,** or **a las.** If no word is needed, leave the space blank. (8 points)

Tengo problemas en las clases de literatura y sociología; por eso, esta noche voy

_____ ver _____ mi amiga Mariana. Conoces _____ Mariana,

¿no? _____ ella le gusta mucho leer y esas clases son fáciles para ella.

¿Conoces _____ profesor Azcarate? Azcarate es el profesor nuevo y se dice que

es horrible. Después de estudiar _____ sociología y literatura, voy a comprar

_____ crema de afeitar, agua de colonia y Coca-Cola para la fiesta de mañana.

Entonces, no sé si esta tarde voy a ir _____ cafetería para trabajar.

IV. Read this list of birthdays for Gonzalo's family and friends and write out the dates. (6 points)

D Víctor 4/3 *El cumpleaños de Víctor es el cuatro de marzo.*

1. madre 16/12 _____

_____

2. Carmen 27/8 _____

_____

3. padre 4/6 _____

_____

V. Describe the weather in each of these cities according to the weather symbols. (6 points)

Madrid   Málaga   Barcelona

1. En Madrid, hoy _____.

2. En Málaga _____ en julio.

3. En Barcelona _____ frecuentemente en el invierno.

VI. Manuel is at a party, and he is asking his friend who some of the people are. Complete their conversation with the appropriate form of the demonstratives (**este, esta ... , ese, esa ... , aquel, aquella ...**) as cued by the words **aquí, allí,** and **allá.** (5 points)

MANUEL   _____ chica que está allí es Marcela, ¿no?

AMIGO   Sí, y _____ chico que está hablando con ella es su

novio.

MANUEL   ¿Y el otro chico que ... ?

AMIGO   ¿Cuál?

MANUEL   _____ que está allá bailando en la otra habitación.

AMIGO   Es su hermano. _____ señores que están aquí son sus

padres y _____ que están comiendo allí, cerca del

estéreo, son amigos de sus padres.

VII. María José lives with her brother, Rafael. Write what María José says she and her brother do every morning before going to work. Read the description to get the gist; then reread it and select the appropriate infinitives. Finally, write the correct verb forms in the spaces provided. (10 points)

Vivo en un apartamento con Rafael, mi hermano. Todas las mañanas Rafael

_____ muy temprano. Él toma *(takes)* el champú, el jabón y
   (maquillarse/levantarse)

una toalla y _____; después va a la habitación y
                  (ducharse/quitarse)

_____ la ropa. Después yo entro al baño y
   (lavarse/ponerse)

_____; después _____
   (bañarse/desayunar)   (levantarse/cepillarse)

el pelo. Con una máquina eléctrica, Rafael _____
                                     (peinarse/afeitarse)

porque no le gusta tener barba. Después yo _____
                                     (maquillarse/quitarse)

la cara. Yo _____ a una señora que tiene una cafetería y todos
       (conocer/saber)

los días nosotros _____ allí. Rafael lee el periódico mientras
        (desayunar/lavar)

come; así _____ mucho de política.
   (conocer/saber)

Nombre _____   Fecha _____

Capítulo 5

Prueba A

I. **Comprensión.** You will hear three short conversations. Answer the following questions based on what you hear. (12 points)

Conversación A

1. ¿De dónde es el novio de la chica? _____

2. ¿Dónde está él ahora? _____

Conversación B

1. ¿De qué colores son las dos blusas?_____ _____

2. ¿De qué material es la blusa que compra la señora?_____

Conversación C

1. ¿Adónde prefiere ir el niño? _____

2. ¿A qué hora empieza? _____

II. Look at these excerpts from a listing of television programs. Answer the questions that follow based on the information given. Write out the times. (6 points)

> *Viernes noche*
>
> 8:40   **La isla de Gilligan:** El profesor pierde el radio.
> 9:00   **El tiempo**
> 9:15   **La ley de Los Ángeles:** Episodio 21.
> 10:15   **Quilapayún:** Concierto desde Caracas.
> 12:15   **Telediario 3**
> 12:35   **Teledeporte**

1. ¿A qué hora es *El tiempo*?

_____

2. ¿A qué hora es *Telediario 3*?

_____

3. ¿A qué hora es *Teledeporte*?

_____

III. Read the following incomplete statements and circle the letter of the word that best completes each. (8 points)

1. — ¿_____ ir al concierto?

   — Sí, esta noche tengo tiempo.

   a. Puedes   b. Sabes

2. No _____ nadar porque no tengo traje de baño hoy.

   a. puedo   b. sé

3. Se dice que el partido _____ en el estadio de la universidad.

   a. está   b. es

4. Esta blusa _____ de seda.

   a. está   b. es

5. ¿_____ quién es la camiseta roja?

   a. Para   b. Por

6. Siempre estudio _____ la noche.

   a. para   b. por

7. Mi novia estudia _____ ser abogada.

   a. para   b. por

8. — ¿_____ hora es?

   — Son las cinco.

   a. A qué   b. Qué

IV. Read the following incomplete statements and circle the letter of the expression that best completes each. (5 points)

1. — ¿Te gusta el Mercedes Benz?

   — Sí, pero _____.

   a. te queda bien   c. cuesta un ojo de la cara

   b. no tengo idea   d. por supuesto

2. — ¿Qué quieres beber?

   — Una Coca-Cola porque _____.

   a. estoy ocupado   c. tengo miedo

   b. tengo sed   d. estoy triste

3. — Son solamente las 8:00 de la noche.

   — Sí, pero vamos a acostarnos porque _____.

   a. tenemos hambre   c. tenemos sueño

   b. tenemos vergüenza   d. tenemos calor

4. — ¿Te gusta mi blusa?

   — Sí, _____.

   a. me fascina   c. no me digas

   b. acaba de venir   d. no te preocupes

5. — Quiero comer una hamburguesa.

   — _____ hamburguesas muy buenas en aquel restaurante.

   a. Tienen hambre   c. Les gusta

   b. Se sirven   d. Se toma

V. The following is a conversation between two friends at a party. Complete each statement with the appropriate form of the verb or verbs in parentheses. (10 points)

LUIS   ¿Dónde está David?

PACO   No _____. (venir, dormir)

LUIS   ¿Por qué?

PACO   No _____; _____ a trabajar a las 12:00.

            (poder, levantarse), (decir, empezar)

LUIS   Es verdad, ahora _____ de noche. (trabajar, aprender)

PACO   Sí, no sé cuándo _____. A mí no me gustaría trabajar de

            noche. (dormir, regresar)

LUIS   A mí tampoco. Es que nosotros _____ salir por la noche.

            (preferir, traer)

PACO   Sí, y también _____ como personas normales, por la

            noche y no por la mañana. (saber, dormir)

LUIS   Por cierto, los Yankees _____ mañana. (jugar, hacer)

            ¿_____ ir a mi casa a ver el partido en la televisión?

            (poner, querer)

PACO   Fantástico. _____ la cerveza. Hasta mañana. (llevar, decir)

VI.   Jorge and Elena Beltrán have just flown into Buenos Aires on business and learn that their luggage is lost. In their bags, they had the clothes they were going to wear to a meeting. To claim their lost luggage, they must fill out a form from the airline, describing the contents of the bags. Complete the form, specifying the color and the material of three lost items. (9 points)

Reclamos de LAN Chile

Nombre: *Jorge y Elena Beltrán* _____

Contenido: *unos zapatos negros de cuero,* _____

_____

_____

_____

_____

Capítulo 5

Prueba B

I. **Comprensión.** You will hear three short conversations. Answer the following questions based on what you hear. (12 points)

Conversación A

1. ¿De dónde es la hija del señor? _____

2. ¿Dónde está ella ahora? _____

Conversación B

1. ¿Qué prefiere hacer la mujer esta noche? _____

2. ¿A qué hora empieza la película? _____

Conversación C

1. ¿De qué colores son los dos suéteres? _____ _____

2. ¿De qué material es el suéter que compra el señor?_____

II. Look at these excerpts from a listing of television programs. Answer the questions that follow based on the information given. Write out the times. (6 points)

	Viernes noche
8:45	**La isla de Gilligan:** El profesor pierde el radio.
9:05	**El tiempo**
9:10	**La ley de Los Ángeles:** Episodio 21.
10:05	**Quilapayún:** Concierto desde Caracas.
12:15	**Telediario 3**
12:40	**Teledeporte**

1. ¿A qué hora es el concierto?

    _____

2. ¿A qué hora es *La ley de Los Ángeles*?

    _____

3. ¿A qué hora es *Teledeporte*?

_____

III. Read the following incomplete statements and circle the letter of the word that best completes each. (8 points)

1. No _____ tocar hoy, porque no tengo guitarra.

   a. puedo   b. sé

2. — ¿_____ ir al restaurante?

   — ¡Claro que sí! Está en el centro y el autobús número 8 pasa por la puerta.

   a. Puedes   b. Sabes

3. ¿_____ hora es el concierto?

   a. Qué   b. A qué

4. Se dice que el concierto _____ en el Teatro Nacional.

   a. es   b. está

5. Mi suéter _____ de algodón.

   a. es   b. está

6. — ¿Dónde _____ Víctor?

   — En la universidad.

   a. es   b. está

7. Estudio _____ ser ingeniero.

   a. para   b. por

8. — El disco de Rubén Blades es _____ ti.

   — Muchas gracias, Jaime.

   a. para   b. por

IV. Read the following incomplete statements and circle the letter of the expression that best completes each. (5 points)

1. — ¿Qué quieres beber?

   — Una cerveza porque _____.

   a. tengo sueño　　　　　　c. tengo hambre

   b. tengo sed　　　　　　　d. tengo frío

2. — ¡Qué casa más bonita! Es una mansión.

   — Sí, pero _____.

   a. te queda bien　　　　　c. no te preocupes

   b. cuesta un ojo de la cara　d. acaba de salir

3. — ¿Van a almorzar ahora?

   — Sí, son las 12:30 y _____.

   a. tenemos hambre　　　　c. tenemos miedo

   b. tenemos vergüenza　　　d. tenemos frío

4. — ¿Te gusta mi carro nuevo?

   — ¡Claro! _____.

   a. No me digas　　　　　　c. Por supuesto

   b. No tengo idea　　　　　d. Me fascina

5. — Voy a comprar una novela de Stephen King.

   — _____ todas sus novelas en aquella librería.

   a. Le gusta　　　　　　　c. Se venden

   b. Se compra　　　　　　d. Tienen miedo

V. The following is a conversation between two friends at a party. Complete each statement with the appropriate form of the verb or verbs in parentheses. (10 points)

LUIS　　¿Cuándo _____ Hernando? (salir, venir)

PACO　　No _____ venir. (poder, poner)

LUIS　　¿Por qué?

PACO   _____ un examen mañana, y siempre

              _____ a estudiar a último momento. (tener, jugar),

              (tener, empezar)

LUIS   Es verdad.

PACO   Sí, y no sé cuándo _____. Siempre trabaja o está en una

              fiesta. (dormir, volver)

LUIS   Es verdad. Nosotros _____ tener tiempo para estudiar y

              para otras cosas. (preferir, sentarse)

PACO   Sí, yo _____ y _____.

              (trabajar, ponerse), (vestirse, jugar)

LUIS   Sí, y nosotros _____, pero también

              _____. (cerrar, divertirse), (dormir, poder)

VI. Jorge and Elena Beltrán have just flown into Buenos Aires and learn that their luggage is lost. In their bags, they had the clothes they were going to wear to a rock concert. To claim their lost luggage, they must fill out a form from the airline, describing the contents. Complete the form, specifying the color and material of three lost items. (9 points)

Reclamos de LAN Chile

Nombre: *Jorge y Elena Beltrán* _____

Contenido: *un suéter rojo de lana,* _____

_____

_____

_____

_____

Nombre _____ Fecha _____

Capítulo 6

Prueba A

I. **Comprensión.** You will hear a conversation between Lucía and Débora about a friend of Lucía's and some things Lucía bought. Read the following sentences, then listen to the conversation and write **C (cierto)** if the following statements are true or **F (falso)** if they are false. (6 points)

1. _____ Andrea y Mauricio se casaron.

2. _____ Andrea se casó con el primo de Lucía.

3. _____ Una compañía le ofreció un trabajo a Mauricio.

4. _____ El viaje por avión cuesta 612.000 pesos.

5. _____ Ella le compró una camisa de seda negra a su esposo.

6. _____ La chaqueta de cuero costó 6.260 pesos.

II. Complete each of the following sentences with a word related either to the family or to transportation. (6 points)

1. La madre de mi madre es mi _____.

2. El hijo de mi tía es mi _____.

3. Mi padre es el _____ de mi madre.

4. El medio de transporte que va por el agua es el _____.

5. El medio de transporte que va por debajo de la calle es el _____.

6. El medio de transporte que va por el aire es el _____.

III. Mark **C (cierto)** if the following sentences are true and **F (falso)** if they are false based on the configuration of letters below. Correct any false statements by crossing out the preposition and writing the correct preposition above it. (5 points)

A
BC
D

F
GHI
JK

1. _____ La A está cerca de la K.

2. _____ La H está entre la G y la I.

3. _____ La B está a la derecha de la C.

4. _____ La H está encima de la J.

5. _____ La G está al lado de la H.

IV. Read the following statements and circle the letter of the word or expression that best completes each one. (7 points)

1. ¿Por qué fueron nuestros amigos al concierto sin _____?

   a. me   b. te   c. ti   d. yo

2. Él tiene cien millones de dólares. _____, ¿verdad?

   a. ¡Qué difícil!   b. Es riquísimo   c. Le quedan bien   d. Me fascinan

3. Elena no comió con _____.

   a. alguien   b. nunca   c. nadie   d. algo

4. Anita se casó _____ Óscar.

   a. en   b. de   c. con   d. a

5. No va a venir _____ a mi fiesta.

   a. todo   b. alguno   c. nadie   d. algo

6. Ayer salí _____ la universidad muy tarde.

   a. de   b. con   c. en   d. pero

7. Mañana hay un concierto fantástico y _____ ir.

   a. acabo de   b. no importa   c. tengo ganas de   d. no me digas

V. Luis and Roberta are on vacation. This is part of a letter Luis is writing to a friend. Read the letter to get the gist; then reread it and select the appropriate infinitives from the following verbs: **decidir, empezar, hacer, ir, jugar, levantarse, llegar, nadar, ver.** Finally, write the correct preterit forms in the spaces provided. (20 points)

... Entonces, ayer Roberta y yo _____ temprano. Roberta

_____ el desayuno y yo _____ unos

sándwiches para llevar a la playa. A las 10:00 _____ a la playa;

allí, yo _____ al fútbol con unos amigos y ella

_____ un poco. De repente _____ a

llover y entonces, todos nosotros _____ ir al cine, pero

_____ muy tarde y solamente _____ el

fin de la película.

VI. You asked your roommate to talk to the doctor because, after an office visit, you are still sick. Complete your roommate's answers to your questions using indirect-object pronouns. (6 points)

1. — ¿Le hablaste al médico?

— Sí, _____.

2. — ¿Y él te explicó mi problema?

— Sí, _____.

3. — ¿Me compraste las aspirinas?

— No, _____.

Capítulo 6

Prueba B

I. **Comprensión.** You will hear a conversation between Juan and José about some things Juan bought for a present. Read the sentences below, then listen to the conversation and write **C (cierto)** if the following statements are true or **F (falso)** if they are false. (6 points)

1. _____ El tío Luis celebró su cumpleaños.

2. _____ Los regalos son para los primos.

3. _____ La tía va a hacer una fiesta.

4. _____ El viaje cuesta 365.000 pesos.

5. _____ Juan compró una corbata de seda negra muy barata.

6. _____ La camisa costó 30.500 pesos.

II. Complete each of the following sentences with a word related either to the family or to transportation. (6 points)

1. El padre de mi madre es mi _____.

2. Mi madre es la _____ de mi padre.

3. El hijo de mi tía es mi _____.

4. El medio de transporte que va por el aire es el _____.

5. El medio de transporte público que usan muchas personas y que va por las calles

   es el _____.

6. El medio de transporte que va por el agua es el _____.

III. Mark **C (cierto)** if the following sentences are true and **F (falso)** if they are false based on the configuration of letters below. Correct any false statements by crossing out the preposition and writing the correct preposition above it. (5 points)

```
        A               F
        BC              GHI
        D               JK
```

1. _____ La A está lejos de la K.

2. _____ La H está entre la G y la I.

3. _____ La J está a la derecha de la K.

4. _____ La J está encima de la H.

5. _____ La H está al lado de la I.

IV. Read the following statements and circle the letter of the word or expression that best completes each one. (7 points)

1. Ella tiene una casa con doce habitaciones y cinco baños. _____, ¿no?

   a. No importa   b. Me fascinan   c. Le quedan bien   d. Es riquísima

2. Ellos no estudian _____.

   a. siempre   b. algo   c. nadie   d. nunca

3. Nuestros amigos fueron al partido de béisbol sin _____.

   a. yo   b. tú   c. mí   d. te

4. Mariana se casó _____ Guillermo.

   a. con   b. de   c. a   d. en

5. No tengo _____ para comer.

   a. alguno   b. nunca   c. nada   d. alguien

6. Mañana hay un concierto fantástico y _____ ir.

   a. acabo de   b. no importa   c. tengo ganas de   d. no me digas

7. ¡Estoy muy cansado! Hoy asistí _____ cinco clases.

   a. de   b. por   c. a   d. para

V. Manuela is living in Buenos Aires and is writing a letter to a friend. Read this part of the letter to get the gist; then reread it and select the appropriate infinitives from the following verbs: **caminar, comenzar, despertarse, hacer, leer, mirar, salir, ser, tomar, ver.** Finally, write the correct preterit forms in the spaces provided. (20 points)

... El viernes pasado yo _____ a las 11:00 de la mañana.

Luego mi esposo y yo _____ el periódico y

_____ las noticias con Dan Rather en la televisión. Mi esposo

_____ el desayuno y después yo _____

de mi casa para la universidad. _____ por cinco minutos y en

la Avenida Santa Fe _____ un accidente de carros.

¡_____ terrible! Entonces _____ a

llover y _____ un autobús para llegar a tiempo a la

universidad.

VI. You are calling your roommate from school because you want to find out if he/she has done the errands for tonight's party as you had asked. Complete his/her answers using indirect-object pronouns. (6 points)

1. — ¿Y les hablaste a Carlos y a Tomás?

— Sí, _____.

2. — Bien. ¿Y Carlos te dio el teléfono de su hermana?

— No, _____.

3. — Bueno. ¿Y me compraste las papas fritas y la cerveza?

— Sí, _____.

— Entonces, todo está listo para la fiesta.

Capítulos 4–6

Examen

I. **Comprensión.** You will hear a conversation between Lucía and Débora about a friend of Lucía's and some things Lucía bought. Read the following sentences, then listen to the conversation and write **C (cierto)** if the following statements are true or **F (falso)** if they are false. (12 points)

1. _____ Andrea y Mauricio se casaron.

2. _____ Andrea se casó con el primo de Lucía.

3. _____ Una compañía le ofreció un trabajo a Mauricio.

4. _____ El viaje por avión cuesta 612.000 pesos.

5. _____ Ella le compró una camisa de seda negra a su esposo.

6. _____ La chaqueta de cuero costó 6.260 pesos.

II. Complete each of the following sentences with a word related either to the family or to transportation. (5 points)

1. La madre de mi madre es mi _____.

2. El hijo de mi tía es mi _____.

3. Mi padre es el _____ de mi madre.

4. El medio de transporte que va por el agua es el _____.

5. El medio de transporte que va por el aire es el _____.

III. Read the sentences in the first column and match them with the most logical response from the second column. Write the letter of the matching response in the space provided. Use each response only once. (5 points)

1. Pagué $500 por una noche. _____   a. Tengo ganas de ir al cine.

2. ¿Le gusta mi falda? _____   b. Sí, echaron la casa por la ventana.

3. ¡Hicieron una fiesta grandísima! _____   c. ¡Qué hotel más caro!

4. ¿Dónde está Silvia? _____   d. Sí. ¿Es de lana?

5. ¿Qué quieres hacer mañana? _____   e. Te quedan muy bien.

f. ¡Qué baratas!

g. Debe estar en su casa.

IV. Read the following incomplete statements and circle the letter of the word that best completes each one. (8 points)

1. Patricia no comió con _____.

   a. alguien   b. ningún   c. algún   d. nadie

2. Yo no _____ hablar japonés.

   a. es   b. sé   c. conozco   d. estoy

3. Hoy en Santiago de Chile _____ mucho frío.

   a. hace   b. está   c. es   d. tiene

4. La tarea es _____ mañana.

   a. en   b. para   c. a   d. por

5. ¿_____ Buenos Aires?

   a. Eres   b. Sabes   c. Estás   d. Conoces

6. Este carro es _____ su hijo.

   a. por   b. con   c. para   d. a

7. Aquellos pantalones _____ de nailon.

   a. están   b. se pone   c. son   d. hay

8. En aquella librería _____ las novelas de Stephen King.

   a. le gusta   b. se venden   c. tienen miedo   d. se compra

V. Describe today's weather using three sentences. (6 points)

1. _____

2. _____

3. _____

VI. A detective is talking to his boss on a walkie-talkie and is describing what is going on in a house. Complete his report using the present progressive form (a form of **estar + -ando/-iendo**) of the appropriate verb: **caminar, escuchar, llorar, salir, ver.** (10 points)

En este momento yo _____ a un hombre que

_____ del baño y ahora _____ a la

habitación. ¡Ah! Ahora en la habitación veo a una mujer que está muy triste; ella

_____. El hombre y la mujer _____ las

noticias en la radio.

VII. Luis and Roberta are on vacation. This is part of a letter Luis is writing to a friend. Read the letter to get the gist; then reread it and select the appropriate infinitives from the following verbs: **dormir, empezar, escribir, hacer, ir, jugar, levantarse, llegar, llover, salir.** Finally, write the appropriate forms of the verbs in the spaces provided. Use each verb only once. (22 points)

... Entonces, ayer Roberta y yo _____ temprano y Roberta

_____ el desayuno; yo _____ unos

sandwiches. A las 10:00 _____ para la playa y

_____ a la playa a las 10:30. En la playa, yo

_____ al fútbol con unos amigos. De repente

_____ a llover y entonces _____ al

cine. Hoy no vamos a la playa porque está _____. Ahora

Roberta está _____ en el sofá y yo te estoy

_____ esta carta.

VIII. You are calling your roommate from school because you want to find out if he/she has done the errands for tonight's party as you had asked. Complete his/her answers using indirect-object pronouns. (10 points)

1. — ¿Y les hablaste a Carlos y a Tomás?

    — Sí, _____.

2. — Bien. ¿Y Carlos te dio el teléfono de su hermana?

    — No, _____.

3. — Entonces, debes hablarle. ¿Le compraste el regalo a Carmina?

    — Sí, _____.

4. — Bueno, ¿y me compraste unas Coca-Colas?

    — No, _____.

5. — Debes comprarlas antes de las 5:00. ¿Y les mandaste la invitación a tus

    amigos?

    — Sí, _____.

IX. Scan this section from a television programming guide and answer the questions that follow. Use complete sentences. (10 points)

Hora: 6:00 p.m.

CANAL	PROGRAMA
5	**El pájaro loco.** Dibujos animados.
7	**A media tarde.** Juegos.
9	**Oui, oui.** Curso de francés para principiantes.

Hora: 7:00 p.m.

CANAL	PROGRAMA
5	**Kung Fu.** Serie protagonizada por David Carradine.
7	**Vivir aquí.** Telerevista. Presenta: Antón L. Galocha.

Hora: 8:00 p.m.

CANAL	PROGRAMA
5	**La ley de Los Ángeles.** Víctor (Jimmy Smits) sale con Grace.
7	**Dallas.** JR pelea con su esposa e intenta matarla.
9	**Welcome USA.** Curso de inglés avanzado.

Hora: 8:30 p.m.

CANAL	PROGRAMA
9	**Esta noche cine:** *Mujeres al borde de un ataque de nervios* (1988). Película de Pedro Almodóvar.

Hora: 9:00 p.m.

CANAL	PROGRAMA
5	**Cine de superacción:** *Lo que el viento se llevó* (1940). Película clásica con Clark Gable.
7	**Cuentos y leyendas:** Las Cataratas del Iguazú. Cuenta la leyenda del origen de las cataratas.

---

1. ¿A qué hora comienza *La ley de Los Ángeles*?

_____

2. ¿En qué canal *(channel)* se presenta el programa *Cuentos y leyendas*?

_____

3. Si quieres aprender inglés, ¿qué programa puedes ver?

_____

4. ¿Hay películas de terror?

_____

5. ¿Quién es el actor principal de *Kung Fu*?

_____

X. Answer the following questions about your weekend using complete sentences. (12 points)

1. ¿Adónde fuiste el fin de semana?

   _____

2. ¿Quién fue contigo?

   _____

3. ¿Qué hicieron?

   _____

4. ¿Y después qué hicieron?

   _____

5. ¿Vieron una película?

   _____

6. ¿Te acostaste temprano?

   _____

Nombre _____   Fecha _____

Capítulo 7

Prueba A

I. **Comprensión.** You will hear a telephone conversation between a hotel receptionist and a woman making a reservation. Mark the information on the following reservation form based on what you hear. (10 points)

```
┌────────────────────────────────────────────────────────────────┐
│ Hotel Los Arcos                                                 │
│                                                                 │
│ Nombre: _____Pilar Romero Fuentes_____                      │
│                                                                 │
│ Del _____ Hasta _____               │
│                                                                 │
│ Habitación:   sencilla ____    doble ____    triple ____        │
│                                                                 │
│               con baño ____    sin baño ____                    │
│                                                                 │
│               con desayuno ____    media pensión ____    pensión completa ____ │
└────────────────────────────────────────────────────────────────┘
```

II. Complete each definition with the correct word or phrase. (6 points)

1. Si llamas por teléfono a alguien en otra ciudad y él paga, es una llamada a

   _____.

2. Cuando llamas por teléfono a otro país, haces una llamada

   _____.

3. La persona que lleva las maletas en el hotel es el _____.

4. Una habitación de hotel para una persona es una habitación _____.

5. Si el avión llega a la hora que debe llegar, se dice que llega _____.

6. Cuando viajamos, ponemos nuestra ropa en una _____.

III. Read the sentences in the first column and match them with the most logical response from the second column. Write the letter of the matching response in the space provided. Use each response only once. (6 points)

1. ¿Tienes un lápiz? _____   a. Lo siento, las líneas están ocupadas.

2. Pero la reserva es para   b. Habla Inés.

    mañana, no para hoy. _____   c. No, no vino nadie.

3. Persona a persona. _____   d. No, no tengo ninguno.

4. Quisiera llamar a Italia. _____   e. ¡Ay! No me di cuenta.

5. ¿De parte de quién? _____   f. ¿Y con quién desea hablar?

6. ¿Fueron todos a tu casa? _____   g. ¿Cómo que no dijo nada?

     h. No, de media pensión.

IV. Look at this portion of Silvio Lerma's résumé. Complete each question with the appropriate form of the verbs **jugar** or **trabajar.** Then write a response for each using complete sentences. (6 points)

• Jugador de fútbol profesional en Santiago hasta 1989.

• Ingeniero en Viña del Mar de 1990 al presente.

1. ¿Cuánto tiempo hace que Silvio _____ al fútbol en Santiago?

_____

2. ¿Cuánto tiempo hace que Silvio _____ como ingeniero?

_____

V. Manuel and Carmen are visiting their son who is studying in Madrid. While there, Manuel writes to a friend to thank him for suggesting places to stay and eat. Complete this portion of his letter with the appropriate preterit forms of the following verbs: **decir, dormir, ir, leer, pedir, recibir, servir, tener.** Verbs may be used more than once. (10 points)

... Carmen _____ tu carta ayer y me _____ la parte

sobre el restaurante italiano La Piamontesa. Entonces, anoche ella y yo

_____ allí (Manolo no _____ porque

_____ que estudiar). Carmen _____ unos canelones

a la boloñesa y yo _____ ravioles. El camarero me

_____ unos ravioles deliciosos con una salsa muy buena. Gracias por

tu recomendación. El hotel también es fantástico y muy tranquilo. ¡Anoche Carmen

_____ diez horas!

Por cierto, unos amigos me _____ que hay un restaurante chino

en Barcelona que se llama Familia Feliz y que es buenísimo. Debes ir allí para ver si es

verdad.

VI. Last night there was a party at which someone was poisoned. You are being questioned by the police. Answer their questions, using direct-object pronouns. (12 points)

1. ¿Quién compró el vino?

_____

2. ¿Sirvieron cerveza y Coca-Cola en la fiesta?

_____

3. Estos dos chicos trajeron la Coca-Cola, ¿no?

_____

4. ¿Quién preparó la sangría?

_____

5. Trajo Ud. las papas fritas, ¿no?

_____

6. ¿Y llamó Ud. a sus padres?

_____

Nombre _____   Fecha _____

Capítulo 7

Prueba B

I. **Comprensión.** You will hear a telephone conversation between a hotel receptionist and a woman making a reservation. Mark the information on the following reservation form based on what you hear. (10 points)

Hotel Los Arcos

Nombre: _____*Pilar Romero Fuentes*_____

Del _____ Hasta _____

Habitación: sencilla _____   doble _____   triple _____

con baño _____   sin baño _____

con desayuno _____   media pensión _____   pensión completa _____

II. Complete each definition with the correct word or phrase. (6 points)

1. Una habitación para dos personas en un hotel es una habitación

   _____.

2. La persona que limpia las habitaciones del hotel es la _____.

3. Cuando llamas por teléfono a una persona en la ciudad donde vives, haces una

   llamada _____.

4. Si llamas por teléfono a una amiga que está en otra ciudad y ella paga, haces una

   llamada a _____.

5. Si un vuelo no hace escala, es un vuelo _____.

6. Cuando vas de viaje, pones tu ropa en una _____.

III. Read the sentences in the first column and match them with the most logical response from the second column. Write the letter of the matching response in the space provided. Use each response only once. (6 points)

1. ¿De parte de quién? _____   a. No, ya la compré.

2. ¿Tienes todos los pasajes? _____   b. No te preocupes.

3. Perdón, lo siento. _____   c. Hola, Pepe. ¿Está Inés, por favor?

4. ¿Fueron todos al picnic? _____   d. No, las encuentra en nuestra tienda del

5. ¿Se venden cámaras aquí? _____   centro.

6. ¿Aló? _____   e. No, no tengo ninguno.

　　f. Habla Ramón.

　　g. Quisiera comprarlo.

　　h. No, no fue nadie.

IV. Look at this portion of Laura Lerma's résumé. Complete each question with the appropriate form of the verbs **estudiar** or **trabajar.** Then write a response for each using complete sentences. (6 points)

　　• Estudiante en Quito hasta 1988.

　　• Economista en Tegucigalpa de 1989 al presente.

1. ¿Cuánto tiempo hace que Laura _____ en Quito?

_____

2. ¿Cuánto tiempo hace que Laura _____ como economista?

_____

V. When Manuel and his wife visited the United States on business, a friend suggested places to stay and eat. Complete this portion of a thank-you note that Manuel is writing to his friend with the appropriate preterit forms of the following verbs: **comer, dormir, estar, ir, pedir, sentarse, servir, poder, tener.** Verbs may be used more than once. (10 points)

... La semana pasada, nosotros _____ en Nueva York y yo

_____ con un amigo al restaurante italiano Allegro. Mi esposa no

_____ ir porque _____ que escribir unas cartas. En

el restaurante _____ en una mesa cerca de una ventana. Yo

_____ unos ravioles y el camarero me _____ un

plato enorme. Mi amigo _____ unos tortellinis excelentes. ¡Gracias

por recomendarnos ese restaurante! El hotel también es magnífico; Carmen y yo

_____ en una cama de agua. A mí no me gustan esas camas, pero a

Carmen sí. ¡Anoche ella _____ diez horas!

VI. You have just returned from a vacation in Spain with your spouse. A friend of yours had given you some tips about traveling in Spain before you left. Answer his questions about your trip using direct-object pronouns. (12 points)

1. ¿Leyeron Uds. el libro que les di?

_____

2. ¿Y visitaron los museos que yo recomendé?

_____

3. ¿Pidieron Uds. una paella en el restaurante La Barraca?

_____

4. ¿Compraste las camisas para tu hijo?

_____

5. ¿Llamaste a tu amiga española?

_____

6. ¡Ah! ¿Y trajiste el vino que te pedí?

_____

Nombre _____ Fecha _____

Capítulo 8

Prueba A

I. **Comprensión.** Listen to this telephone conversation between a real estate agent and a client. Mark with an **X** the features the client is looking for in an apartment, based on what you hear. (10 points)

_____	1 dormitorio	_____	sin muebles
_____	2 dormitorios	_____	garaje
_____	3 dormitorios	_____	portero
_____	balcón	_____	portero automático
_____	amueblado	_____	teléfono

II. Look at the following mailbox labels and write what floor these people live on. (3 points)

♣ los González 405   *Los González viven en el cuarto piso.*

1. los Martí 609   _____

2. los Cano 310   _____

3. los Vicens 903   _____

III. Write the names of two pieces of furniture, appliances, or fixtures that you would normally associate with each of the following rooms. Include the appropriate definite article. (8 points)

1. la sala   _____   _____

2. el dormitorio   _____   _____

3. el cuarto de baño _____   _____

4. la cocina   _____   _____

IV. A group of students at a party is talking about their present lives and future plans. Complete each statement with the appropriate indicative or subjunctive form of the given verb or verbs. (7 points)

ELENA   Necesito un empleo que _____ mucho dinero.

                  (pagar)

PAULA   Yo ya tengo un empleo que _____ bien, pero

                  necesito un empleo que _____ interesante.

                  (pagar, ser)

JORGE   Pues yo necesito vivir en un apartamento que

                  _____ piscina. (tener)

VERÓNICA   Mi apartamento tiene una piscina que siempre

                  _____ llena de niños. (estar)

RAÚL   Yo busco una esposa que _____ elegante, que

                  _____ hablar francés e inglés, que ...

                  (ser, saber)

JORGE   ¡Vaya, hombre! Ya sabemos que tienes una lista interminable.

V. Complete the following sentences with **ya** or **todavía.** (4 points)

1. — ¿Vas a venir?

— No puedo salir. _____ tengo que estudiar.

2. — ¿Te compro el periódico?

— No, _____ lo compré.

3. — ¿Van a alquilar el apartamento las chicas?

— _____ lo alquilaron.

4. — ¿Comiste?

— _____ no.

VI. Write four things a parent would say to a teenage son or daughter. Use the **tú** form. (8 points)

1. Te aconsejo que _____.

2. No quiero que _____.

3. Es importante que _____.

4. Te prohíbo que _____.

VII. The following advice column appeared in a newspaper. Read and complete it using the appropriate form (infinitive, indicative, subjunctive) of the corresponding verb. (10 points)

Encontrar un lugar donde vivir no es fácil. Primero es importante que Ud.

_____ apartamentos en el periódico antes de ir a una agencia.
    (buscar)

También le aconsejo que _____ a buscar con mucha anticipación.
                (empezar)

Tercero, si quiere un apartamento amueblado, le aconsejo que _____
                                    (sentarse)

en los muebles antes de alquilar el apartamento (o sea, que una silla bonita puede ser

muy incómoda al sentarse). Cuarto, es mejor _____ directamente con
                                    (hablar)

el dueño del apartamento y no con un agente del dueño; las grandes compañías son

muy impersonales y, por eso, los apartamentos normalmente _____
                                          (costar)

más dinero. Finalmente, Ud. necesita leer el contrato antes de firmar.

Nombre _____   Fecha _____

Capítulo 8

Prueba B

I. **Comprensión.** Listen to this telephone conversation between a real estate agent and a client. Mark with an **X** the features the client is looking for in an apartment, based on what you hear. (10 points)

_____ 1 dormitorio   _____ sin muebles

_____ 2 dormitorios   _____ amueblado

_____ 3 dormitorios   _____ portero automático

_____ garaje   _____ portero

_____ teléfono   _____ balcón

II. Look at the following mailbox labels and write what floor these people live on.
    (3 points)

♣ los González 405   *Los González viven en el cuarto piso.*

1. los Martí 509   _____

2. los Cano 110   _____

3. los Vicens 803   _____

III. Write the names of two pieces of furniture, appliances, or fixtures that you would normally associate with each of the following rooms. Include the appropriate definite article. (8 points)

1. la sala   _____   _____

2. el dormitorio _____   _____

3. el comedor   _____   _____

4. la cocina   _____   _____

IV. A group of students at a party is talking about their present lives and future plans. Complete each statement with the appropriate indicative or subjunctive form of the given verb or verbs. (7 points)

ELENA   Quiero tener un hijo que _____ muy inteligente y guapo. (ser)

PAULA   Mi hermano tiene un hijo que _____ inteligente y guapo, pero es drogadicto. (ser)

ELENA   ¡Ay, no! Yo quiero un hijo que _____ diferentes cosas que hacer en su tiempo libre y que no _____ alcohol. (buscar, tomar)

JORGE   Yo sólo quiero tener hijos que _____ buenas notas en la escuela. (sacar)

RAÚL   No, no ... Tú quieres un hijo que _____ bien al fútbol. (jugar)

JORGE   ¡Por supuesto!

PAULA   El otro hijo de mi hermano _____ muy bien al fútbol, y por eso, ahora está en el hospital. (jugar)

JORGE   ¡Pobre chico!

V. Complete the following sentences with **ya** or **todavía.** (4 points)

1. — ¿Estudiaste?

— _____ no.

2. — ¿Quieres que yo lo haga?

— No, _____ lo hice.

3. — ¿Van a ir Uds. a visitar a sus abuelos?

— _____ fuimos.

4. — ¿Puedes salir ahora?

— No, _____ tengo que trabajar.

VI. Write four things an older brother would say to a sister beginning college. Use the **tú** form. (8 points)

1. Te aconsejo que _____.

2. Es bueno que _____.

3. Es mejor que _____.

4. No quiero que _____.

VII. The following advice column appeared in a newspaper. Read and complete it using the appropriate form (infinitive, indicative, subjunctive) of the corresponding verb. (10 points)

Amueblar un apartamento no es fácil. Primero es importante que Ud.

_____ los anuncios del periódico para examinar los precios.
    (leer)

Segundo, le aconsejo que _____ a buscar con mucha anticipación
                         (empezar)

porque si tiene que comprar muebles en un día, va a gastar más dinero. Tercero, es

necesario que _____ los muebles antes de comprarlos (o sea, que un
          (probar)

sofá bonito puede ser muy incómodo al sentarse). Es bueno _____
                                       (comprar)

muebles en una tienda grande con buena reputación. Normalmente, los muebles

de esas tiendas _____ un poco más, pero si hay algún defecto en el
          (costar)

producto, esas tiendas le ayudan a resolver el problema.

Nombre _____   Fecha _____

Capítulo 9

Prueba A

I. **Comprensión.** You will hear a conversation between Marco and Gloria. Mark who did or is going to do the following things, based on what you hear. (6 points)

	Gloria	Marco
1. comprar cosas para la cocina	_____	_____
2. ir a la mueblería	_____	_____
3. traer el carro	_____	_____
4. ir al supermercado	_____	_____
5. ir al aeropuerto	_____	_____
6. llamar al aeropuerto	_____	_____

II. Read the definitions in the first column, and write the letter of the appropriate word from the the second column in the space provided. Use each word only once. (5 points)

1. Se usa para cortar queso, pan o jamón. _____   a. el crucigrama

2. Cuando cortas esto en la cocina, lloras. _____   b. la sartén

3. Es de metal y se usa para freír huevos. _____   c. pintar

4. Un pasatiempo que viene en el periódico y se hace   d. el cuchillo

   con lápiz. _____   e. la estampilla

5. Pablo Picasso hizo esto muy bien. _____   f. coser

                                                            g. la cebolla

III. Circle the letter of the word or phrase that best completes the response to each of the following questions. (5 points)

1. — ¿Y perdió Raúl todo su dinero?

   — Sí, pobre. _____

   a. ¡Qué mala suerte!   b. Quizás sea así.   c. ¿Y mientras tanto?

2. — ¿Estás muy cansado?

— Sí, ¡de verdad _____!

a. me di cuenta   b. no puedo más   c. tengo ganas

3. — ¿No habla ruso Elvira?

— Ya te dije que ella _____ habla español.

a. solo   b. sola   c. sólo

4. — ¿A qué hora llegaste a la oficina?

— Ya _____ las ocho cuando llegué.

a. fue   b. eran   c. fueron

5. — ¿Cuándo empezó el niño la escuela?

— Muy pequeño, cuando _____ 5 años.

a. tenía   b. era   c. tuvo

IV. José's cousin is telling how she spent the day yesterday. Complete the paragraph using **para** or **por** as needed. (6 points)

Ayer mi primo José estuvo enfermo todo el día y tuve que ir a la oficina a trabajar

_____ él. Cuando él me llamó _____ pedirme el favor, ya eran casi las

ocho y media, así que tuve que ir _____ taxi _____ llegar a tiempo.

Solamente me pagaron $45 _____ todo mi trabajo, pero está bien. _____

mí, José es el mejor primo del mundo.

V. A friend just called to tell you that he has set you up on a blind date. Write your reactions using the following expressions. (10 points)

1. Dudo que _____.

2. Creo que _____.

3. Es probable que _____.

4. ¡Quizás _____!

5. Estoy seguro/a de que _____.

VI. Mr. Rodríguez has called an employment agency and is discussing one of the candidates. Read the conversation and complete it with the infinitive, indicative, or subjunctive form of the appropriate verb. (18 points)

RODRÍGUEZ   Para trabajar en esta oficina es importante _____ dos

idiomas. Yo tengo una secretaria que sólo _____

español. (hablar, saber)

AGENCIA   Pues, estoy seguro de que esta persona _____

perfecta. De verdad, creo que _____ cuatro lenguas.

(ser, escribir)

RODRÍGUEZ   Está bien. Me alegro de que su agencia _____ buenos

candidatos. Ojalá que él _____ empezar mañana.

(encontrar, poder)

AGENCIA   ¡Ah! Lo siento. Dudo que él _____ listo para mañana.

Es probable que Ud. _____ que esperar unos días.

Creo que él _____ en otra oficina hasta la semana que

viene. (estar, tener, trabajar)

Capítulo 9

Prueba B

I. **Comprensión.** You will hear a conversation between Ana and Miguel. Mark who did or is going to do the following things, based on what you hear. (6 points)

	Ana	Miguel
1. alquilar un apartamento	_____	_____
2. comprar comida	_____	_____
3. limpiar el apartamento	_____	_____
4. preparar la cena	_____	_____
5. poner la mesa	_____	_____
6. jugar a las cartas	_____	_____

II. Read the definitions in the first column, and write the letter of the appropriate word from the second column in the space provided. Use each word only once. (5 points)

1. Preparar las comidas. _____   a. pintar

2. Se come después del segundo plato. _____   b. el crucigrama

3. Generalmente es de cristal y se usa para   c. cocinar

    beber. _____   d. pescar

4. Pablo Picasso hizo esto muy bien. _____   e. el vaso

5. Es un pasatiempo que se practica en el agua. _____   f. la servilleta

            g. el postre

III. Circle the letter of the word or phrase that best completes the response to each of the following questions. (5 points)

1. — ¿Cuántos viven en tu apartamento?

   — Muchos. _____.

   a. Somos cinco   b. Estamos cinco   c. Vienen cuatro

2. — ¿Estás muy cansado?

   — Muchísimo, ¡_____!

   a. no puedo más   b. por el amor de Dios   c. tengo ganas

3. — ¿Cuándo llegaste a casa anoche?

   — Muy tarde; ya _____ las 12:00.

   a. eran   b. fue   c. fueron

4. — ¿Cuándo murió tu abuelo?

   — Cuando mi madre _____ 9 años.

   a. era   b. tuvo   c. tenía

5. — ¿Y ella también habla inglés?

   — No, _____ habla francés.

   a. sola   b. solo   c. sólo

IV. Jorge's sister is telling about the errands she had to run today. Complete the paragraph using **para** or **por** as needed. (6 points)

¡Estoy cansadísima! Primero tuve que trabajar _____ mi hermana porque ella

está enferma y no pudo ir a la oficina. Después tuve que mandar unas cartas

_____ correo y luego caminé _____ toda la ciudad buscando un regalo

_____ mi hermano Jorge, que celebra su cumpleaños el lunes. Por fin encontré

algo, pero tuve que pagar $40 _____ una corbata. Pero está bien. _____

mí, Jorge es el mejor hermano del mundo.

V. Your parents have just informed you that your family is moving to Hollywood. Write your reactions using the following expressions. (10 points)

1. No creo que _____.

2. Dudo que _____.

3. Creo que _____.

4. Quizás _____.

5. Es verdad que _____.

VI. Ms. Pérez is talking to her secretary about the new person they hired. Read the conversation and complete it with the infinitive, indicative, or subjunctive forms of the appropriate verb. (18 points)

PÉREZ   Bueno, entonces espero que el nuevo empleado

               _____ bien preparado y que le

               _____ llegar temprano a la oficina. (estar, gustar)

SECRETARIA   Pues yo creo que nosotras _____ suerte. Es evidente

               que _____ a alguien muy bueno. Sus credenciales

               son excelentes. (tener, encontrar)

PÉREZ   Sí, sí, pero quizás él _____ un poco de ayuda ... ,

               pero estoy segura de que Ud. lo _____ a ayudar

               mucho. Es horrible _____ solo. (necesitar, ir,

               trabajar)

SECRETARIA   Bueno, yo sé que él _____ inteligente. Ojalá que yo

               no _____ equivocada. (ser, estar)

Nombre _____ Fecha _____

Capítulos 7–9

Examen

I. **Comprensión.** You will hear a conversation between Marco and Gloria. Mark who did or is going to do the following things, based on what you hear. (12 points)

	Gloria	Marco
1. comprar cosas para la cocina	_____	_____
2. ir a la mueblería	_____	_____
3. traer el carro	_____	_____
4. ir al supermercado	_____	_____
5. ir al aeropuerto	_____	_____
6. llamar al aeropuerto	_____	_____

II. Complete the following definitions with the appropriate word or phrase. (7 points)

1. Para cortar queso, pan o jamón se usa _____.

2. El lugar donde se preparan las comidas es _____.

3. La máquina para lavar los platos es _____.

4. Una habitación de hotel para una persona es una habitación

_____.

5. La persona que lleva las maletas en un hotel es _____.

6. Una llamada telefónica a otro país es _____.

7. Un vuelo que no hace escala es _____.

III. Read the sentences in the first column and match them with the most logical response from the second column. Write the letter of the matching response in the space provided. (5 points)

1. Mis tíos tienen cinco casas. _____   a. Somos cinco.

2. ¿Cuántas personas hay en tu   b. ¿Cómo que no puedes?

   familia? _____   c. ¡Ay! ¡No puedo más!

3. Pobre Luis. Perdió todo su dinero. _____   d. Ojalá que no espere.

4. Olvidaste traer el pan que te pedí. _____   e. ¡Qué mala suerte!

5. ¿Estás muy cansado? _____   f. ¡Vaya! Son muy ricos, ¿no?

                                            g. Lo siento. Ahora voy a comprarlo.

IV. Complete the following exchanges by writing the letter of the appropriate word in the space provided. (6 points)

1. — ¿Quiénes vinieron a tu fiesta?

   — Pues, no vino _____.

   a. alguien   b. nadie

2. — ¿Estás listo para el examen?

   — Estudio y estudio, pero _____ tengo problemas.

   a. todavía   b. ya

3. — ¿A qué hora llegaste al aeropuerto?

   — _____ las 8:00 cuando llegué.

   a. Fueron   b. Eran

4. — ¿Tienes libros de historia?

   — No, no tengo _____.

   a. ninguno   b. alguno

5. — ¿Cuándo terminaste la escuela secundaria?

   — _____ 18 años cuando terminé.

   a. Tuve   b. Tenía

6. — ¿Te gusta esta universidad?

   — ¡Muchísimo! Llegué el año pasado y ya hace un año que _____ aquí.

   a. estudié   b. estudio

V. Jorge's sister is telling about the errands she had to run today. Complete the paragraph using **para** or **por** as needed. (6 points)

¡Estoy cansadísima! Primero tuve que trabajar _____ mi hermana porque ella

está enferma y no pudo ir a la oficina. Después tuve que mandar unas cartas

_____ correo y luego caminé _____ toda la ciudad buscando un regalo

_____ mi hermano Jorge, que celebra su cumpleaños el lunes. Por fin encontré

algo, pero tuve que pagar $40 _____ una corbata. Pero está bien. _____

mí, Jorge es el mejor hermano del mundo.

VI. Mónica is studying in Puerto Rico and is writing a letter to her parents. Read this part of the letter and complete it with the appropriate preterite forms of the following verbs: **conocer, decir, estar, invitar, ir, pedir, preferir, traer, venir.** (18 points)

El sábado pasado yo _____ a una fiesta y allí _____ a

Andrés, un chico de Guatemala. Él me _____ que tiene muchos amigos

aquí en Puerto Rico y que (él) _____ hace un mes. Sus amigos lo

_____ a vivir con ellos, pero (él) _____ estar en un hotel al

lado de la playa. Él _____ muchos regalos de Guatemala para sus

amigos. Andrés es una persona muy interesante. Él y yo _____ en la

fiesta hasta las tres de la mañana y yo le _____ su número de teléfono.

Voy a llamarlo esta semana.

VII. Mr. Rodríguez is calling a job agency because he is looking for a bilingual secretary. Read the conversation and complete it with the infinitive, indicative, or subjunctive form of the appropriate verb. (18 points)

RODRÍGUEZ   Para trabajar en esta oficina es importante _____ dos

idiomas. Yo tengo una secretaria que _____ bien

alemán. (saber, hablar)

AGENCIA   ¿Qué idiomas necesita?

RODRÍGUEZ   Quiero una persona que _____ cartas en español y

que _____ perfectamente del inglés al español. ¿Ud.

cree que yo _____ encontrar una persona bilingüe?

(escribir, traducir, poder)

AGENCIA   Bueno, yo dudo que _____ problema en encontrar a

la persona que Ud. busca. Pero es necesario que Ud. me

_____ más información. (tener, dar)

RODRÍGUEZ   ¿Qué necesita saber?

AGENCIA   Necesito que Ud. me _____ claramente cuál es el tipo

de persona que busca. Le aconsejo que _____ una

lista con las cualidades que busca en la persona. (explicar, hacer)

VIII. Answer the following travel-related questions using direct-object pronouns to replace the direct-object nouns. (8 points)

1. ¿Quién hace las camas en un hotel?

_____

2. Cuando viajas, ¿pones el pasaje en la maleta?

_____

3. ¿Prefieres asientos en la sección de no fumar del avión?

_____

4. ¿Quién toma una reserva en un hotel?

_____

IX. Read the following confirmation note from a travel agent to a passenger and answer the questions that follow. Use complete sentences. (12 points)

10/1/95

Estimado Sr. Ruiz:

Sus pasajes de ida están confirmados. Puede comprar sus pasajes de vuelta en nuestra agencia de Santiago. Su vuelo de Río de Janeiro a Santiago de Chile es el 540, que sale a las 14:35 el 12/2 y llega a las 16:20. Este vuelo de LanChile hace escala en Asunción, Paraguay. Ya tiene los asientos reservados en la sección de fumar y recuerde que necesitan pasar por la aduana en Santiago (puede llevar su cámara de video sin problemas). Su reserva en el Hotel Carreras de Santiago está confirmada. Tiene una habitación doble para cuatro noches con baño y media pensión. Espero que disfrute de su viaje.

    Sin otro particular lo saluda atentamente,

Pedro González

Su agente de viajes

1. ¿Qué tipo de pasajes compró el Sr. Ruiz? _____

    _____

2. ¿Viaja solo el Sr. Ruiz? _____

3. ¿De dónde sale su vuelo? _____

4. ¿Cuál es la hora de salida de su vuelo? _____

    _____

5. ¿En qué sección del avión se va a sentar el Sr. Ruiz? _____

    _____

6. ¿Cuántas comidas por día tiene en su reserva del hotel? _____

    _____

X. Refer to the letter in the preceding activity and write four things you would say to Mr. Ruiz before he begins his trip. Use the **Ud.** form. (8 points)

1. Ojalá que _____.

2. No es necesario que Ud. _____.

3. Le aconsejo que Ud. y su esposa _____.

4. Es importante que _____.

Nombre _____   Fecha _____

Capítulo 10

Prueba A

I. **Comprensión.** You will hear Victoria describing her life when she was 10 years old. Read the following sentences, then listen carefully and mark a **C** if they are correct or an **F** if they are false. (10 points)

1. _____   Cuando Victoria tenía 10 años, nadaba en la playa todos los días con sus

amigos.

2. _____   Victoria estaba enferma y se quedaba en casa con su abuelo.

3. _____   A Victoria le gustaba escuchar la radio con su abuelo.

4. _____   A ella le fascinaba leer.

5. _____   Cuando tenía 11 años, Victoria iba a la playa con sus amigos.

II. Read the descriptions in the first column and match them with the appropriate word in the second column. (8 points)

1. Lo usas cuando juegas al béisbol; es largo. _____   a. palos

2. Un jugador de fútbol americano lo lleva en la cabeza. _____   b. pesas

3. Es la persona que lleva el correo a las casas. _____   c. equipo

4. Los usas para jugar al golf; son largos. _____   d. casco

5. Es tu propia dirección; lo escribes en el sobre. _____   e. buzón

6. Es un mensaje corto. STOP. Llega rápidamente. STOP. _____   f. patines

7. Se necesita una para jugar al tenis; puede ser de madera o de   g. cartero

   metal. _____   h. bate

8. Arnold Schwarzenegger las levanta para tener músculos   i. estampilla

   grandes. _____   j. remite

                                        k. raqueta

                                        l. telegrama

III. Isabel is telling about a soccer game her team is going to play. Read what she is saying and complete the paragraph with the appropriate form of the verbs in parentheses. (5 points)

¡Qué estupendo! Hoy vamos a jugar un partido contra Las Azules y a mí

_____ _____ que vamos a ganar. A nosotras
      (parecer)

_____ _____ jugar contra ellas porque siempre ganamos. Además, a
      (encantar)

ellas _____ _____ dos jugadoras. Una se rompió un brazo y a otra
        (faltar)

_____ _____ una pierna. ¡Qué mala suerte tienen! Naturalmente, a
      (doler)

ellas _____ _____ no ganar nunca.
        (molestar)

IV. Read this note that Gonzalo left for his roommate Víctor, and answer the question that follows. (6 points)

Tus padres llamaron esta mañana para decir que van a venir esta tarde a las 5:00, pero

dicen que no **les** diste las llaves para poder entrar. ¡Qué desastre! Hice las camas, lavé

los platos, tiré los periódicos; en fin, limpié todo. Encontré unas camisas y camisetas

en el cuarto de baño. **Te las** puse en la lavadora. Los papeles que tenías encima de la

mesa ya no están allí; **los** puedes encontrar debajo de tu cama. Tu padre va a necesitar

la llave de tu carro, así que **se la** dejé en el buzón con la llave de la casa. ¡¡¡Este favor

te va a salir caro!!! Espero que te diviertas con tus padres. Te veo esta noche, pero

tarde porque a lo mejor me quedo en la universidad estudiando.

¿A qué, a quién o a quiénes se refieren los siguientes complementos directos o indirectos?

1. **les** en la línea 2 _____

2. **Te** en la línea 4 _____

3. **las** en la línea 4 _____

4. **los** en la línea 5 _____

5. **se** en la línea 6 _____

6. **la** en la línea 6 _____

V. You work as a secretary in an office. Answer the following questions from fellow employees, using double-object pronouns. (10 points)

1. ¿Le mandaste la carta a la Sra. Navas? _____

   _____

2. ¿Me vas a comprar las estampillas? _____

   _____

3. ¿Les dio Óscar los telegramas al Sr. Puertas y al Sr. Lerma? _____

   _____

4. ¿Nos trajo el paquete el Sr. Ferrer? _____

   _____

5. ¿Te escribió un memo el jefe? _____

   _____

VI. Complete this paragraph with the correct imperfect form of the appropriate verbs. (11 points)

Cuando yo _____ niño, mi familia siempre
                  (ser/tener)

_____ a las montañas para las vacaciones de Navidad. Yo
      (ir/llevar)

_____ unos esquíes fabulosos y _____
    (faltar/tener)   (cambiar/esquiar)

todos los días. _____ mucho frío, pero como nosotros
              (Hacer/Estar)

_____ suéteres, guantes, gorros y chaquetas, el frío no nos
    (llevar/sentir)

_____. Por la noche mis padres y yo
    (doler/molestar)

_____ a comer a los restaurantes del pueblo.
    (salir/poder)

_____ un restaurante que _____
    (Estar/Haber)   (servir/pedir)

comida excelente, especialmente unas hamburguesas deliciosas. Nosotros siempre

_____ muy tarde al hotel.
    (volver/poner)

Capítulo 10

Prueba B

I. **Comprensión.** You will hear Victoria describing her life when she was 10 years old. Read the following sentences, then listen carefully and mark a **C** if they are correct or an **F** if they are false. (10 points)

1. _____ Cuando Victoria tenía 10 años, nadaba todos los días con sus amigos.

2. _____ Pasaba los días de verano en Salamanca con sus padres.

3. _____ A Victoria le encantaba aprender cosas de su abuela.

4. _____ La abuela cocinaba para Victoria todos los días.

5. _____ Cuando tenía 11 años, Victoria cocinaba para la familia.

II. Read the descriptions in the first column and match them with the appropriate word in the second column. (8 points)

1. Si quieres tener músculos grandes, debes levantar éstas. _____   a. casco

2. El boxeador usa dos de éstos en las manos. _____   b. pesas

3. La escribes en el sobre y es el lugar donde vive la persona   c. equipo

   que va a recibir la carta. _____   d. esquíes

4. Es la persona que lleva el correo a las casas. _____   e. guantes

5. Para jugar al golf, necesitas una pequeña y blanca. _____   f. buzón

6. Cuando juegas al tenis, la tienes en la mano. _____   g. dirección

7. No puedes esquiar en Bariloche, Argentina, si no tienes   h. cartero

   éstos. _____   i. raqueta

8. Es un mensaje corto. STOP. Llega rápidamente. STOP. _____   j. patines

       k. remite

       l. telegrama

       m. pelota

III. Antonio is telling about a soccer game his team is going to play. Read what he is saying and complete the paragraph with the appropriate form of the verbs in parentheses. (5 points)

¡Qué horrible! Hoy vamos a jugar un partido contra Los Tigres y a mí

_____ _____ que vamos a perder. A nosotros
        (parecer)

_____ _____ jugar contra ellos porque siempre perdemos. Además,
        (molesta)

a nosotros _____ _____ tres jugadores. Dos están en el hospital y al
        (faltar)

portero _____ _____ mucho el brazo que se rompió el mes pasado.
        (doler)

¡Qué mala suerte tenemos! Y, naturalmente, a Los Tigres

_____ _____ ganar siempre.
        (encantar)

IV. Read this note that Gonzalo left for his roommate Víctor, and answer the question that follows. (6 points)

Tus padres llamaron esta mañana para decir que van a venir esta tarde a las 5:00.

Saben que no llegas a casa hasta las 6:00, pero dicen que tienen las llaves que tú **les**

diste. ¡Qué desastre! Hice las camas, lavé los platos, tiré los periódicos; en fin, limpié

todo. Los pantalones y los calcetines que dejaste en el baño ya no están allí. **Te los**

puse en la lavadora. Quité las revistas que estaban encima de tu cama y ahora **las**

puedes encontrar encima del escritorio. Felipe llamó y necesita tu libro de cálculo, así

que **se lo** dejé en el buzón. Espero que te diviertas con tus padres. Te veo esta noche,

pero tarde porque a lo mejor me quedo en la biblioteca estudiando para el examen de

mañana.

¿A qué, a quién o a quiénes se refieren los siguientes complementos directos o indirectos?

1. **les** en la línea 2 _____

2. **Te** en la línea 4 _____

3. **los** en la línea 4 _____

4. **las** en la línea 5 _____

5. **se** en la línea 7 _____

6. **lo** en la línea 7 _____

V. You work as a secretary in an office. Answer the following questions from fellow employees, using double-object pronouns. (10 points)

1. ¿Me compraste estampillas? _____

2. ¿Te dio el paquete el Sr. Rivas? _____

3. ¿Le vas a dar la dirección al Sr. Navas? _____

_____

4. ¿Te está preparando las cartas certificadas la otra secretaria? _____

_____

5. ¿Ya nos trajo el correo el cartero? _____

_____

VI. Complete this paragraph with the correct imperfect form of the appropriate verbs. (11 points)

Cuando yo _____ niña, mi familia siempre
                              (ser/tener)

_____ a la playa para las vacaciones de Navidad. Yo
                    (sacar/ir)

_____ unos trajes de baño fabulosos y
                    (llevar/poder)

_____ todos los días. _____
                (faltar/nadar)   (Estar/Hacer)

mucho calor, pero como nosotros siempre _____
                                                        (ser/estar)

en el agua, el calor no nos _____. Por la noche,
                                    (doler/molestar)

_____ por la playa y _____
            (parecer/caminar)   (sentarse/sentirse)

a conversar en las cafeterías al aire libre, donde los camareros nos

_____ unos sandwiches deliciosos. Todas las noches yo
                (pedir/servir)

_____ muy tarde.
        (despertarse/acostarse)

Nombre _____   Fecha _____

Capítulo 11

Prueba A

I. **Comprensión.** You will hear a conversation between a patient and her doctor. Mark the patient's symptoms with an "X" based on what you hear. (10 points)

_____ fiebre	_____ sangra	_____ dolor de estómago
_____ diarrea	_____ dolor de cabeza	_____ escalofríos
_____ estornuda	_____ está mareada	_____ tos
_____ tenía náuseas	_____ falta de hambre	

II. Read the symptoms expressed by the following people and give each of them advice. Use these expressions: **Ud. debe, Ud. tiene que, Es necesario que, Le aconsejo.** (6 points)

1. No puedo respirar, tengo tos y fiebre.

    _____

2. Tengo una infección de oído y me duele mucho.

    _____

3. Me corté y estoy sangrando mucho.

    _____

III. Edit these nonsense sentences about using a car by crossing out incorrect words and their articles. Write the logical words and articles above the sentences. (6 points)

1. Es necesario cambiar la gasolina cada dos meses o cada 5.000 kilómetros.

2. Si un niño corre enfrente de tu carro, debes pisar el acelerador.

3. Debes usar el parabrisas cuando llueve.

4. Es obligatorio abrocharse la matrícula antes de manejar.

5. Si el carro no arranca y las luces no funcionan, tienes un problema con la llanta.

6. Mi carro tiene cuatro volantes de Goodyear.

IV. Read the following incomplete miniconversations and circle the letter of the verb form that best completes each. (7 points)

1. —— _____ a ir.

—¿Por qué no fuiste?

a. Iba   b. Fui

2. —¿Está casado Ramón?

— Siempre pensaba que él estaba casado, pero ayer _____ que estaba divorciado.

a. supe   b. sabía

3. —¿Fuiste a hablar con tu jefe?

— _____ que hablar con él, así que fui a su oficina, pero él no estaba.

a. Tenía   b. Tuve

4. — Cuando entré a la universidad, ya _____ a algunos profesores.

—¡Qué suerte!

a. conocía   b. conocí

5. — El detective _____ que ir a Managua.

—¿Qué encontró allí?

a. tuvo   b. tenía

6. — Mientras _____ , escuchaba cintas de francés.

— Así aprendió a hablar francés. ¡Qué interesante!

a. manejó   b. manejaba

7. —¿Qué hacías en Mayagüez?

— Mientras _____ allí, trabajaba por la noche y pasaba los días en la playa.

a. viví   b. vivía

V. Complete this memo that Lorenzo left for his boss. Use the past participle of the appropriate verb: **cerrar, perder, preparar, terminar.** (4 points)

Srta. Blanco:

El informe está _____ y se lo mandé al Sr. Pascual. Los paquetes

para la reunión del lunes están _____ (cada uno tiene un lápiz, un

bolígrafo, un cuaderno y una copia del informe anual). Hay un problema: la puerta de

la oficina de Raúl está _____ y me dice su secretaria que la llave está

_____.

VI. Complete this conversation with the appropriate preterit or imperfect form of the verbs in parentheses. (17 points)

PEPE   _____ a los padres de mi novia, Rosa, la semana pasada.

Son muy simpáticos y me _____ a su casa el sábado

pasado para cenar. (conocer, invitar)

ANA   ¿Y _____? (ir)

PEPE   _____ a ir, pero desde el viernes _____

y _____ mucho viento. (ir, nevar, hacer)

ANA   Entonces, ¿qué _____? (hacer)

PEPE   Dos días después, Rosa y yo _____ de Puerto Caña a las

4:00, pero al subir las montañas para ir a casa de sus padres, nosotros

_____ que parar por unas dos horas. (salir, tener)

ANA   ¿En una gasolinera?

PEPE   No, en una cafetería. Mientras ella _____ a sus padres,

yo _____ el informe del tiempo en la radio. Ella les

_____ que nosotros _____ a llegar tarde

a causa del mal tiempo. (llamar, escuchar, decir, ir)

ANA   ¿Qué _____? (ocurrir)

PEPE   Un accidente horrible.

ANA   ¡Por Dios! ¿Cómo?

PEPE   Mientras nosotros _____ bajando la montaña yo

_____ el control y _____ con otro

carro. (estar, perder, chocar)

Nombre _____ Fecha _____

Capítulo 11

Prueba B

I. **Comprensión.** You will hear a conversation between a patient and his doctor. Mark the patient's symptoms with an **X** based on what you hear. (10 points)

_____ fiebre	_____ estornuda	_____ escalofríos
_____ dolor de cabeza	_____ diarrea	_____ dolor de estómago
_____ está mareado	_____ tiene náuseas	_____ tos
_____ falta de hambre	_____ sangra	

II. Read the symptoms expressed by the following people and give each of them advice. Use these expressions: **Ud. debe, Ud. tiene que, Es necesario que, Le aconsejo que.** (6 points)

1. Me duele la cabeza.

   _____

2. Me corté y estoy sangrando mucho.

   _____

3. Tengo fiebre y escalofríos.

   _____

III. Edit these nonsense sentences about using a car by crossing out incorrect words and their articles. Write the logical words and articles above the sentences. (6 points)

1. El carro necesita dos líquidos: la gasolina y el volante.

2. Si quieres ir más rápido, debes pisar el freno.

3. Es obligatorio abrocharse la llanta antes de manejar.

4. Cuando llueve, debes usar el embrague para limpiar el parabrisas.

5. Mi carro tiene cuatro matrículas de Michelín.

6. Cuando manejas de noche, tienes que usar el baúl para ver.

IV. Read the following incomplete miniconversations and circle the letter of the verb form that best completes each. (7 points)

1. — ¿Por qué no hablas con Roberto?

   — Siempre pensaba que él era mi amigo, pero ayer _____ la verdad.

   a. sabía   b. supe

2. — ¿Cómo es tu nuevo compañero de apartamento?

   — Aburrido. Ayer mientras yo _____ un disco compacto nuevo, él leía.

   a. escuchaba   b. escuchó

3. — ¿Qué hacía Ud. en Cancún?

   — Cuando _____ allí, nadaba por la mañana y trabajaba por las tardes.

   a. estaba   b. estuvo

4. — _____ a hablar con el profesor.

   — ¿Qué te dijo?

   a. Iba   b. Fui

5. — Cuando ella se casó, todavía no _____ a los padres de su novio.

   — ¿De veras?

   a. conocía   b. conoció

6. — Mi jefe _____ que ir a Madrid.

   — ¿Y al fin fue o no?

   a. tenía   b. tuvo

7. — ¿Qué hacías cuando _____ el accidente?

   — Javier manejaba y yo dormía.

   a. ocurría   b. ocurrió

V. Rafael and his wife sell real estate. Complete this memo from Rafael's wife using the past participle of the appropriate verb: **comprar, invitar, preparar, vender.** (4 points)

Rafael:

El último apartamento está _____, así que la fiesta de celebración

está _____. Todas las personas están _____; mandé

las invitaciones ayer. La comida y las bebidas están _____ y alguien

de la cafetería va a llevarlas a casa; no tienes que pagarle nada.

VI. Complete this conversation with the appropriate preterite or imperfect form of the verbs in parentheses. (17 points)

PEPE   Ayer Ronda _____ a mis hijos por primera vez. (conocer)

ANA   ¡Ah! ¿Y qué tal?

PEPE   Pues muy bien al principio, pero despés _____ un desastre. (ser)

ANA   ¿Qué _____? (ocurrir)

PEPE   Pues, nosotros _____ a ir a la playa, pero como _____ mal tiempo, finalmente _____ de planes. (ir, hacer, cambiar)

ANA   ¿Entonces qué _____ Uds.? (hacer)

PEPE   Pues, mientras yo _____ a los cines para ver a qué hora _____ la película *Bambi* de Disney, Ronda les _____ a los niños de Bambi. (llamar, ser, hablar)

ANA   Pero, no entiendo. ¿Cuándo _____ los problemas? (empezar)

PEPE   Pues, cuando nosotros _____ entrando al cine, un hombre le _____ la bolsa a Ronda. (estar, robar)

ANA   ¡Qué horror!

PEPE   Sí y no. Ronda _____ que _____ poco en la bolsa. (decir, llevar)

ANA   Y la película buena, ¿no? ¿Los niños contentos?

PEPE   Muy bien hasta el final cuando _____ la madre de Bambi y mis niños _____ a llorar. (morirse, empezar)

ANA   ¡Qué día!

Capítulo 12

Prueba A

I. **Comprensión.** A waiter is taking an order from a couple. Listen to their conversation and complete the following chart. (12 points)

	Señora	Señor
Primer plato	_____	_____
Segundo plato	_____	_____
Bebida	_____	_____

II. Complete the following sentences with the appropriate geography-related words. (6 points)

1. Gilligan vive en una _____; la prisión de Alcatraz también está en una de éstas.

2. Los grandes barcos como el *Titanic* viajan por el _____.

3. Muchos turistas visitan las _____ del Iguazú en Argentina y las del Niágara en los Estados Unidos.

4. Suramérica es impresionante, desde las _____ de los Andes hasta las aguas azules del _____ Amazonas.

5. El león, el tigre y Tarzán viven en la _____.

III. Read the sentences in the first column and match them with the most logical response from the second column. Write the letter of the matching response in the space provided. Use each response only once. (5 points)

1. Trabajamos muchísimo, ¿verdad?_____   a. ¿Y desea algo más?

2. ¿Viste ese carro rojo y morado?_____   b. Ni banda ni discos compactos.

3. Me gustaría un helado. _____   ¡Nada!

4. Sandra nos invitó a una fiesta. _____   c. Sí, ¡y qué cursi!

5. ¿Va a tener música? _____   d. A lo mejor está en el valle.

                                                                              e. Sin embargo, yo no estoy

                                                                                  cansado. ¿Y tú?

                                                                              f. ¡Qué chévere!

IV. Mariano left a note for his wife, who is out. Read his note and complete it with the appropriate past participle forms of the following verbs: **abrir, acostar, dormir, escribir, hacer, romper.** Some verbs may be used more than once. (6 points)

Cariño:

   Estoy casi _____ y por eso me voy a acostar temprano. Las

invitaciones para la fiesta ya casi están _____ y las tortillas

están _____ para el picnic de mañana. Por favor, cierra todas

las puertas; están _____ porque hace mucho calor y el aire

acondicionado está _____. Los niños están

_____ desde las 8:00.

                                                                              Besos,

                                                                              Mariano

V. Sabrina left Uruguay and is now living in Los Angeles. Read this portion of a letter that she is writing to a friend and complete it with the appropriate preterit or imperfect forms of the following verbs: **correr, hacer, ir, jugar, llevar, montar, tomar, ver, vivir.** Some verbs may be used more than once. (11 points)

   ... Y ya hace un año que vivo en Los Ángeles. ¿Recuerdas cuando mi familia y yo

_____ en Montevideo? Con frecuencia

_____ al parque con Uds. y _____ en

bicicleta. Bueno, aquí en Los Ángeles a veces voy a la playa. Como ayer

_____ un día bellísimo, unos amigos y yo

_____ a la playa. ¿Y sabes? Yo _____ el

sol, cuando de repente _____ a Tom Hanks. Él y su perro

_____ con una pelota, y él _____ unos

shorts de colores fuertes y anteojos oscuros. Cuando los niños lo

_____, todos _____ para saludarlo.

VI. Look at the following chart and write sentences comparing the three hotels. Remember to use **más/menos ... que** when comparing two things, or the superlative when comparing three or more things. (10 points)

Hotel	Buenavista	El Descanso	Miramar
Habitaciones	235	75	120
Precio/noche	$120,00	$105,00	$95,00
Empleados	450	200	135
Comparación final ***** muy bueno * muy malo	**	*****	***

1. Habitaciones: Buenavista / Miramar

_____

2. Precio: El Descanso / Buenavista

_____

3. Precio: Buenavista / El Descanso / Miramar

_____

4. Empleados: Miramar / El Descanso

_____

5. Comparación final: El Descanso / Buenavista / Miramar

_____

Capítulo 12

Prueba B

I. **Comprensión.** A waiter is taking an order from a mother and her son. Listen to their conversation and complete the following chart. (12 points)

	Señora	Hijo
Primer plato	_____	_____
Segundo plato	_____	_____
Bebida	_____	_____

II. Complete the following sentences with the appropriate geography-related words. (6 points)

1. El tigre, el león y Tarzán viven en la _____.

2. En Los Ángeles hay muchas carreteras muy grandes, o sea

    _____.

3. El Michigan, el Superior y el Erie son tres de los Grandes

    _____.

4. Madrid es una _____ grande, pero mis padres viven en

    Colmenar de Oreja, un _____ de sólo 2.000 habitantes.

5. Gilligan vive en una _____; la prisión de Alcatraz también

    está en una de éstas.

III. Read the sentences in the first column and match them with the most logical response from the second column. Write the letter of the matching response in the space provided. Use each response only once. (5 points)

1. ¿Viste a esa chica con pelo blanco, verde y morado? _____

2. Quisiera un café, por favor. _____

3. Mañana salgo para Europa. _____

4. Hoy dormiste mucho, ¿no? _____

5. ¿Van a tener música en la fiesta? _____

a. ¿Y desea algo más?

b. ¡Qué chévere!

c. Ahora mismo van.

d. Sí, ¡qué cursi parecía!

e. Ni discos compactos ni banda. ¡Nada!

f. Sí, pero sin embargo, estoy cansada.

g. No vale la pena.

IV. Inés has been busy preparing for a big party tonight but had to go to work. Her mother, who had come over to help her get ready, has written her a note. Read the note and complete it with the appropriate past participle forms of the following verbs: **abrir, acostar, bañar, escribir, hacer, poner.** (6 points)

Querida Inés:

Espero que no estés muy cansada. Trabajé bastante y ahora la casa está muy limpia.

La comida ya está _____ y la mesa está _____.

Como hace un día muy bonito, las ventanas están _____. Vino tu

amiga Marta para estar con los niños. Los niños ya están _____ y

_____ (son unos niños buenos). La lista de los invitados está

_____ y la puse en la mesa. Mucha suerte,

Mamá

V. Sebastián left Costa Rica and is now living in Mexico. Read this portion of a letter that he is writing to a friend and complete it with the appropriate preterite or imperfect forms of the following verbs: **caminar, contestar, decir, divertirse, estar, invitar, jugar, querer, ver.** Some verbs may be used more than once. (11 points)

... Entonces ayer yo _____ al fútbol con unos amigos. ¿Recuerdas

cuando a menudo yo _____ contigo y con Paco en el parque los fines

de semana? A veces nosotros _____ mucho. Bueno, continúo con mi historia. Después del partido unos amigos me _____ a una cafetería.

Yo _____ ir, pero _____ muy cansado. Mientras

_____ a mi casa, _____ a mi ex novia y le

_____ "Hola", pero ella no me _____. Ella

_____ con un chico muy ...

VI. Look at the following chart and write sentences comparing the cars. Remember to use **más/menos ... que** when comparing two things, or the superlative when comparing three or more things. (10 points)

Marca	Di Tella	Moshi Moshi	Gazparín
Velocidad máxima	110 m/h	120 m/h	150 m/h
Tamaño	compacto	mediano	sedán
Precio	$259.999,99	$256.999,00	$290.999,99
Comparación final **** muy bueno * muy malo	***	****	**

1. Velocidad máxima: Gazparín / Moshi Moshi

   _____

2. Precio: Di Tella / Moshi Moshi

   _____

3. Tamaño: Moshi Moshi / Di Tella

   _____

4. Velocidad máxima: Di Tella / Moshi Moshi / Gazparín

   _____

5. Comparación final: Moshi Moshi / Di Tella / Gazparín

   _____

Nombre _____ Fecha _____

Capítulos 10–12

Examen

I. **Comprensión.** A waiter is taking an order from a couple. Listen to their conversation and complete the following chart. (12 points)

	Señora	Señor
Primer plato	_____	_____
Segundo plato	_____	_____
Bebida	_____	_____

II. Read the following sentences and complete them with the appropriate word or phrase. (8 points)

1. Cuando vas al médico, te da una _____ para que con ésta compres medicinas.

2. Cuando mandas una carta, pones una _____ en el sobre, arriba a la derecha.

3. Gilligan vive en una _____; la prisión de Alcatraz también está en una de éstas.

4. Cuando montas en motocicleta, debes usar un _____ en la cabeza.

5. Cuando una persona viaja en un barco que se mueve mucho, a veces está _____ y por eso toma Dramamina.

6. Muchos turistas visitan las _____ del Iguazú en Argentina y las del Niágara en los Estados Unidos.

7. Cuando a una persona le duele la cabeza, generalmente se toma dos

   _____.

8. El tigre, el león y Tarzán viven en la _____.

III. Read the sentences in the first column and match them with the most logical response from the second column. Write the letter of the matching response in the space provided. Use each response only once. (6 points)

1. ¿Sabes dónde está Andrés? _____
2. Para su aniversario le compró una cama

   en forma de corazón. _____
3. Voy a hacer una fiesta en el Ritz. _____
4. Voy a ver la exhibición del museo. _____
5. Yo quiero una ensalada. _____
6. ¿Van a tener música en la fiesta? _____

a. Yo la vi y creo que vale la pena.
b. ¿Y desea algo más?
c. Sin embargo no estoy cansado.
d. ¿Cómo? ¡Qué cursi!
e. Se jugó la vida.
f. Te va a salir cara.
g. A lo mejor está en su casa.
h. Ni banda ni discos compactos.

   ¡Nada!

IV. Read the following incomplete statements and circle the letter of the verb form that best completes each. (10 points)

1. Ayer _____ que ella se va a casar. ¡Qué chévere!

   a. sabía   b. supe

2. Mientras tu dormías, tu hermano _____ televisión.

   a. miraba   b. miró

3. Le _____ los hombres agresivos.

   a. molesta   b. molestan

4. El viernes pasado _____ a ir a la playa, pero comenzó a llover.

   a. fui   b. iba

5. Les _____ la playa el Rodadero en Santa Marta.

   a. encantan   b. encanta

6. Anoche _____ a la madre de mi novia. Me pareció simpática.

   a. conocía   b. conocí

7. Ayer _____ que ir al médico, pero no fui.

   a. tuve   b. tenía

8. Pobrecita, le _____ el oído.

   a. duele   b. duelen

9. Ni él ni yo _____ a la universidad.

   a. voy   b. vamos

10. Todavía me _____ cinco libros.

    a. falta   b. faltan

V. Sebastián left Costa Rica and is now living in Mexico. Read this portion of a letter that he is writing to a friend and complete it with the appropriate preterit or imperfect forms of the following verbs: **caminar, contestar, decir, divertirse, estar, invitar, jugar, querer, ver.** Some verbs may be used more than once. (22 points)

... Entonces ayer yo _____ al fútbol con unos amigos. ¿Recuerdas

cuando a menudo yo _____ al fútbol contigo y con Paco en el parque

los fines de semana? A veces nosotros _____ mucho. Bueno,

continúo con mi historia. Después del partido unos amigos me _____

a una cafetería. Yo _____ ir, pero _____ muy

cansado. Mientras _____ hacia mi casa, _____ a mi

ex novia y le _____ "Hola", pero ella no me _____.

Ella _____ con un chico muy ...

VI. Mariano left a note for his wife, who is out. Read his note and complete it with the appropriate past participle forms of the following verbs: **abrir, acostar, dormir, escribir, hacer, romper.** Some verbs may be used more than once. (6 points)

Cariño:

Estoy casi _____ y por eso me voy a acostar temprano. Las

invitaciones para la fiesta ya casi están _____ y las tortillas están

_____ para el picnic de mañana. Por favor, cierra todas las puertas;

están _____ porque hace mucho calor y el aire acondicionado está

_____. Los niños están _____ desde las 8:00.

Besos,

Mariano

VII. Sonia is asking her friend Adriana about the presents she has bought her family for Christmas. Complete Adriana's answers using direct- and indirect-object pronouns when possible. (8 points)

1. — ¿Y les pediste una bicicleta a tus padres?

   — Sí, _____.

2. — ¿Y tú le compraste el bate a tu hermano?

   — No, _____.

3. — ¿Y tus padres te van a dar un regalo caro?

   — No, _____.

4. — ¡Ah! Me olvidaba. ¿Me trajiste mis patines?

   — Sí, _____.

VIII. Look at the following chart and write sentences comparing the three hotels. Remember to use **más/menos ... que** when comparing two things, or the superlative when comparing three or more things. (10 points)

Hotel	Buenavista	El Descanso	Miramar
Habitaciones	235	75	120
Precio/noche	$120,00	$105,00	$95,00
Empleados	450	200	135
Comparación final ***** muy bueno * muy malo	**	*****	***

1. Habitaciones: Buenavista / Miramar

   _____

2. Precio: El Descanso / Buenavista

   _____

3. Precio: Buenavista / El Descanso / Miramar

   _____

4. Empleados: El Descanso / Miramar

   _____

5. Comparación final: El Descanso / Buenavista / Miramar

   _____

IX. Read this ad for a car rental agency and answer the questions that follow. Use complete sentences. (8 points)

ALQUICARRO
MÁS CARROS
MÁS CONFORT
MÁS ECONÓMICO

Económico	Grande	Minivan
$29 por día	$40 por día	$46 por día
$90 por semana	$180 por semana	$253 por semana

Si Ud. está buscando un carro para alquilar en Uruguay, no hay mejor lugar que **ALQUICARRO.** Tenemos la mejor selección de carros nuevos: Fiat, Peugeot, Renault, BMW, Mercedes convertibles y muchos más. Todos los carros incluyen kilometraje ilimitado y además le aseguramos que va a recibir un servicio rápido en el aeropuerto de Montevideo. Todos los precios están en dólares. Y por esta semana solamente, Ud. puede obtener descuentos en el Hotel Victoria, en el corazón de la ciudad.

ALQUICARRO. La empresa que sabe de carros.
Montevideo • Punta del Este • Colonia • Pelotas

1. ¿Cuánto cuesta alquilar un carro grande por una semana? _____

_____

2. Nombra dos beneficios que se pueden obtener cuando se alquila un carro en esta

agencia. _____

_____

3. ¿En qué moneda *(currency)* están los precios de los carros? _____

_____

4. ¿En qué ciudad hay aeropuerto? _____

X. Write five sentences about the things you used to do on weekends when you were 15
   years old. (10 points)

1. _____

2. _____

3. _____

4. _____

5. _____

Capítulo 13

Prueba A

I. **Comprensión.** Read the following questions, then listen to the ad by TravelTur about an organized tour to Argentina. Answer the questions based on what you hear. (10 points)

1. ¿Está incluido el tour de Buenos Aires?   Sí _____   No _____

2. ¿Cuáles son dos cosas que tiene el hotel de Mar del Plata?

    _____   _____

3. ¿Cuál es una de las excursiones opcionales que pueden hacer los turistas desde

    Mar del Plata? _____

4. ¿Están incluidos los traslados en el precio?   Sí _____   No _____

5. ¿Están incluidos los impuestos en el precio?   Sí _____   No _____

II. Read the sentences in the first column and match them with the most logical response from the second column. Write the letter of the matching response in the space provided. Use each response only once. (5 points)

1. Me voy a casar el sábado. _____

2. Vine con un taxista horrible. _____

3. No sé qué ponerme con el vestido

    verde. _____

4. Se me perdió la tarea. _____

5. No sé cómo hacer esto. _____

a. ¿De acuerdo?

b. Pues, tienes que volver a hacerla.

c. ¿Y todavía no has comprado el anillo?

d. Es muy fácil. Mira, así.

e. No le diste propina, ¿verdad?

f. Me vas a sacar de un apuro.

g. Tal vez el collar de esmeraldas, ¿no?

III. Compare these two people, who hold similar positions in two advertising agencies. Form sentences for each of the given categories using comparisons of equality, such as **tan ... como.** (5 points)

Juana	Paula
Gana $70.000 al año. Tiene 5 ayudantes. Tiene 20 clientes. Está muy ocupada. Es importante en la compañía.	Gana $70.000 al año. Tiene 5 ayudantes. Tiene 20 clientes. Está muy ocupada. Es importante en la compañía.

1. (dinero) _____

2. (ayudantes) _____

3. (clientes) _____

4. (ocupada) _____

5. (importante) _____

IV. The father of a Spanish-speaking friend will be arriving in your city this weekend. Translate for him these directions from the bus station to your apartment. (10 points)

Walk straight 3 blocks. Turn right at the corner. Go down the steps. Cross the street.

Go up the steps. My apartment is number 15.

Sr. Díaz:

No puedo ir a la estación de autobuses para recibirlo porque tengo que trabajar.

Aquí tiene Ud. instrucciones para llegar a mi apartamento:

_____

_____

_____

_____

V. It hasn't been a lucky day for Daniel and his friend Carmen. Complete the conversation with the appropriate preterit forms of the verbs in parentheses. Remember to use constructions similar to **se me olvidó.** (8 points)

DANIEL   ¡Qué día más terrible!

PACO   ¿Qué te pasó?

DANIEL   Primero, _____ las llaves del carro y tuve que tomar el autobús. (perder)

PACO   ¿Llegaste tarde al trabajo?

DANIEL   Un poco. Luego estaba escribiendo algo muy importante y

    _____ la computadora. (romper)

PACO   Eso no es nada. A Carmen le pasó algo mucho más raro:

    _____ la computadora. Fue un corto circuito. Así que no fue tan malo lo que te pasó a ti. (quemar)

DANIEL   ¿Qué dices? Al terminar de escribirlo a máquina,

    _____ una taza de café encima y tuve que escribirlo otra vez. (caer)

VI. Complete this conversation between Andrea, the owner of a travel agency, and Bernardo, her office manager. Use the present perfect or the present perfect subjunctive of the verbs in parentheses. (12 points)

ANDREA   ¿Sabes si Jaime _____ _____ alguna vez con un grupo a las Islas Galápagos? (ir)

BERNARDO   Dudo que las _____ _____. (visitar)

ANDREA   ¿Tú _____ _____ a Suramérica? (viajar)

BERNARDO   Claro que sí, pero no a las Islas Galápagos.

    _____ _____ muchas fotos y deben ser muy interesantes. (ver)

ANDREA   ¿_____ _____ Jaime algún estudio sobre la evolución? (hacer)

BERNARDO   Sé que le interesa mucho y estudió algo de biología, pero no creo que la _____ _____ formalmente. (estudiar)

ANDREA   Es que necesito una persona que sepa mucho para trabajar de guía turístico.

BERNARDO   Jaime no estaría mal, pero creo que Sara es la persona que buscas.

Nombre _____   Fecha _____

Capítulo 13

Prueba B

I. **Comprensión.** Read the following questions, then listen to the ad by TravelTur about an organized tour to Argentina. Answer the questions based on what you hear. (10 points)

1. ¿Es opcional el tour organizado de Buenos Aires?   Sí _____   No _____

2. ¿Cómo viajan a Bariloche desde Buenos Aires?

   autobús _____   avión _____   tren _____

3. ¿Cuáles son dos cosas que tiene el hotel de Bariloche?

   _____   _____

4. ¿Cuál es una de las excursiones opcionales que pueden hacer los turistas desde

   Bariloche? _____

5. ¿Están incluidos los traslados y los impuestos en el precio?

   Sí _____   No _____

II. Read the sentences in the first column and match them with the most logical response from the second column. Write the letter of the matching response in the space provided. Use each response only once. (5 points)

1. Hoy no tenemos clases. _____

2. Gracias por sacarme de un apuro. _____

3. No sé qué ponerme con el vestido

   negro. _____

4. Me voy a casar mañana. _____

5. Gano poco dinero. _____

a. No fue nada.

b. Tal vez el collar de perlas, ¿no?

c. Vaya ahora mismo.

d. ¿De acuerdo?

e. Pero pagas muchos impuestos, ¿no?

f. Todo el mundo va a ir a la playa.

g. ¿Y todavía no has comprado el anillo?

III. Compare these two people, who play soccer for similar teams. Form sentences for each of the given categories using comparisons of equality, such as **tan ... como.** (5 points)

Juan	Félix
Gana $570.000 al año. Marcó muchos (15) goles el año pasado. Hace 20 anuncios en la tele. Juega bien. Es famoso.	Gana $570.000 al año. Marcó muchos (15) goles el año pasado. Hace 20 anuncios en la tele. Juega bien. Es famoso.

1. (dinero) _____

2. (goles) _____

3. (anuncios) _____

4. (atlético) _____

5. (famoso) _____

IV. The mother of a Spanish-speaking friend will be arriving in your city this weekend. Translate for her these directions from the bus station to your apartment. (10 points)

Walk straight 2 blocks. Turn left at the corner. Go up the steps. Cross the street. Go down the steps. My apartment is number 15.

Sra. Díaz:

No puedo ir a la estación de autobuses para recibirla porque tengo que trabajar.

Aquí tiene Ud. instrucciones para llegar a mi apartamento:

_____

_____

_____

_____

V. It hasn't been a lucky day for Daniel. Complete the conversation with the appropriate preterit forms of the verbs in parentheses. Remember to use constructions similar to **se me olvidó.** (8 points)

DANIEL   ¡Ay, ay, ay!

PACO   ¿Qué te pasó?

DANIEL   _____ la computadora. (caer)

PACO   No me digas. ¿Funciona?

DANIEL   Sí, parece que sí ... Noooooo.

PACO   ¿Ahora qué pasa?

DANIEL   _____ los documentos. (perder)

PACO   Pero no _____ la computadora, ¿verdad?

    (romper)

DANIEL   No sé. Un minuto. Sí, sí, funciona.

PACO   Tienes copia de los documentos, ¿no?

DANIEL   No, _____ hacer una copia ayer. (olvidar)

PACO   ¡Qué pena! Todo un día de trabajo perdido.

VI. Complete this conversation between Andrea, the owner of a travel agency, and Bernardo, her office manager. Use the present perfect or the present perfect subjunctive of the verbs in parentheses. (12 points)

ANDREA   El Sr. Ramírez quiere que le prepare un viaje ideal para él y su esposa.

    ¿Sabes si ellos _____ _____ a la República

    Dominicana? (viajar)

BERNARDO   Dudo que la _____ _____. (visitar)

ANDREA   ¿_____ _____ _____ ellos alguna vez en

    un Club Med? (quedarse)

BERNARDO   Sí, pero no creo que _____ _____ _____

    mucho. A ellos les gusta más algo típico del país. (divertirse)

ANDREA   ¿_____ _____ tú a Isla Margarita en

    Venezuela? (ir)

BERNARDO   No, pero _____ _____ con personas que sí.

    Todo el mundo dice que es preciosa. Me parece un buen lugar para

    ellos. (hablar)

Nombre _____   Fecha _____

Capítulo 14

Prueba A

I. **Comprensión.** You will hear a conversation between a teller and a customer at a bank. Listen carefully, then circle the letter of the word or expression that best completes each statement. (10 points)

1. El cliente quiere _____.

   a. comprar pesetas   b. comprar pesos

2. El cambio está _____ que ayer para el cliente.

   a. mejor   b. peor   c. igual

3. El cliente cambia _____.

   a. $100   b. $200

4. El cliente va a pagar con _____.

   a. su tarjeta de crédito   b. dinero en efectivo   c. cheques de viajero

5. Para recibir el dinero, el cliente debe _____.

   a. esperar   b. pasar por caja   c. volver en cinco minutos

II. Complete each of the following sentences with the appropriate word related to food or dental hygiene. (5 points)

1. Las tostadas con mantequilla y _____ de fresa son

   deliciosas.

2. En un restaurante puedes pedir huevos fritos, duros o _____.

3. Es bueno tomar jugo de _____ con el desayuno porque

   tiene más vitamina C que el jugo de tomate.

4. Después de cepillarse los dientes y para limpiarlos mejor se debe usar

   _____ entre diente y diente.

5. El dentista te pone un empaste cuando tienes una _____.

III. Write common commands a child might hear, using the following phrases. (12 points)

♣ no escucharlo *¡No lo escuches!*

1. decir la verdad _____

2. no salir _____

3. escucharme _____

4. no tocarlo _____

5. no comer eso _____

6. lavarse las manos _____

7. venir _____

8. no ponerlo allí _____

IV. A father is talking to his young son. You can only hear the father's part of the conversation. Complete each statement with the appropriate form of the verb in parentheses in the indicative or subjunctive. (10 points)

— Te digo que _____ a hacer frío y, por eso, tienes que llevar suéter. (ir)

— ...

— ¿Es que no me escuchas? Te digo que _____ el suéter ahora mismo. (ponerse)

— ...

— ¿Qué? No, eso no es verdad. Tu madre está muy contenta; dice que yo siempre _____ mucho en casa ahora que ella está trabajando y eso es lo que estoy haciendo. (ayudar)

— ...

— Me vas a escuchar. Si yo te digo que _____ algo es porque quiero lo mejor para ti. (hacer)

— ...

— Pero hijo, te estoy diciendo que te _____ y, por eso, vas a ponerte el suéter. (querer)

V. The following is a conversation between two fashion-conscious teenagers at a mall. Select a logical response for each statement and write the corresponding letter in the space provided. (6 points)

1. — ¡Ven aquí!

   — _____

   a. ¡Ya voy!

   b. ¡Ya fui!

   c. ¡Ahora viene!

2. — ¿Te gusta la falda roja?

   — _____

   a. Prefiero uno en otro color, quizás azul.

   b. Me gusta más la de rayas.

   c. Sí, me encantan.

3. — Tú tienes una azul, ¿no?

   — _____

   a. No, la mía es verde; la azul es de mi hermana.

   b. No, es de mi hermana, pero lo llevo mucho.

   c. No, pero mi hermana tiene uno azul.

4. — Es que tú eres una boutique ambulante.

   — _____

   a. No, yo no. Toda la ropa es de mi hermana.

   b. Es verdad, tienen mucha ropa.

   c. ¿Qué pasa? ¿No le gusta mi ropa?

5. — Entonces, ¡compra ese suéter! Sólo cuesta $150 y te va a quedar muy bien.

   — _____

   a. ¡Me sacó de un apuro!

   b. ¡Lo pasé bien!

   c. ¡Ni loca!

6. — Ay, sí. ¡Cómpralo, cómpralo!

   — _____

   a. ¿De acuerdo?

   b. ¡Basta de molestar!

   c. ¡Qué chévere!

VI. Three friends are having breakfast together at a coffee shop. Geraldo has laryngitis and can't talk, so his friends have ordered for him. Complete the conversation with the appropriate possessive pronouns (**mío, mía, tuyo,** etc.) according to the following information. (7 points)

> Geraldo: huevos, tocino, tostadas, jugo de naranja, café
>
> Silvia: café, jugo de tomate, croissant
>
> Juana: churros y chocolate

CAMARERO   ¿Para quién son los huevos y el tocino?

JUANA   Son _____.

CAMARERO   ¿Y los jugos de tomate y de naranja?

SILVIA   El de tomate es _____ y el _____ es el

de naranja.

CAMARERO   ¿Quién pidió los churros y chocolate?

JUANA   Son _____.

CAMARERO   Y las tostadas, ¿son para Ud., señorita?

SILVIA   No, no son _____. ¿Quién pidió tostadas?

JUANA   Son _____.

CAMARERO   ¿Los cafés son para Ud. y el señor?

SILVIA   Sí, son _____.

JUANA   Camarero, todavía le falta un croissant a la señorita.

Nombre _____   Fecha _____

Capítulo 14

Prueba B

I. **Comprensión.** You will hear a conversation between a teller and a customer at a bank. Listen carefully, then circle the letter of the word or expression that best completes each statement. (10 points)

1. La cliente quiere _____.

   a. comprar pesos   b. comprar dólares

2. El cambio está _____ que ayer para la cliente.

   a. mejor   b. peor   c. igual

3. La cliente cambia _____.

   a. 10.000 pesetas   b. 20.000 pesetas

4. La cliente va a pagar con _____.

   a. su tarjeta de crédito b. dinero en efectivo   c. cheques de viajero

5. Para recibir el dinero, la cliente debe _____.

   a. esperar   b. pasar por caja   c. volver en cinco minutos

II. Complete each of the following sentences with the appropriate word related to food or dental hygiene. (5 points)

1. Si estás resfriado, debes beber _____ de naranja porque

   tiene vitamina C.

2. Muchas personas comen huevos duros, _____ o revueltos

   para el desayuno.

3. Las tostadas con mantequilla y _____ de fresa son

   deliciosas.

4. Después de comer, debes cepillarte los _____ para no tener

   caries.

5. Cuando tienes una caries, el dentista te pone un _____.

III. Write common commands a child might hear, using the following phrases. (12 points)

♣ no escucharlo *¡No lo escuches!*

1. salir _____

2. lavarse la cara _____

3. hacer la tarea _____

4. no decir eso _____

5. mirarme _____

6. no tocarlas _____

7. no tirarlo _____

8. venir aquí _____

IV. A teacher is talking to a difficult student. You can hear only the teacher's part of the conversation. Complete each statement with the appropriate form of the verb in parentheses in the indicative or subjunctive. (10 points)

— Te digo que el examen de mañana _____ a ser muy difícil y, por

eso, tienes que estudiar. (ir)

— ...

— ¡Oye! ¿Adónde vas sin libros? Te digo que _____ los libros a casa

para estudiar. (llevar)

— ...

— ¿Cómo? ¿Crees que no puedes recibir buena nota? Pues, yo te digo que sí

_____. (poder)

— ...

— Tú sabes que yo no pierdo el tiempo con un estudiante que no tenga posibilidades.

Te digo que _____ inteligente. (ser)

— ...

— Claro que lo creo; por eso te estoy diciendo que _____. (estudiar)

V. The following is a conversation between two fashion-conscious teenagers at a mall. Select a logical response for each statement and write the corresponding letter in the space provided. (6 points)

1. — ¿Puedes venir a ayudarme?

    — _____

       a. ¡Basta!

       b. ¡Ya voy!

       c. Necesito ayuda.

2. — ¿Te gusta más el vestido blanco o

     el negro?

    — _____

       a. Es que no me gustan algunos vestidos.

       b. Me gusta la falda blanca.

       c. No me gusta el negro.

3. — ¿Por qué?

    — _____

       a. Porque es de lana y es feo.

       b. Porque son feas.

       c. Porque las mías son más bonitas.

4. — Y el tuyo, ¿qué?

    — _____

       a. Es mío.

       b. Es feo, y no me gusta tampoco.

       c. Es de lana y es vieja también.

5. ¿Pero por qué lo compraste?

    — _____

       a. Le tengo fobia.

       b. Yo no, fue un regalo.

       c. Lo echo de menos.

6. — Entonces, ¿compro éste?

    — _____

       a. ¡Lo pasa muy mal!

       b. Por otro lado, cuesta $150.

       c. ¡Ni loca! Cuesta $150.

VI. Three friends are having breakfast together at a coffee shop. Geraldo has laryngitis and can't talk, so his friends have ordered for him. Complete the conversation with the appropriate possessive pronouns (**mío, mía, tuyo,** etc.) according to the following information. (7 points)

> Juan: huevos, tocino, tostadas, jugo de naranja, café
>
> Geraldo: café, jugo de tomate, croissant
>
> Silvia: churros y chocolate

Camarero	¿Para quién son los huevos y el tocino?
Juan	Son _____.
Camarero	¿Y los jugos de tomate y de naranja?
Juan	El de tomate es _____ y el _____ es el de naranja.
Camarero	Y las tostadas, ¿son para Ud., señorita?
Silvia	No, no son _____. ¿Quién pidió tostadas?
Juan	Son _____.
Camarero	¿Quién pidió los churros y chocolate?
Silvia	Son _____.
Camarero	¿Los cafés son para Uds., señores?
Juan	Sí, son _____.
Silvia	Camarero, todavía le falta un croissant al señor.

Nombre _____ Fecha _____

Capítulo 15

Prueba A

I. **Comprensión.** Julia and Carlos are speaking about Ramona, whom Carlos's brother is dating. Listen to their conversation and write under their names the adjectives that, in their opinion, describe Ramona. (12 points)

<table>
<tr><td>Julia</td><td>Carlos</td></tr>
<tr><td>_____</td><td>_____</td></tr>
<tr><td>_____</td><td>_____</td></tr>
<tr><td>_____</td><td>_____</td></tr>
</table>

II. Read the following sentences and complete them with the appropriate words related to animals or the environment. (5 points)

1. El rey *(king)* de la selva es el _____.

2. Un animal que pone huevos es la _____.

3. Hoy en día muchos animales están en peligro de _____.

4. La "esposa" del toro es la _____.

5. Para proteger el medio ambiente, debemos _____ el plástico, los

   periódicos y el aluminio.

III. Read the sentences in the first column and match them with the most logical response from the second column. Write the letter of the matching response in the space provided. Use each response only once. (4 points)

1. ¿Son buenos amigos José y Ana? _____   a. Vamos a dar una vuelta.

2. ¿Qué te parece el profesor nuevo? _____   b. Le tiene fobia.

3. ¿Fueron todos a la fiesta? _____   c. La pasó bien.

4. Y ahora, ¿qué hacemos? _____   d. ¡Ah, sí! Se llevan muy bien.

                                                   e. Me cae mal.

                                                   f. No sé ... Había por lo menos

                                                      cincuenta.

IV. Read the following incomplete statements and circle the letter of the word or expression that best completes each. (9 points)

1. _____ llegué temprano a clase ayer; tuvimos una prueba.

   a. Por si acaso   b. Por suerte

2. _____ le dijiste a tu padre es muy interesante.

   a. El que   b. Lo que

3. ¿_____ es el país que tiene más personas?

   a. Qué   b. Cuál

4. Llevamos el traje de baño _____ hace calor.

   a. por si acaso   b. por lo menos

5. ¿_____ de estos programas te gustan más?

   a. Qué   b. Cuáles

6. No sé con _____ se va a casar Adela.

   a. que   b. quién

7. ¿_____ es anatomía?

   a. Qué   b. Cuál

8. Caminaba por la calle cuando _____ encontré $100.

   a. por supuesto   b. por pura casualidad

9. Ésta es la empleada _____ hizo el trabajo.

   a. que   b. quien

V. You are talking with your friends and suggest things that you want and don't want everyone to do. Write your suggestions using **nosotros** commands. (4 points)

1. salir a comer ¡_____!

2. no ir al teatro ¡_____!

3. no quedarse en casa ¡_____!

4. acostarse tarde ¡_____!

VI. Poor Matías arrived late to the party, and had trouble getting in touch with his girlfriend to apologize before she left town. Complete the following paragraph with the appropriate past perfect form of the following verbs: **llegar, salir, terminar, volver.** (4 points)

Matías tenía que hablar con Marta, pero llegó a la fiesta a las 2:00 de la mañana

y no había nadie porque la fiesta ya _____ _____.

A la mañana siguiente él fue al aeropuerto para verla, pero el avión ya

_____ _____. Entonces decidió llamarla por la noche, pero

cuando la llamó, ella no _____ _____ todavía. Llamó más

tarde, pero ella estaba en el cine con una amiga. Llamó una vez más, pero ellas no

_____ _____ del cine todavía. Por fin, Matías decidió

comprar un pasaje y hablar con ella en persona.

VII. When Nora gets home, she finds a message from her mother on the answering machine. Complete the message with the appropriate preterite, or present subjunctive form of the following verbs: **comprar, escribir, hacer, llegar, salir, ver.** Use each verb only once. (12 points)

Hola, Nora. Habla mamá. Ya son las 5:30 y voy a llegar tarde a casa. Por favor, esta

tarde cuando _____ de la universidad, ve a la farmacia y compra la

medicina para tu padre. Después de que la _____, regresa a casa y

prepara la cena, por favor. Yo tuve que quedarme en la oficina hasta que la jefa

_____ una llamada de larga distancia. Después de que yo

_____ unas cartas a máquina, tuve que ayudarle con unos informes.

Esta noche cuando yo te _____, te voy a dar el dinero que me pediste;

por eso, no vayas a la biblioteca hasta que yo _____ a casa. Gracias,

cariño. Nos vemos esta noche.

Capítulo 15

Prueba B

I. **Comprensión.** Viviana and Guillermo are speaking about Antonio, whom Viviana's sister is dating. Listen to their conversation and write under their names the adjectives that, in their opinion, describe Antonio. (12 points)

Viviana	Guillermo
_____	_____
_____	_____
_____	_____

II. Read the following sentences and complete them with the appropriate words or phrases related to animals or the environment. (5 points)

1. El _____ es un animal que vive en el agua.

2. Es necesario reciclar la basura para proteger el _____.

3. El _____ es un animal de la selva que vive en los árboles y

    a veces parece humano.

4. El "esposo" de la vaca es el _____.

5. Hoy en día muchos animales están en peligro de _____.

III. Read the sentences in the first column and match them with the most logical response from the second column. Write the letter of the matching response in the space provided. Use each response only once. (4 points)

1. ¡Qué simpático es Jaime! _____   a. Fui a dar una vuelta.

2. ¿Vas a llevar suéter? _____   b. Me saca de un apuro.

3. Te llamé por teléfono y no te   c. Sí. Por suerte Ana tenía las suyas.

   encontré. _____   d. Sí, se lleva mal con todo el mundo.

4. ¿Se te olvidaron las llaves? _____   e. Sí, me cae la mar de bien.

      f. Sí, por si acaso.

IV. Read the following incomplete statements and circle the letter of the word or expression that best completes each. (9 points)

1. ¿_____ de todos estos le gustan menos a Ud.?

   a. Qué   b. Cuáles

2. Éste es el chico de _____ te hablé.

   a. quien   b. lo que

3. ¿_____ es hipocondría?

   a. Qué   b. Cuál

4. Estaba muy cansado y _____ no fui a la fiesta.

   a. por si acaso   b. por eso

5. ¿Es verdad _____ me dijiste?

   a. el que   b. lo que

6. Jay Leno tiene _____ diez millones de dólares.

   a. por lo menos   b. por eso

7. ¿_____ es tu esposa, economista?

   a. Qué   b. Cuál

8. Voy a estudiar _____ tenemos examen mañana.

   a. por casualidad   b. por si acaso

9. ¿_____ es la ciudad que tiene mejores programas de conservación?

   a. Cuál   b. Qué

V. You are talking with your friends and suggest things you want and don't want everyone to do. Write your suggestions using **nosotros** commands. (4 points)

1. quedarse en casa ¡_____!

2. no salir esta noche ¡_____!

3. no ir a la fiesta ¡_____!

4. mirar un video ¡_____!

VI. Patricio had a horrible day. Complete the following paragraph with the appropriate past perfect form of the following verbs: **alquilar, cerrar, salir, ver.** (4 points)

Cuando Patricio llegó al aeropuerto, su avión ya _____ _____.

Entonces, volvió al hotel, pero no había ni una habitación porque ellos ya

_____ _____ la última, y por eso tuvo que ir a otro hotel.

Tenía mucha hambre y fue a un restaurante para almorzar, pero era tarde y el

restaurante ya _____ _____. Tuvo que comerse un sándwich.

Después llamó a un amigo para ir al cine, pues quería ver *Apollo 13,* pero su amigo le

dijo que él ya _____ _____ esa película. Entonces Patricio

volvió a su habitación a dormir.

VII. When you came home, you found a note that your roommate left you. Complete the note with the appropriate preterite, or present subjunctive form of the following verbs: **despertarse, escribir, llegar, salir, terminar, ver.** Use each verb only once. (12 points)

Hola. Voy a tener que quedarme en la biblioteca hasta que _____

una composición. Cuando _____ de allí, voy a ir al

supermercado a comprar algo para la cena. ¡Te prometo que hoy cocino yo! Pero,

mientras tanto, cuando tú _____ a casa esta tarde, por favor lava

los platos. Esta mañana cuando _____, tuve que estudiar y,

después de que _____, salí corriendo porque tenía un examen.

Cuando te _____ esta noche, te voy a dar una sorpresa que

tengo para ti.

Gracias y chau.

Capítulos 13–15

Examen

I. **Comprensión.** Julia and Carlos are speaking about Ramona, whom Carlos's brother is dating. Listen to their conversation and write under their names the adjectives that in their opinion describe Ramona. (12 points)

Julia   Carlos

_____   _____

_____   _____

_____   _____

II. Read the following descriptions and write the appropriate word for each. (10 points)

1. Lo que le das a un botones cuando te lleva las maletas: _____

2. Lo que debemos hacer con el plástico, el aluminio y los periódicos para proteger

    el medio ambiente: _____

3. Es una joya que se usa en el dedo: _____

4. Es el rey *(king)* de la selva: _____

5. Es lo que tienes que comprar cuando quieres ir al cine: _____

6. Te lo pone el dentista cuando tienes una caries: _____

7. La de los Estados Unidos es el dólar y la de Venezuela es el bolívar:

    _____

8. Mucha gente en España desayuna con estos y chocolate:

    _____

9. Es la "esposa" del toro: _____

10. Es una joya que se usa en las orejas: _____

III. Read the sentences in the first column and match them with the most logical response from the second column. Write the letter of the matching response in the space provided. Use each response only once. (6 points)

1. Este chico sabe muchísimo. _____
2. ¿Qué te parece mi novia? _____
3. ¿Vas a ir a la montaña? _____
4. ¿Fue mucha gente a la fiesta? _____
5. Ayer te llamé por teléfono, pero no te encontré. _____
6. Ven aquí ahora mismo. _____

a. Es que fui a dar una vuelta.
b. ¡Ni loca! Hace demasiado frío.
c. ¡Ya voy!
d. Se llevan muy mal.
e. Sí, es una enciclopedia ambulante.
f. Ella me cae la mar de bien.
g. Basta de insultos.
h. Sí, todo el mundo.

IV. Read the following incomplete statements and circle the letter of the word or expression that best completes each. (12 points)

1. Jay Leno tiene _____ diez millones de dólares.

   a. por eso   b. por lo menos

2. _____ le dijiste a tu padre es muy interesante.

   a. El que   b. Lo que

3. ¿_____ es el país que tiene más personas?

   a. Qué   b. Cuál

4. Mi jefe me dijo que él _____ muy cansado.

   a. está   b. esté

5. Invité a mis padres a cenar, pero me dijeron que ya _____ comido.

   a. habían   b. han

6. Te digo que _____ al dentista si te duele la muela.

   a. ve   b. vayas

7. — ¿Qué hiciste ayer, Eugenio?

   — Me quedé en casa porque unas primas _____ vinieron a visitarme.

   a. mías   b. míos

8. ¿_____ es anatomía?

    a. Qué   b. Cuál

9. Mis sobrinos son mayores que _____ de ella.

    a. la   b. los

10. Cuando llegamos al aeropuerto, nuestro avión ya _____.

    a. ha salido   b. había salido

11. Oye, tenemos que estudiar mucho. ¡No _____ el tiempo, por favor!

    a. perdamos   b. perdemos

12. Llevamos el traje de baño _____ hace calor.

    a. por si acaso   b. por casualidad

V. A policewoman is reporting to her superior the details of the case of a girl who has disappeared. Read her report and complete it with the appropriate present perfect or present perfect subjunctive form of these verbs: **buscar, decir, encontrar, hablar, ir, llevar.** Verbs may be used more than once. (14 points)

Nosotros _____ _____ a la niña por todos lados, pero no la

_____ _____. Nadie sabe exactamente cuándo desapareció. Yo

_____ _____ con la familia de la niña y también con los vecinos y

ellos me _____ _____ que la última vez que la vieron estaba jugando

en la calle con unos amigos. Los padres dudan que ella _____ _____

a un parque. Quizás alguien la _____ _____ a alguna parte. No sé qué

hacer. Nosotros _____ _____ a todos los lugares posibles.

VI. Felipe and his friend Adrián went on vacation to Cancún, Mexico, but ran into some problems. Read Felipe's description of what happened and complete it with the appropriate form of the following verbs: **acabar, caer, olvidar, perder, romper.** Use constructions similar to **se me abrió.** Use each verb only once. (10 points)

Nosotros tuvimos un viaje lleno de problemas. Primero bajamos del avión y a mí

_____ el bolso de mano en el avión. Así que tuve que volver al

avión para buscarlo. Después a mí _____ las dos maletas en el

aeropuerto y después de dos horas las encontramos. Cuando llegamos al hotel, al

botones _____ mis maletas, se abrieron y toda mi ropa cayó al

suelo. Luego a Adrián _____ el Pepto-Bismol en la maleta.

Toda su ropa estaba rosada y la tuvimos que lavar. Para colmo, Cancún era tan caro

que a los cinco días de estar allí a Adrián y a mí _____ el

dinero en efectivo y tuvimos que usar las tarjetas de crédito.

VII. When you came home, you found a note that your roommate left you. Complete the note with the appropriate indicative (present, preterite, imperfect) or subjunctive form of the verbs. (8 points)

Hola. Voy a tener que quedarme en la biblioteca hasta que _____ una
                                                              (escribir)

composición. Cuando _____ de allí, voy a ir al supermercado a
                      (salir)

comprar algo para la cena. Espero que no _____ demasiado tarde. ¡Te
                                          (ser)

prometo que hoy cocino yo! Pero, mientras tanto, cuando tú _____ a
                                                            (llegar)

casa esta tarde, por favor lava los platos. Esta mañana cuando _____,
                                                                (despertarse)

tuve que estudiar y, después de que _____, salí corriendo porque
                                     (terminar)

tenía un examen. Cuando te _____ esta noche, te voy a dar una
                            (ver)

sorpresa que tengo para ti. ¡Ojalá que te _____!
                                            (gustar)

Gracias y chau.

VIII. Look at the following map of Antigua, Guatemala, and complete the conversations that follow. For each conversation, write three sentences using formal or informal commands. Begin giving directions as if you were in the **Oficina de Turismo.** (12 points)

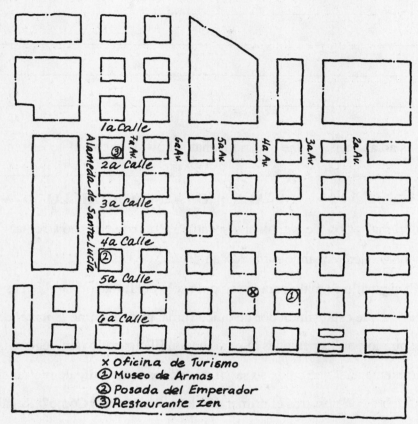

1. — Buenos días, señor.

— Buenos días.

— ¿Puede decirme cómo llegar al Museo de Armas?

— Sí. _____

_____

_____

2. — Buenos días. ¿Qué necesitan?

— Queremos saber dónde está la Posada del Emperador.

— Bueno. _____

_____

_____

_____

3. — Hola. ¿Qué quieres saber?

— Quiero saber cómo llegar al Restaurante Zen.

— Bien. _____

_____

_____

_____

IX. Read this ad and answer the questions that follow. Use complete sentences. (6 points)

DÍGALE ¡NO! AL CIGARRILLO

¿Ud. fuma? ¿Conoce a alguien que fume? ¿Cuándo empezó a fumar? ¿Por qué?

¿Cómo se siente cuando otros fuman delante de Ud.?

El cigarrillo es malo para la salud no sólo del fumador; también es malo para las

personas que están alrededor de quien fuma, pues el humo *(smoke)* del cigarrillo

es aspirado por las personas que no fuman. El cigarrillo también contamina

el ambiente. Así que cuide su salud y la de los otros y dígale ¡no! al cigarrillo.

Celebre con nosotros el primer día de la primavera. ¿Cómo? Regálele una

flor a un fumador. Para un medio ambiente limpio y puro:

DÍGALE ¡NO! AL CIGARRILLO

Sociedad Protectora del Medio Ambiente

---

1. De acuerdo con el anuncio, ¿para quién es malo el cigarrillo? _____

_____

2. ¿En qué mes crees que se celebra en el hemisferio sur el primer día de la

primavera, en marzo o en septiembre? _____

_____

3. ¿Qué sugiere el anuncio que hagan las personas ese día? _____

_____

X. Write five sentences about things you had already done before you began to study at the university. (10 points)

1. _____

2. _____

3. _____

4. _____

5. _____

Nombre _____ Fecha _____

Capítulo 16

Prueba A

I.   **Comprensión.** Jesús has just had a job interview and thinks he will be offered a job. Listen to the conversation he is having with a friend. Tell how his future will be if he accepts the job, by marking the following statements as true (**C**) or false (**F**) based on what you hear. Then answer the question that follows. (10 points)

1. _____ Lo malo es que trabajará en San Juan.

2. _____ Lo bueno es que estará cerca de su novia.

3. _____ Lo bueno es que viajará mucho.

4. _____ Lo malo es que sólo estará allí seis meses.

5. _____ Lo bueno es que le pagarán bien.

6. _____ Lo bueno es que tendrá seguros médicos.

7. _____ Lo interesante es que conocerá a mucha gente en otras universidades.

¿Crees que Jesús debe aceptar el trabajo? ¿Por qué sí o no? _____

_____

_____

II. Read this conversation between two friends and complete it with the appropriate words or phrases from the following list. Use each expression only once. (8 points)

antes que nada	en caso de que	recomendación
boquiabierto	lente de contacto	sueldo
chisme	medio tiempo	título
empleo	pura casualidad	

— Dime. ¿Encontraste trabajo?

— Sí, mi profesor de español me dio una _____ muy buena y

por _____ encontré _____ en una

escuela secundaria. Es un trabajo sólo de _____, pero me

pagan bastante bien; el _____ es bueno y podré pagar un

apartamento mejor.

— ¿Me estás tomando el pelo? ¿Tú como profesor de español? Me dejas

_____. Oye, ¿adónde vas ahora?

— Pues, _____, tengo que ir a la óptica; se me perdió un

_____ y por eso llevo estas gafas viejas y no veo nada. Es

urgente que me vea el oculista. Después voy a la escuela. ¿Quieres ir conmigo?

III. Read the following conversation between Marisel and a fortuneteller and complete each sentence with the appropriate future form of the verb in parentheses. (Do not use **ir a** + *infinitive*.) (10 points)

SEÑOR   Ud. _____ una vida muy interesante. (tener)

MARISEL   ¿Qué más? ¿No puede ser más específico?

SEÑOR   Veo ... veo ... un hombre muy exótico ... sí, Uds.

     _____. (casarse)

MARISEL   ¿_____ nosotros hijos? (tener)

SEÑOR   No, Uds. _____ víctimas de un accidente. Él

     _____ en este accidente de carro ... no, de avión. (ser, morirse)

MARISEL   ¡Qué horror!

IV. Read the following descriptions and respond to the questions that follow, telling what you would do in each situation. Use *at least* two verbs in the conditional tense in each response. (9 points)

1. Es el 24 de diciembre y hace 3 años que no has visto a tus padres; ellos te esperan para la Navidad. Estás en el aeropuerto y la línea aérea anuncia que el vuelo está lleno. Están ofreciendo un pasaje gratis a las personas que quieran ir el día 26 de diciembre en vez de hoy.

   ¿Qué harías? _____

   _____

2. Ayer viste un crimen. Una persona se robó una computadora de la universidad. El problema es que esta persona es la novia de un amigo tuyo y ellos se van a casar el mes que viene. Sabes que debes hablar con la policía.

   ¿Qué harías? _____

   _____

3. Un amigo acaba de beber mucha cerveza y no puede hablar ni caminar muy bien. Tiene su carro y quiere volver a su casa.

   ¿Qué harías? ¿Lo dejarías manejar? _____

   _____

V. Complete each sentence with the appropriate conditional or future form of the verb in parentheses, indicating probability. (5 points)

1. — ¿Dónde está el Sr. Mendoza?

   — _____ comiendo todavía. (estar)

2. — Mi hermano no llegó hasta las tres esta mañana.

   — _____ algún problema con el carro, como siempre. (tener)

3. — No sé qué pasó, pero el carro no arrancó ayer.

   — ¿_____ la batería? (ser)

4. — Es un señor mayor.

   — Sí, _____ unos 75 años. (tener)

5. — ¿A qué hora salió Carolina anoche?

   — Era muy tarde; _____ las 11:30. (ser)

VI. A friend is coming to town for a job interview and will be spending the night at your apartment. Complete this note that you have taped to the front door using the infinitive or the appropriate subjunctive form of the following verbs: **despertarse, destruir, estar, llegar, molestar, ocurrir, ofrecer, poder.** (8 points)

En caso de que yo no _____ cuando tú _____,

encontrarás comida en la nevera. No me importa lo que hagas con tal de que no me

_____ la cocina. ¡No te lo comas todo! No tienes que dejarme mucho;

con tal de que yo _____ comer algo, estaré contento. Llegaré a las 9:00

a menos que _____ algo en el trabajo. El dormitorio grande es mío,

pero el sofá es sofacama y hay un reloj al lado del sofá para que _____

mañana sin _____ a nadie, porque mañana quiero dormir hasta muy

tarde. Mucha suerte con tu entrevista mañana. En caso de que te _____

el trabajo, sabes que puedes quedarte aquí mientras buscas apartamento.

Nombre _____   Fecha _____

Capítulo 16

Prueba B

I. **Comprensión.** Jesús has just had a job interview and thinks he will be offered a job. Listen to the conversation he is having with a friend. Tell how his future will be if he accepts the job, by marking the following statements as true (**C**) or false (**F**) based on what you hear. Then answer the question that follows. (10 points)

1. _____ Lo bueno es que no trabajará en Ecuador.

2. _____ Lo malo es que estará lejos de su novia.

3. _____ Lo interesante es que conocerá a mucha gente en otras universidades.

4. _____ Lo malo es que sólo estará allí un año.

5. _____ Lo bueno es que le pagarán bien.

6. _____ Lo bueno es que tendrá seguros médicos.

7. _____ Lo interesante es que tendrá palancas en el futuro.

¿Crees que Jesús debe aceptar el trabajo? ¿Por qué sí o no? _____

_____

_____

II. Read this conversation between two friends and complete it with the appropriate words or phrases from the following list. Use each expression only once. (8 points)

boquiabierto	gafas	sueldo
chisme	óptica	tiempo completo
empleo	pura casualidad	título
en caso de que	solicitud	

— Dime. ¿Encontraste trabajo?

— Sí, y no lo esperaba. Presenté una _____ para enseñar en

una escuela secundaria y por _____ me dieron el

_____ . Es un trabajo de _____ , y

me pagan muy bien; el _____ es excelente y podré pagar un

apartamento mejor y comprar un carro nuevo.

— ¿Me estás tomando el pelo? ¿Tú como profesor? Me dejas

_____ . Oye, ¿adónde vas ahora?

— Pues ... se me rompieron las _____ y no veo nada. Tengo

que ir a la _____ para que el oculista me dé unas nuevas.

¿Quieres ir conmigo?

III. Read the following conversation between Marisel and a fortuneteller and complete each sentence with the appropriate future form of the verb in parentheses. (Do not use **ir a** + *infinitive*.) (10 points)

SEÑOR   Su vida _____ muy interesante. (ser)

MARISEL   ¿Qué más? ¿No puede ser más específico?

SEÑOR   Veo ... veo ... un hombre muy exótico ... sí, Uds.

_____ en una ciudad grande. (vivir)

MARISEL   ¿_____ nosotros hijos? (tener)

SEÑOR   Sí, uno, pero _____ algo horrible. El niño

_____ de un segundo piso ... No veo más. (ocurrir, caerse)

MARISEL   ¡Qué horror!

IV. Read the following descriptions and respond to the questions that follow, telling what you would do in each situation. Use *at least* two verbs in the conditional tense in each response. (9 points)

1. Tu hijo tuvo un accidente; se le rompió el brazo y está en el hospital. Tu madre está con él porque tú estás en otra ciudad. Estás en el aeropuerto con el billete para volver a casa. La línea aérea anuncia que el vuelo está lleno. Están ofreciendo un pasaje gratis a las personas que quieran viajar tres horas más tarde.

¿Qué harías? _____

_____

2. Tu profesor de historia dejó unos artículos en la biblioteca para leer. Es importante leerlos para el examen final. Tú los leíste ayer, pero sabes que ayer por la noche tu amigo Jorge se los llevó a su casa y los otros estudiantes no van a poder leerlos.

¿Qué harías? _____

_____

3. Tu amiga Gloria se va a casar con David, tu mejor amigo, el mes que viene. Anoche viste a David abrazando y besando a otra mujer.

¿Qué harías? ¿Le dirías la verdad a Gloria? _____

_____

V. Complete each sentence with the appropriate conditional or future form of the verb in parentheses, indicating probability. (5 points)

1. — ¿Dónde están los Sres. Durán?

   — _____ trabajando todavía. (estar)

2. — Mi hermano no llegó anoche hasta las tres.

   — _____ tarde del trabajo, como siempre. (salir)

3. — No sé qué pasó. Quería mostrarle a Diana que sabía cocinar bien, pero se me

   quemó la tortilla.

   — _____ nervioso. (estar)

4. — Es un niño pequeño.

   — Sí, _____ unos ocho años. (tener)

5. — ¿A qué hora almorzaron Uds. ayer?

   — Era muy tarde; _____ las 4:30. (ser)

VI. A business associate is coming to town to present a new project to your boss. You are in charge of her stay and must review the proposal before she meets your boss. Complete this fax you are sending using the infinitive or the appropriate subjunctive form of the following verbs: **conocer, estar, haber, leer, llegar, pasar, poder, tener.** (8 points)

En caso de que mi secretaria no _____ en el aeropuerto, Ud. puede

tomar un taxi al hotel. Llegaré a las 8:00 a menos que _____ mucho

tráfico. En su habitación tendrá una computadora para que _____

trabajar sin _____ que ir a la oficina. Mañana cuando

_____ Ud. a la oficina, va a conocer al director del proyecto, a menos

que él _____ el día en casa (es que ha estado en el hospital). Pero si

no está, es importante verlo al día siguiente. Antes de que Ud. _____

al director, debe darme los papeles para que yo los _____ primero.

Nombre _____   Fecha _____

Capítulo 17

Prueba A

I. **Comprensión.** You will hear five short conversations or monologues. Listen carefully and circle the letter of the item being discussed in each one. (10 points)

    1. a. una copia   4. a. un bodegón
       b. una escultura   b. un retrato
       c. un retrato   c. un dibujo

    2. a. una pintura   5. a. un retrato
       b. una estatua   b. una copia
       c. un paisaje   c. un paisaje

    3. a. una obra maestra
       b. una exposición
       c. una escultura

II. Complete this description of what happened on today's episode of a popular soap opera by circling the letter of the word or expression that best completes each statement. (3 points)

    1. Maruja y Javier se casaron hace quince años. Eran muy felices, pero todo cambió

       en el último año. Han decidido _____ por algún tiempo porque no quieren

       hacer nada drástico.

       a. divorciarse   b. separarse   c. comprometerse

    2. Cuando ella salía de la casa con sus maletas, llegó otra mujer muy atractiva que

       fue corriendo hacia Javier para darle un abrazo. Maruja estaba segura de que su

       esposo tenía _____ con ella.

       a. una pelea   b. un amante   c. una aventura amorosa

    3. El final del programa fue muy emocionante porque Javier le explicó que la mujer

       era su hermana perdida que nadie sabía que existía. Entonces, Javier miró a

       Maruja; primero él la besó, después ella lo besó y al final _____.

       a. se pelearon   b. se abrazaron   c. se odiaron

III. Complete this conversation with the appropriate present subjunctive, present perfect subjunctive, or imperfect subjunctive form of the verbs in parentheses. (20 points)

ELISA   Dudo que David _____ ir el viernes a la fiesta que

habrá en la galería de arte. (poder)

JORGE   Yo también dudaba que _____, pero ahora es

posible que _____. (ir, ir)

ELISA   ¿Y cómo? ¿No tiene que trabajar David?

JORGE   Ayer por la mañana estuve en la oficina y, sin que me

_____ su jefe, el Sr. Cano, le oí decir que David no

tenía que trabajar el viernes. (ver)

ELISA   ¿Y sabía el Sr. Cano que la fiesta es para celebrar la primera exposición de

la hermana de David?

JORGE   Yo no creía que él _____ nada, pero es posible que

alguien se lo _____. (saber, decir)

ELISA   Pobre David, pasó tres semanas buscando a alguien que

_____ por él el viernes y no encontró a nadie que lo

_____ hacer. (trabajar, querer)

JORGE   Yo quería que su hermana _____ con el Sr. Cano,

pero ahora ya no es necesario porque él ya se lo dijo a David. (hablar)

ELISA   Pues, espero que David le _____ las gracias a su jefe

cuando le dio el día libre. (dar)

IV. Complete this paragraph about a very inquisitive child, using the appropriate forms of the verbs **pedir** or **preguntar.** (7 points)

Mi hijo de 4 años es muy preguntón. Ayer me _____ si iba a tener

más hijos y le contesté que no pensaba tener más. Después, me

_____ un dólar. Obviamente, yo le _____ para qué

lo quería, pero no me quiso decir nada; de todas formas se lo di. Hoy me

_____ si podía invitar a una amiga a comer a casa. Le dije que

siempre podía invitar a sus amigos a casa, pero que primero les teníamos que

_____ permiso a los padres de su amiga. Vino la amiga a casa y

después de comer, este hijo preguntón le _____ si quería casarse con

él y le regaló un anillo de plástico que había comprado con el dólar. Mi marido y yo

nos reímos bastante y le _____ por qué quería casarse. Nos dijo que

como no podía tener hermanitos, quería tener hijos.

V. Complete these sentences about your university. (10 points)

1. Si la universidad costara menos dinero, _____

   _____.

2. Mis profesores tendrían una fiesta si los estudiantes _____

   _____.

3. Sería mejor si _____

   _____.

4. Si la universidad ofreciera más clases por la noche, _____

   _____.

5. Si los directores de la universidad hablaran más con los estudiantes, _____

   _____.

Capítulo 17

Prueba B

I. **Comprensión.** You will hear five short conversations or monologues. Listen carefully and circle the letter of the item being discussed in each one. (10 points)

1. a. un paisaje
    b. un bodegón
    c. un retrato

2. a. una pintura
    b. una escultura
    c. una exposición

3. a. un paisaje
    b. un retrato
    c. una escultura

4. a. una copia
    b. un paisaje
    c. una obra maestra

5. a. una escena
    b. una exposición
    c. un dibujo

II. Complete this description of what happened on today's episode of a popular soap opera by circling the letter of the word or expression that best completes each statement. (3 points)

1. Javier y Maruja estaban _____ y se iban a casar el sábado que viene.

    a. amantes   b. comprometidos   c. celosos

2. Pero hoy Javier recibió una carta misteriosa diciéndole que Maruja tenía una

    _____ con Antonio, el jefe de Javier. Javier se puso furioso y fue a

    hablar con Maruja. Al final se dio cuenta de que Lucía había escrito la carta porque

    ella estaba celosa de Maruja y quería casarse con Javier.

    a. aventura amorosa   b. pelea   c. discusión

3. El final del programa fue muy romántico. Javier y Maruja se miraron, ella lo

    abrazó y _____.

    a. se besaron   b. se pelearon   c. se llamaron

III. Complete this conversation with the appropriate present subjunctive, present perfect subjunctive, or imperfect subjunctive form of the verbs in parentheses. (20 points)

ELISA   Es una lástima que ahora David _____ dejar los

estudios en la escuela de arte. (querer)

JORGE   Sí, pero puede empezar otra vez en el futuro.

ELISA   ¿Pero cómo? No tiene dinero.

JORGE   Yo también dubaba que él _____, pero ahora es

posible que no _____ problemas. (poder, tener)

ELISA   ¿Cómo sabes eso? ¿Qué ocurrió?

JORGE   Pues, ayer fui a hablar con el padre de David sin que David lo

_____. (saber)

ELISA   Pero tú sabías que el padre de David no quiere que él

_____ arte. (estudiar)

JORGE   Pues, eso era lo que yo creía, pero no es así.

ELISA   ¿Qué dices? Yo no creía que su padre _____ los

deseos de David. (entender)

JORGE   Es David el que no entiende los deseos de su padre. David me contó que su

padre le prohibió que _____ artista. (ser)

ELISA   ¿Y no es así?

JORGE   No. El padre le pidió a David que _____ arte y otra

cosa, como ingeniería, y además le dijo que él iba a pagar todos los

estudios. (estudiar)

ELISA   ¡Qué suerte la de ese chico! Debe estar contentísimo. Espero que ya

_____ la oferta de su padre. (aceptar)

JORGE   ¡Y yo espero que también ya le _____ las gracias!

(dar)

IV. Complete this paragraph about a very suspicious secretary, using the appropriate forms of the verbs **pedir** or **preguntar**. (7 points)

Mi jefe es muy buen amigo de mi novio y siempre están planeando algo. Ayer mi jefe

me _____ si todo iba bien con mi novio y le contesté que sí. Después

me _____ que fuera al correo para mandar una carta. Era raro que

tuviera que ir yo en vez del chico de la oficina, pero no le iba a _____

por qué y fui. Cuando regresé a la oficina todos me miraron. Vino mi jefe y me

_____ que bajara a ver si el señor Martínez estaba en su oficina. Otra

vez me pareció raro, pero lo hice. Al subir vi que había flores en mi escritorio. Yo le

_____ a mi jefe para quién eran las flores. Me dijo que no sabía nada.

De repente entraron un señor tocando violín y mi novio. Mi novio se puso de rodillas

y allí mismo en la oficina me _____ que me casara con él. Fue tan

cursi que nos reímos todos. Mi jefe me _____ qué iba a contestar. Yo

le dije que necesitaba el resto de la tarde para pensarlo y así lo dejé, sin secretaria, pero

no creo que le haya importado mucho.

V. Complete the following sentences as if you were an unmarried college student. (10 points)

1. Me casaría si _____.

2. Si tuviera un hijo, _____.

3. Si mi esposo/a y yo tuviéramos mucho dinero, _____

_____.

4. Si mi esposo/a quisiera estar en casa con los niños y no ir a trabajar, _____

_____.

5. Me separaría de mi esposo/a si _____

_____.

Nombre _____   Fecha _____

Capítulos 16–18

Examen

I. **Comprensión.** Andrés sees the following classified ad, and he calls to obtain more information. Listen to the conversation and complete Andrés's notes. (14 points)

¿Quieres ganar $200 por semana trabajando en tu tiempo libre mientras estudias

en la universidad? Entonces llama al 81-73-02.

---

1. ¿Qué tipo de trabajo? _____

2. ¿Cuántas horas por día? _____

3. ¿Puedo trabajar por las noches?   Sí _____   No _____

4. ¿Dónde? _____

5. ¿Necesito carro?   Sí _____   No _____

6. ¿Sueldo? _____

7. ¿Llevar currículum?   Sí _____   No _____

II. Read the following descriptions and write the appropriate word or expression for each. (10 points)

1. Es lo que se pone en la cámara; puede ser en color o en blanco y negro:

    _____

2. Cuando a tu jefe no le gusta tu trabajo y te dice que no quiere que trabajes más en

    la empresa, él hace esto: _____

3. Es lo opuesto de amar: _____

4. Es la pintura que hace un artista de la cara de una persona:

    _____

5. Es lo que puede usar una persona en los ojos y no son anteojos (gafas):

    _____

6. Es el/la médico que te examina los ojos: _____

7. Cuando un esposo y su esposa ya no quieren estar casados, entonces ellos

   _____

8. Cuando trabajas, puedes trabajar medio tiempo o _____

9. A veces una pintura no es un original; es una reproducción de otra; entonces es

   _____

10. Es una pintura que representa ríos, montañas, lagos:

    _____

III. Read the sentences in the first column and match them with the most logical response from the second column. Write the letter of the matching response in the space provided. Use each response only once. (7 points)

1. ¿Y quién era esa persona? _____

2. Otra vez, no está de acuerdo

   con lo que le digo. _____

3. ¿Y era verdad lo que te dijo? _____

4. No sé por qué, pero Carlos me llama

   por teléfono todos los días. _____

5. Después de tanto trabajo, ¡qué cansado

   estoy! _____

6. ¿Cuándo vas a terminar esto? _____

7. Mi jefe me va a subir el sueldo. _____

a. Tendrás que darle las gracias.

b. Dentro de poco.

c. No. Me estaba tomando el pelo.

d. Fue pura casualidad.

e. Resultó ser un amigo de mi padre.

f. Siempre te lleva la contraria.

g. Ah, ¿sí? Por algo será.

h. Yo también. No veo la hora de

   llegar a casa.

i. Ella me besó.

IV. Read the following incomplete statements and circle the letter of the word or words that best complete each. (7 points)

1. — ¿Estás en contacto con Susana?

— Sí, _____ con frecuencia.

a. nos escribimos   b. le escribe

2. Mi jefe me _____ cuántos años tenía.

a. pidió   b. preguntó

3. Lo _____ es que no tuvieron problemas.

a. bien   b. bueno

4. Cuando yo entré, ellos _____ besando.

a. me estaban   b. se estaban

5. En la calle un señor me _____ dinero.

a. pidió   b. preguntó

6. _____ malo es que tuvieron muchos problemas.

a. Lo   b. El

7. Ellos me _____ que pintara sus retratos.

a. preguntaron   b. pidieron

V. Susana went to a camera store to buy a camera. Read her description and complete it with the appropriate imperfect subjunctive form of the following verbs: **hacer, mirar, pagar, ser, tener.** Use each verb only once. (10 points)

Ayer fui a comprar una cámara de fotos. Yo quería una cámara que

_____ pequeña y que _____ muchos accesorios. En

la tienda Optimundo hablé con un dependiente y le dije qué tipo de cámara quería. Él

me dijo que (yo) _____ dos cámaras: una Canon y una Minolta. Las

dos eran muy similares y yo no sabía cuál elegir. Él me dijo que, en general, la gente

compra más la Canon y me aconsejó que yo _____ lo mismo.

También me dijo que era necesario que yo _____ en efectivo para

obtener un buen precio. Yo acepté sus consejos y estoy muy contenta con mi Canon.

VI. A bodyguard is receiving instructions to take a famous actor to his hotel. Read the instructions and complete them with the appropriate present subjunctive or future tense form of the following verbs: **haber, ir, llegar, llevar, tener.** Verbs may be used more than once. (12 points)

Bien, entonces tú _____ al actor a su hotel. En caso de que

_____ tráfico en la Avenida Las Heras, es mejor que (tú)

_____ por la Avenida Libertador. El carro _____ las

ventanillas cerradas todo el tiempo. _____ mucha gente esperando

fuera del hotel, así que antes de que _____ allí, llama por radio a los

policías para avisarles.

VII. A detective is interviewing a person who saw someone taking some paintings from a museum last night. Read the following conversation and complete it with the appropriate future or conditional form of the following verbs, indicating probability: **estar, ir, ser, tener, trabajar.** (10 points)

DETECTIVE   ¿Pero cuántos años tenía el hombre que Ud. vio?

PERSONA   No sé, _____ unos 30.

DETECTIVE   ¿Y a qué hora vio a este hombre estacionar enfrente del museo?

PERSONA   No estoy segura, pero creo que _____ las 9:00 de la

noche.

DETECTIVE   ¿Y qué pensó cuando vio a este hombre?

PERSONA   Bueno, primero pensé que él _____ en el museo o que

_____ a hablar con el guarda del museo, pero después vi

que él salía con muchos cuadros y me pareció muy extraño.

DETECTIVE   ¡Qué problema! No sé dónde _____ los cuadros ahora.

VIII. Graciela is talking to a colleague about what their boss asked her to do. Read the conversation and complete it with the appropriate present subjunctive, present perfect subjunctive, or imperfect subjunctive form of the following verbs: **decidir, decir, poder, ser, usar.** Use each verb only once. (10 points)

GRACIELA   Tengo que encontrar un programador de computadoras que

_____ empezar a trabajar en seguida.

HÉCTOR   ¿Y le pediste a la jefa que te _____ qué sueldo

le iba a pagar a esta persona?

GRACIELA   No. Ella siempre me dice que yo _____ el

sueldo.

HÉCTOR   ¿Y te dijo qué requisitos busca?

GRACIELA   Bueno, ella dice que quiere una persona que ya

_____ computadoras Macintosh y unos

programas muy específicos y especializados con gráficos.

HÉCTOR   Dudo que _____ fácil encontrar a alguien así.

IX. Read this ad and answer the questions that follow. Use complete sentences. (10 points)

SU MEDIA NARANJA

¿Cambiaría usted su vida si pudiera?

Si usted se siente triste y solo, quizás necesite un compañero o compañera ideal.

La agencia SU MEDIA NARANJA le promete que

- usted encontrará la pareja ideal
- nunca más habrá soledad en su vida
- encontrará cariño permanente

¡Basta de noches tristes y solitarias!

Es hora de que usted piense en su futuro y su felicidad.

La invitamos a que llame a nuestras oficinas.

439-25-41

AMANTES SEGUROS

¡DECÍDASE EN SEGUIDA A SER FELIZ!

---

1. ¿Quién crees que escribió este anuncio?

   _____

2. ¿A quién está dirigido este anuncio?

   _____

3. ¿Cuáles son dos cosas que promete el anuncio?

   _____

4. ¿Qué dice el anuncio que debe hacer la persona?

   _____

5. ¿Crees que lo que dice este anuncio sea verdad? ¿Por qué sí o no?

   _____

X. Write what you would do in the following situations. (10 points)

1. Si hubiera un terremoto en mi ciudad, _____

   _____.

2. Si ganara la lotería, _____

   _____.

3. Si un amigo tuviera cáncer, _____

   _____.

4. Si me invitaran a hablar con un pintor famoso, _____

   _____.

5. Si mis padres me regalaran un carro nuevo, _____

   _____.

Tape Script for
Listening Comprehension Activities
in the Test and Quiz Bank

Capítulo 1

Prueba A

I. **Comprensión.** Listen to the following conversation between a policeman and a witness to a crime. Write the following information about the witness based on what you hear. You will hear the conversation twice.

POLICÍA	Buenos días.
HOMBRE	B-B-B-B-Buenos días.
POLICÍA	¿Cómo se llama Ud.?
HOMBRE	¿Mi nombre?
POLICÍA	Sí, ¿cómo se llama?
HOMBRE	Felipe.
POLICÍA	¿Y sus apellidos?
HOMBRE	López Sánchez.
POLICÍA	Bien, López Sánchez.
HOMBRE	Sí, señor.
POLICÍA	Sr. López, ¿cuántos años tiene Ud.?
HOMBRE	57.
POLICÍA	47.
HOMBRE	No, tengo 57 años.
POLICÍA	Perdón, 57. ¿Cuál es su número de teléfono?
HOMBRE	239-6804.
POLICÍA	239-7804.
HOMBRE	6804.
POLICÍA	Bien. Felipe López Sánchez de 57 años y su teléfono es 239-6804.
HOMBRE	Sí, señor.
POLICÍA	¿Me quiere decir qué vio Ud. el viernes pasado en el metro?

II. **Comprensión.** Listen to the following numbers and write them down in both numerical and word form. Each number will be read twice.

For example: *88 ochenta y ocho*

1. 14 (#) 4. 18 (#)
2. 73 (#) 5. 59 (#)
3. 46 (#) 6. 27 (#)

Prueba B

I. **Comprensión.** You will hear a conversation between a young woman registering for classes and a receptionist. Write the following information about the young woman based on what you hear. You will hear the conversation twice.

ESTUDIANTE	Buenas tardes.
RECEPCIONISTA	Buenas tardes. ¿Cómo se llama Ud.?
ESTUDIANTE	Me llamo Paula Cano.

RECEPCIONISTA	Paula Cano. ¿Y su segundo apellido?
ESTUDIANTE	Paula Cano Pérez.
RECEPCIONISTA	Bien, Srta. Cano. ¿Cuántos años tiene Ud.?
ESTUDIANTE	25.
RECEPCIONISTA	¿Perdón? ¿35? (said with disbelief)
ESTUDIANTE	No, no. Tengo 25 años.
RECEPCIONISTA	25. ¿Cuál es su número de teléfono?
ESTUDIANTE	345-6607.
RECEPCIONISTA	345-7607.
ESTUDIANTE	6607.
RECEPCIONISTA	Bien. Paula Cano Pérez de 25 años y su teléfono es 345-6607.
ESTUDIANTE	Sí, señora.
RECEPCIONISTA	Ahora, ¿me quiere decir cómo va a pagar la matrícula?

II. **Comprensión.** Listen to the following numbers and write them down in both numerical and word form. Each number will be read twice.

For example: *88   ochenta y ocho*

1. 15 (#)
2. 64 (#)
3. 47 (#)

4. 56 (#)
5. 25 (#)
6. 17 (#)

Capítulo 2

Prueba A

I. **Comprensión.** Marcos and Elena are newlyweds and have to buy several items for their new apartment. Listen to their conversation and write **M** for Marcos or **E** for Elena to indicate who will purchase the item.

MARCOS	Tengo que comprar jabón y crema de afeitar.
ELENA	¿No vas a comprar pasta de dientes?
MARCOS	Ah, sí ... jabón, crema de afeitar y pasta de dientes.
ELENA	Y yo tengo que comprar café y dos toallas.
MARCOS	¿Quién va a comprar una lámpara?
ELENA	Tú, ¿no?
MARCOS	Vale. Si yo voy a comprar la lámpara, tú tienes que comprar plantas.
ELENA	Ay, claro, me gustan las plantas.
MARCOS	Hasta luego.
ELENA	Chau.
MARCOS	¡Ay! ¿Y el periódico?
ELENA	Yo voy a comprar el periódico.
MARCOS	Gracias, adiós.
ELENA	Hasta luego.

Prueba B

I. **Comprensión.** Marcos and Elena are newlyweds and have to buy several items for their new apartment. Listen to their conversation and write **M** for Marcos or **E** for Elena to indicate who will purchase the item.

MARCOS	Tengo que comprar un escritorio y una silla.
ELENA	Y yo pasta de dientes, champú y un diccionario.
MARCOS	¿No vas a comprar crema de afeitar?

ELENA	Ah, claro, un diccionario, pasta de dientes, champú y crema de afeitar.
MARCOS	¿Quién va a comprar una lámpara?
ELENA	Tú, ¿no?
MARCOS	Vale, pero entonces si yo compro una lámpara, tú tienes que comprar el periódico.
ELENA	Vale, tú una lámpara y yo el periódico. Hasta luego.
MARCOS	Chau.

Capítulo 3

Prueba A

(Note: The following listening comprehension script is used for Capítulo 3, Prueba A and in the exam for Capítulos 1–3.)

I.   **Comprensión.** Marta wants to be a "host sister" to a foreign student. She contacts the director of the student-exchange program, who asks her a few questions about her interests and weekend activities. Listen to the conversation and complete the following form based on what you hear.

DIRECTORA	Bueno, ¿y cómo te llamas?
MARTA	Marta Granados.
DIRECTORA	¿Granados?
MARTA	Sí. Granados. Ge-ere-a-ene-a-de-o-ese.
DIRECTORA	Y ... Marta. Eres estudiante, ¿no?
MARTA	Sí, soy estudiante. Estudio arte.
DIRECTORA	Bien, bien ... ¿Y qué te gusta hacer?
MARTA	Bueno, me gusta leer ciencia ficción. Leo mucho. También escucho música rock y voy bastante a conciertos de rock. Esteee ... ¿qué más? Bueno, los fines de semana salgo con mis amigos. Bailamos, comemos en restaurantes y ...
DIRECTORA	Bien, bien. Eh ... a ver ... ¿Te gustaría recibir a una estudiante portuguesa?
MARTA	¿Portuguesa ... ? No. Me gustaría una estudiante francesa o colombiana.
DIRECTORA	Bueno. ¿Y hablas francés?
MARTA	Sí, hablo francés y también hablo un poco de inglés.
DIRECTORA	Muy bien. ¿Qué más?
MARTA	Me gustaría una persona optimista, activa y ... simpática. Sí, simpática.
DIRECTORA	Bien, bien. Optimista, activa, simpática ... ¿Es todo?
MARTA	Sí, gracias.
DIRECTORA	Bueno, entonces te vamos a llamar por teléfono. ¡Ah! ¿Cuál es tu teléfono?
MARTA	546-7390.
DIRECTORA	546-7390. Bien ... Bueno, Marta. Mucha suerte.
MARTA	Gracias, señora. Buenos días.
DIRECTORA	Adiós, Marta.

Prueba B

I.   **Comprensión.** Claudia wants to be a "host sister" to a foreign student. She contacts the director of the student-exchange program, who asks her a few questions about her interests and weekend activities. Listen to the conversation and complete the following form based on what you hear.

DIRECTOR	Bueno. ¿Y cómo te llamas?
CLAUDIA	Claudia Samaniego.
DIRECTOR	¿Samaniego?
CLAUDIA	Sí, Samaniego. Ese-a-eme-a-ene-i-e-ge-o.

DIRECTOR	Eres estudiante, ¿no?
CLAUDIA	No, soy secretaria.
DIRECTOR	¡Ah, eres secretaria!
CLAUDIA	Sí, en una compañía de computadoras.
DIRECTOR	Bien, bien ... ¿Y qué te gusta hacer?
CLAUDIA	Bueno, me gusta mirar videos. Miro mucha televisión. También escucho música clásica. Los fines de semana salgo con mis amigos y vamos a la playa. Esteee ... bueno. Salimos a bailar o a comer en restaurantes, y ...
DIRECTOR	Bien, bien. Eh ... a ver ... ¿Te gustaría recibir a una estudiante alemana?
CLAUDIA	Ah ... alemana, no. Me gustaría una estudiante inglesa o norteamericana.
DIRECTOR	Bueno. ¿Y hablas inglés?
CLAUDIA	Sí, hablo inglés. Estudio ahora en un instituto.
DIRECTOR	Muy bien. ¿Qué más?
CLAUDIA	Me gustaría una persona simpática, interesante y liberal. Sí, sí, liberal.
DIRECTOR	Simpática, interesante y liberal ... Bien, bien. Entonces te vamos a llamar por teléfono. ¡Ah! ¿Cuál es tu teléfono?
CLAUDIA	675-5332.
DIRECTOR	675-5332. Bien. Bueno, Claudia. Mucha suerte.
CLAUDIA	Gracias, señor. Hasta luego.
DIRECTOR	Buenos días, Claudia.

Capítulos 1–3

Examen

I. **Comprensión.** *(See Capítulo 3, Prueba A for the listening comprehension script.)*

Capítulo 4

Prueba A

I. **Comprensión.** You will hear five situations. Write what the following people are doing based on what you hear.

Por ejemplo: *(sound of water running)*

MADRE	¿Tienes la Crest?
HIJA	Sí, aquí está, mamá.

1. *(sounds of water running and of a door opening when the man gets the soap)*

HOMBRE	No hay jabón.
MUJER	Aquí está.
HOMBRE	Gracias, porque tengo las manos sucias.

2. *(a group of people singing "La bamba")*

3. *(sounds of an electric razor)*

MUJER	Por fin, no vas a tener esa barba tan horrible.
HOMBRE	¿No te gusta mi barba?
MUJER	Sí, pero me gusta más tu cara.

4. *(sounds of a shower and a woman humming the Zest soap song, "You're really not clean until you're zestfully clean." Then a telephone rings.)*

    MUJER   Caray, el teléfono. *(sounds of her getting out of the shower to pick up the phone)*

    MUJER   ¿Hola? ¿Hola? *(We hear a dial tone; she sighs.)*

5. *(sound of a book being opened and pages turning)*

    HIJA   ¡Mamá! Un libro.

    MAMÁ   ¿Ahora? Es tarde.

    HIJA   Sí, un libro ahora.

    MAMÁ   Bueno. El libro se llama *Los tres osos*. Había una vez tres osos: papá oso, mamá osa y el osito pequeño. Un día los tres osos ...

Prueba B

I. **Comprensión.** You will hear five situations. Write what the following people are doing based on what you hear.

    Por ejemplo: *(sound of water running)*

          MUJER   ¡Qué sucias tengo las manos! ¿Tienes jabón?

1. *(sound of a classical guitar followed by crowd noises)*

    HOMBRE   ¡Bravo!

    MUJER 1   ¡Fantástico!

    MUJER 2   ¡Bravo!

2. *(sound of cha-cha-cha music)*

    MUJER   Carlos, es muy fácil: un, dos, cha-cha-chá.

          No, no, los pies, los pies: un, dos, cha-cha-chá ...

3. *(sound of water running)*

    MUJER   ¿Tienes la Crest?

    HOMBRE   Crest no, pero tengo Pepsodent.

    MUJER   O.K.

4. MUCHACHO 1   Venezuela.

    MUCHACHO 2   Caracas.

    MUCHACHO 1   Paraguay.

    MUCHACHO 2   Asunción.

    MUCHACHO 1   Ecuador.

    MUCHACHO 2   ¿Bogotá?

    MUCHACHO 1   No, Quito.

    MUCHACHO 2   Ah, sí, Quito.

5. MUJER   ¿Cómo estoy?

    HOMBRE   Necesitas un poco más de color en los ojos.

    MUJER   ¿Y los labios?

    HOMBRE   Perfectos.

    MUJER   ¿No necesito más?

    HOMBRE   No, están muy bonitos.

Capítulo 5

Prueba A

I. **Comprensión.** You will hear three short conversations. Answer the following questions based on what you hear.

Conversación A

HOMBRE	¿Y su novio es centroamericano también?
MUJER	No, suramericano. Es de Colombia.
HOMBRE	¿Y vive allí?
MUJER	No, ahora él trabaja en Costa Rica.
HOMBRE	¿De veras?
MUJER	Sí, él vive en Centroamérica con su familia.
HOMBRE	¡Ah! Interesante. Yo soy costarricense.

Conversación B

MUJER 1	Por favor, esta blusa rosada, ¿de qué es?
MUJER 2	La rosada es de seda.
MUJER 1	¿Y esta blusa azul?
MUJER 2	La blusa azul es de rayón.
MUJER 1	¿Cuánto cuestan?
MUJER 2	La blusa de seda cuesta sólo 6.000 pesetas y la otra cuesta 7.500.
MUJER 1	¿Por qué cuesta más la blusa de rayón?
MUJER 2	Porque es Óscar de la Renta.
MUJER 1	Ah, entiendo. Pues quiero la blusa de seda. De verdad prefiero la seda al rayón.
MUJER 2	Bien. ¿Algo más?
MUJER 1	No.
MUJER 2	6.000 pesetas, por favor.

Conversación C

PADRE	Bueno, ¿qué quieres hacer?
HIJO	No sé.
PADRE	Pues, ¿prefieres ir al cine o al parque?
HIJO	Al cine.
PADRE	Bien, empieza a las 7:20.
HIJO	¿Y qué hora es?
PADRE	Son las 6:30.
HIJO	Entonces, quiero comer un sandwich primero.
PADRE	Está bien. La película empieza a las 7:20 y hay tiempo. Tenemos 50 minutos.

Prueba B

I. **Comprensión.** You will hear three short conversations. Answer the following questions based on what you hear.

Conversación A

MUJER	¿Y su hija es suramericana también?
HOMBRE	No, es centroamericana. Es de aquí, de Panamá.
MUJER	¿Y vive con Ud.?
HOMBRE	No, ahora estudia en Madrid.
MUJER	¡Ah! ¡En España! Mi hermano también vive en Madrid.

Conversación B

HOMBRE	¿Qué prefieres hacer, ir a la película a las 9:30 y comer algo primero o ir al concierto a las 7:00 y comer algo después?
MUJER	Prefiero ir al concierto porque me gusta la música, pero tengo que ir a la biblioteca esta tarde.
HOMBRE	Bueno, pero, ¿a qué hora vuelves de la biblioteca?
MUJER	No sé, puede ser a las 7:30. Entonces, ¿vamos a la película?
HOMBRE	Sí, vamos a comer algo primero y después vamos a ver la película que empieza a las 9:30, creo; sí, a las 9:30.

Conversación C

HOMBRE	Por favor, ¿de qué es este suéter negro?
MUJER	¿El negro? Es de lana.
HOMBRE	¿Y este suéter gris?
MUJER	El suéter gris es de algodón.
HOMBRE	¿Cuánto cuestan?
MUJER	El suéter de lana cuesta sólo 8.000 pesetas y el otro cuesta 10.000.
HOMBRE	¿Por qué cuesta más el suéter de algodón?
MUJER	Porque es Christian Dior.
HOMBRE	Ah, entiendo. Pues quiero el suéter de lana. De verdad prefiero la lana al algodón.
MUJER	¿Algo más?
HOMBRE	No.
MUJER	8.000 pesetas, por favor.

Capítulo 6

Prueba A

(Note: The following listening comprehension script is used for Capítulo 6, Prueba A and in the exam for Capítulos 4–6.)

I. **Comprensión.** You will hear a conversation between Lucía and Débora about a friend of Lucía's and some things Lucía bought. Listen to the conversation and write **C** if the following statements are true or **F** if they are false.

DÉBORA	¿Qué tal, Lucía? ¿Adónde vas?
LUCÍA	Al correo. Voy a mandarle un regalo de boda a mi amiga Andrea, que se casó el mes pasado.
DÉBORA	¿¡Andrea!? ¿Se casó por fin con Mauricio, tu primo, o con tu hermano?
LUCÍA	Con mi primo Mauricio; mi hermano sale con otra mujer ahora y ... y la semana pasada se fueron a vivir a Canadá. Una compañía le ofreció a ella un trabajo fabuloso, y él dice que va a buscar algo ... ¡Huy! No me gustaría vivir en Canadá. ¡Qué frío hace allí!
DÉBORA	¿Y tú no fuiste a la boda?
LUCÍA	No, el viaje por avión es carísimo. Cuesta unos seiscientos doce mil pesos.
DÉBORA	¡Seiscientos doce mil! ¡Qué horror! Pero, dime, ¿qué más compraste?
LUCÍA	Pues mira, le compré una camisa de seda blanca a mi esposo.
DÉBORA	¡De seda blanca! ¿Y cuánto te costó?
LUCÍA	Diecisiete mil ochocientos pesos.
DÉBORA	¡Pero qué buen precio, mujer!
LUCÍA	Sí, no fue muy cara; pero mira esta chaqueta de cuero negro.
DÉBORA	¡Qué preciosa! ¿Cuánto te costó?
LUCÍA	No lo vas a creer, pero me costó solamente sesenta y dos mil seiscientos pesos.
DÉBORA	¿Dónde la compraste? Sesenta y dos mil seiscientos no es nada. Yo quiero una.

Prueba B

I.   **Comprensión.** You will hear a conversation between Juan and José about some things Juan bought for a present. Listen to the conversation and write **C** if the following statements are true or **F** if they are false.

JOSÉ   Hola, Juan. ¿De dónde vienes?
JUAN   De las tiendas. Acabo de comprarle un regalo a mi tío Luis, que celebró su cumpleaños el mes pasado.
JOSÉ   Es un poco tarde para comprarle el regalo a tu tío, ¿no?
JUAN   No, porque mis primos y mi tía sólo le hicieron la fiesta a tío Luis la semana pasada; pero yo no fui porque no tengo plata. El viaje por avión a Bogotá cuesta unos seiscientos treinta y cinco mil pesos.
JOSÉ   ¡Qué barbaridad! Seiscientos treinta y cinco mil. ¡Qué caro! ¿Y ... y qué le compraste?
JUAN   Pues mira, le compré una corbata de seda negra bellísima.
JOSÉ   ¡Qué bonita! ¿Cuánto te costó?
JUAN   ¡Muy barata! Dieciséis mil trescientos cincuenta pesos.
JOSÉ   ¿Dieciséis mil trescientos cincuenta pesos? ¡Pero qué buen precio por una corbata de seda!
JUAN   Sí, y mira, conseguí una camisa amarilla de algodón. Me costó treinta mil quinientos.
JOSÉ   Ésa me parece un poco cara.
JUAN   Sí, es verdad; no fue barata. Treinta mil quinientos es bastante, pero creo que a mi tío le va a gustar.
JOSÉ   Sí, es muy bonita. ¡Qué suerte tiene tu tío! Me gustaría tener un sobrino como tú.

Capítulos 4–6

Examen

I.   **Comprensión.** *(See Capítulo 6, Prueba A for the listening comprehension script.)*

Capítulo 7

Prueba A

I.   **Comprensión.** You will hear a telephone conversation between a hotel receptionist and a woman making a reservation. Mark the information on the following reservation form based on what you hear.

RECEPCIONISTA   Hotel Los Arcos, dígame.
MUJER   Sí, quisiera hacer una reserva.
RECEPCIONISTA   ¿Para cuándo?
MUJER   Del 3 de febrero al 7 de febrero.
RECEPCIONISTA   Un minuto, por favor ... *(speaking to himself)* del 3 al 7 de febrero. *(speaking to client)* ¿Para cuántas personas?
MUJER   Dos.
RECEPCIONISTA   Una habitación doble. ¿Con dos camas o una?
MUJER   Dos, por favor.
RECEPCIONISTA   ¿Con baño o sin baño?
MUJER   Con baño.
RECEPCIONISTA   ¿Y quiere Ud. media pensión, pensión completa o sólo el desayuno?
MUJER   El desayuno solamente. Preferimos no comer en el hotel, porque vamos a visitar a unos amigos en Segovia y vamos a comer y cenar con ellos.
RECEPCIONISTA   Bien, solamente el desayuno. ¿A nombre de quién?
MUJER   Pilar Romero Fuentes.
RECEPCIONISTA   Pilar Romero Fuentes. ¿Algo más?
MUJER   Nada más. Muchas gracias. Adiós.

 TEST BANK SCRIPTS

I.   **Comprensión.** You will hear a telephone conversation between a hotel receptionist and a woman making a reservation. Mark the information on the following reservation form based on what you hear.

RECEPCIONISTA	Hotel Los Arcos, dígame.
MUJER	Sí, quisiera hacer una reserva.
RECEPCIONISTA	¿Para qué fechas?
MUJER	Del 14 de abril al 17 de abril.
RECEPCIONISTA	Un minuto, por favor ... *(speaking to himself)* del 14 al 17 de abril. *(speaking to client)* ¿Para cuántas personas?
MUJER	Una persona, voy sola.
RECEPCIONISTA	Una habitación sencilla. ¿Con baño o sin baño?
MUJER	Con baño, por supuesto.
RECEPCIONISTA	Bien. ¿Quiere Ud. media pensión, pensión completa o sólo el desayuno?
MUJER	Prefiero comer todas las comidas en el hotel porque es un viaje de negocios y no tengo tiempo para buscar restaurantes.
RECEPCIONISTA	Perfecto. ¿A nombre de quién?
MUJER	Pilar Romero Fuentes.
RECEPCIONISTA	Pilar Romero Fuentes. ¿Algo más?
MUJER	Nada más. Muchas gracias. Adiós.

Capítulo 8

Prueba A

I.   **Comprensión.** Listen to this telephone conversation between a real estate agent and a client. Mark with an **X** the features the client is looking for in an apartment, based on what you hear.

AGENTE	La Casa Ideal. ¿Aló?
CLIENTE	Buenos días. Busco un apartamento.
AGENTE	¿Qué busca Ud. exactamente?
CLIENTE	Necesito un apartamento que tenga dos dormitorios porque tengo un hijo. También es importante que tenga muebles porque no tenemos nada aquí y sólo vamos a estar un año en Guadalajara. También prefiero que sea con garaje porque nunca encuentro un lugar para dejar el auto.
AGENTE	¿Quisiera Ud. algo más, como un apartamento con balcón, teléfono, portero ... ?
CLIENTE	Ah, sí, es muy importante el teléfono; que tenga teléfono porque lo voy a necesitar para mi trabajo.
AGENTE	Bueno ... Vamos a ver ... Tengo un apartamento perfecto para Ud. que está en la calle ...

Prueba B

I.   **Comprensión.** Listen to this telephone conversation between a real estate agent and a client. Mark with an "X" the features the client is looking for in an apartment, based on what you hear.

AGENTE	La Casa Ideal. ¿Aló?
CLIENTE	Buenas tardes. Busco un apartamento.
AGENTE	¿Qué busca exactamente?
CLIENTE	Necesitamos un apartamento con tres dormitorios porque tenemos dos hijos y una hija. Es importantísimo que tenga teléfono porque voy a trabajar mucho en casa.

AGENTE	¿Lo quiere amueblado o sin muebles?
CLIENTE	No, amueblado no porque tenemos muebles.
AGENTE	¿Quisiera Ud. algo más ... garaje, por ejemplo?
CLIENTE	No, no tengo auto.
AGENTE	¿Balcón, portero, comedor ... ?
CLIENTE	Ah, sí, un portero me parece buena idea, porque mi mujer y mis hijos van a estar solos porque viajo mucho. También sé que a mi mujer le gustaría tener balcón. Sí, sí, con balcón.
AGENTE	Bueno vamos a ver ... tenemos dos que pueden ser perfectos para Ud. Uno está en la calle ...

Capítulo 9

Prueba A

(Note: The following listening comprehension script is used for **Capítulo 9, Prueba A** *and in the exam for* **Capítulos 7–9**.)

I. **Comprensión.** You will hear a conversation between Marco and Gloria. Mark who did or is going to do the following things, based on what you hear.

MARCO	Hola, Gloria. ¿Para dónde vas con tantas cosas?
GLORIA	¿No sabías? Acabo de alquilar un nuevo apartamento y ...
MARCO	¿Y qué llevas ahí?
GLORIA	Pues compré algunas cosas para la cocina: unas ollas, unos platos; en fin ... Y tengo que amueblarlo. Sólo tiene los electrodomésticos y nada más.
MARCO	¿No quieres que te ayude?
GLORIA	Ah, sí, por favor. ¡Tengo tanto que hacer! Por qué no vas a la mueblería y les pides que me manden los muebles de mi habitación y del comedor.
MARCO	Bueno, pero primero tengo que ir a traer el auto ... me lo están arreglando, y ... luego voy a la mueblería. ¿O.K.?
GLORIA	Claro. Mientras tanto, yo voy a comprar algo de comida. O sea, pan, queso, algo de fruta ... No hay nada en el apartamento y hay que comer, ¿no? Luego, esta tarde tengo que ir al aeropuerto y ...
MARCO	¡Por el amor de Dios! Te vas a morir con tanto trabajo. ¿Y por qué vas al aeropuerto? ... ¿Puedo hacer algo más por ti?
GLORIA	Pues ... si insistes ... Quizás puedas llamar al aeropuerto para confirmar la hora del vuelo. Es que mi padre viene a visitarme, pero es posible que el vuelo no llegue a tiempo. Es el vuelo 25 de VIASA.
MARCO	Claro, yo llamo con mucho gusto. ¿Y algo más?
GLORIA	Nada ... Sólo quiero que después vayas a mi apartamento y te comas unos sandwiches conmigo. ¿Sí?
MARCO	¡Encantado!
GLORIA	¡Ay! Estoy cansadísima. ¡No puedo más!

Prueba B

I.   **Comprensión.** You will hear a conversation between Ana and Miguel. Mark who did or is going to do the following things, based on what you hear.

MIGUEL   ¿Qué tal, Ana?

ANA   Hola. ¿Para dónde vas?

MIGUEL   A mi apartamento nuevo. Acabo de alquilarlo. ¿No lo sabías?

ANA   No, y ... ¿qué llevas ahí?

MIGUEL   Pues, compré algo de comida; o sea, pan, jamón, huevos, aceite ... en fin ... Hay que comer, ¿no?

ANA   ¿Quieres que te ayude a limpiar y a arreglar el apartamento?

MIGUEL   No, gracias. Yo prefiero limpiar y arreglar. Lo voy a hacer esta tarde. Pero ...

ANA   ¿Pero, qué?

MIGUEL   Quizás puedas preparar la cena. Esta noche vienen unos amigos a jugar cartas y quisiera hacer una cena para ellos. Somos cinco.

ANA   ¿Y qué tengo que hacer?

MIGUEL   Pues ... poner la mesa, cortar cebolla, freír papas ...

ANA   ¡Un momento! ¡Un momento! Si tu esperas que yo cocine, es probable que tus amigos no coman nada. Yo ... ¡no cocino!

MIGUEL   ¡Qué mala suerte! Bueno, yo preparo la comida y mientras tanto, tú juegas cartas por mí. Pero ... al menos pones la mesa, ¿no?

ANA   Pues ... sí ... Puedo poner la mesa y jugar con tus amigos. ¡Qué lástima que **tú** tengas que cocinar, Miguel!

Capítulos 7–9

Examen

I.   **Comprensión.** *(See **Capítulo 9, Prueba A** for the listening comprehension script.)*

Capítulo 10

Prueba A

I.   **Comprensión.** You will hear Victoria describing her life when she was 10 years old. Read the following sentences, then listen carefully and mark **C** if they are correct or **F** if they are false.

Cuando tenía 10 años vivía en Alicante, eee ... una ciudad en la costa Mediterránea de España. Cuando no estaban en la escuela, los otros niños iban a la playa. Allí nadaban y jugaban con sus amigos. Más tarde los niños iban al parque y jugaban al fútbol. A mí me gustaba la playa, pero no podía ir; mis padres trabajaban y mi abuelo estaba enfermo, y ... y por eso yo pasaba todos los días con él. Mientras mis amigos nadaban y jugaban, yo me quedaba en casa con mi abuelo y él me hablaba de sus aventuras y escuchaba la radio. Ah, me fascinaba oír sus historias, pero no me gustaba la radio mucho. A ... a mí me encantaba leer; leía mucho y todavía leo mucho. Me gustaban las novelas de detectives y de romance. No me molestaba estar en casa con mi abuelo. Al final del verano mi abuelo se murió; entonces el verano siguiente, cuando tenía 11 años, yo iba a la playa con mis amigos, pero echaba de menos ese verano que pasé con mi abuelo.

I.   **Comprensión.** You will hear Victoria describing her life when she was 10 years old. Read the following sentences, then listen carefully and mark **C** if they are correct or **F** if they are false.

Cuando tenía 10 años vivía en Salamanca, eee . . . una ciudad en el centro de España entre Madrid y Portugal. Cuando no estaban en la escuela, los otros niños iban al río Tormes a nadar. Allí tomaban el sol, comían y jugaban. A mí me gustaba ir al río, pero no podía ir; mis padres trabajaban y mi abuela estaba enferma, y . . . por eso yo pasaba el verano en un pueblo cerca de Salamanca con mi abuela. Nos sentábamos en la puerta de la casa y ella me explicaba cosas interesantes sobre la vida del pueblo. Como ella no podía cocinar, mm . . . me explicaba cómo preparar la comida. Aprendí rápidamente y me gustaba mucho. No me importaba estar con mi abuela porque era muy interesante y me enseñaba mucho. Durante el invierno, mi abuela se murió. El verano siguiente, cuando tenía 11 años, yo iba al río con mis amigos, pero muchas veces regresaba a casa temprano para preparar la comida para mi familia porque me acordaba de mi abuela y me gustaba cocinar. Pero . . . echaba de menos esos meses en el pueblo con una pobre señora enferma. Creo que voy a ser dueña de un restaurante en el futuro.

Capítulo 11

Prueba A

I. **Comprensión.** You will hear a conversation between a patient and her doctor. Mark the patient's symptoms with an **X** based on what you hear.

DOCTOR	Buenos días. ¿Cómo está Ud. hoy?
PACIENTE	Buenos días. Fatal. Estoy fatal. *(She starts coughing.)*
DOCTOR	¿Fuma Ud.?
PACIENTE	Sí, pero no mucho.
DOCTOR	Debe dejar de fumar.
PACIENTE	Ya lo sé. También tenía fiebre ayer, no muy alta, pero más alta de lo normal.
DOCTOR	¿Algo más? ¿Diarrea? ¿Vómitos? ¿Dolores?
PACIENTE	Tenía náuseas. Más que nada tenía náuseas y un dolor de cabeza horrible. *(She coughs again.)*
DOCTOR	Bien, tenía fiebre, dolor de cabeza y náuseas. ¿Vomitaba o sólo tenía náuseas?
PACIENTE	No, no vomité, pero me sentía muy mal.
DOCTOR	¿Le dolía el estómago? ¿Comió algo raro?
PACIENTE	No, no comí nada. No tenía ganas de comer, pero el estómago no me dolía.
DOCTOR	¿Tenía frío, después calor y después frío otra vez?
PACIENTE	Tenía calor, mucho calor, pero nunca tuve frío. *(She coughs again.)*
DOCTOR	Bueno, no parece ser nada serio, pero Ud. tiene que dejar de fumar. También debe ir a casa y descansar ...

Prueba B

I. **Comprensión.** You will hear a conversation between a patient and his doctor. Mark the patient's symptoms with an **X** based on what you hear.

DOCTORA	Buenos días. ¿Cómo está Ud. hoy?
PACIENTE	Buenos días, doctora. Fatal. Estoy fatal. *(He starts coughing.)*
DOCTORA	¿Qué le pasa?
PACIENTE	Ayer en el trabajo tuve un dolor de cabeza horrible.

DOCTORA	¿Sólo dolor de cabeza?
PACIENTE	No, no, no. *(He coughs again.)* Ayer por la mañana al subir al octavo piso, es que trabajo en el octavo piso, empecé a sentirme mareado. Estaba muy mareado y tuve que sentarme unos minutos. *(He coughs again.)*
DOCTORA	¿Fuma Ud.?
PACIENTE	Sí, pero no mucho.
DOCTORA	No es bueno fumar, ¿sabe?
PACIENTE	Sí, claro, pero ése no es mi problema ahora.
DOCTORA	¿Algo más? ¿Diarrea? ¿Vómitos? ¿Dolores?
PACIENTE	Tenía náuseas, más que nada tenía náuseas.
DOCTORA	¿Ayer tuvo Ud. náuseas?
PACIENTE	Sí, pero las tengo casi todos los días.
DOCTORA	¿Con vómitos?
PACIENTE	No, nunca con vómitos, pero me siento muy mal.
DOCTORA	¿Le duele el estómago también cuando tiene náuseas?
PACIENTE	Primero me siento mareado, después tengo náuseas y claro, me molesta el estómago.
DOCTORA	¿Come Ud. algo raro?
PACIENTE	No, como normalmente.
DOCTORA	¿Cuándo tiene estos problemas, durante el día o por la noche?
PACIENTE	Normalmente durante el día.
DOCTORA	Interesante. Puede estar relacionado con la tensión. ¿A Ud. le gusta su trabajo?

Capítulo 12

Prueba A

*(Note: The following listening comprehension script is used for **Capítulo 12**, **Prueba A** and in the exam for **Capítulos 10–12**.)*

I. **Comprensión.** A waiter is taking an order from a couple. Listen to their conversation and complete the following chart.

CAMARERO	Bueno, ¿están listos para pedir?
SEÑORA	Sí, creo que sí.
CAMARERO	Bueno, ¿qué desean de primer plato?
SEÑOR	Yo quiero unos espárragos.
SEÑORA	¡Ah! ¿Vas a comer espárragos? Cuando yo los preparo, nunca los quieres comer. ¡Qué cosa! Bueno, yo quiero ... a ver ...
CAMARERO	¿Le gustaría una ensalada?
SEÑORA	No, no quiero nada de primer plato. Pero de segundo plato quiero un bistec.
CAMARERO	¿Un bistec solo?
SEÑORA	No. También quiero unos frijoles.
CAMARERO	Bistec con frijoles. ¿Y para Ud., señor?
SEÑOR	Para mí medio pollo.
CAMARERO	¿Lo prefiere con alguna verdura o con papas fritas?
SEÑOR	A ver ... con papas fritas. Sí, sí. Papas fritas.
CAMARERO	Bien. ¿Y para beber?
SEÑOR	Quisiera un vino tinto.
SEÑORA	Yo prefiero vino blanco.
SEÑOR	Bueno, entonces una copa de vino tinto para mí y uno de vino blanco para ella.
CAMARERO	Muy bien. Ahora les traigo el pan.

I. **Comprensión.** A waiter is taking an order from a mother and her son. Listen to their conversation and complete the following chart.

CAMARERO	Bueno, ¿están listos para pedir?
SEÑORA	Sí, creo que sí.
CAMARERO	Bueno, ¿qué desean de primer plato?
HIJO	Yo no quiero nada.
SEÑORA	¿Estás seguro que no quieres nada? ¿No te gustaría comer una ensalada rusa?
HIJO	No, no quiero nada.
SEÑORA	Bueno, yo quiero una ensalada rusa. Y de segundo plato ... a ver, a ver ... ¿Qué quieres tú?
HIJO	Quiero un bistec con papas fritas.
CAMARERO	Un bistec con papas fritas. Bien, nuestro bistec es muy bueno. ¿Y para Ud., señora?
SEÑORA	Para mí unas lentejas.
HIJO	¡Ay, mamá! ¿Vas a comer lentejas?
SEÑORA	Sí, lentejas.
CAMARERO	Bien. ¿Y para beber?
SEÑORA	Quisiera una copa de vino tinto.
CAMARERO	Una copa de vino tinto. ¿Y para el niño?
HIJO	Yo quiero Coca-Cola.
CAMARERO	Entonces una Coca y un vino tinto. Muy bien. Ahora les traigo el pan.

Capítulos 10–12

Examen

I. **Comprensión.** *(See Capítulo 12, Prueba A for the listening comprehension script.)*

Capítulo 13

Prueba A

I. **Comprensión.** Read the following questions, then listen to the ad by TravelTur about an organized tour to Argentina. Answer the questions based on what you hear.

¿Quiere escaparse del frío del invierno? ¿Desea tomar el sol en un paraíso? No espere, llame a TravelTur, 555-4392. TravelTur le ofrece un viaje a Mar del Plata, Argentina, de 10 días.

Empiece su viaje hacia el calor en un vuelo especial de Aerolíneas Argentinas. Pase los dos primeros días en la bella capital argentina, Buenos Aires, en un hotel de cinco estrellas. Para conocer Buenos Aires, TravelTur incluye una visita de la ciudad en autobús con guía turístico y todas las entradas incluidas. El tercer día, viaje Ud. en autobús a Mar del Plata. Allí, Ud. va a pasar 7 días y 6 noches al lado de la playa en un hotel de cinco estrellas con tres piscinas (dos para adultos y una para niños), restaurante, cafetería y discoteca. El restaurante es fabuloso, y se puede bailar toda la noche en la discoteca.

Ud. puede pasar todo el tiempo en el hotel o tomar algunas excursiones opcionales. Las excursiones opcionales incluyen: primero, un viaje a Bahía Blanca y la noche allí; Bahía Blanca es un paraíso. Segundo, un vuelo a Montevideo, Uruguay, y una noche allí; Montevideo es una ciudad muy bella. Tercero, si le gusta pescar: un día de pesca en las aguas del Océano Atlántico; sí, puede pasar todo un día pescando.

El último día vuelve Ud. a Buenos Aires donde le espera un vuelo especial de Aerolíneas Argentinas para regresar a su casa, descansado y feliz. Para hacer la reserva, llame hoy al 555-4392. Un agente espera su llamada. Los traslados están incluidos en el precio, pero los impuestos y propinas están a cargo del cliente. Pero ... no se preocupe, los impuestos no son muy altos.

I. **Comprensión.** Read the following questions, then listen to the ad by TravelTur about an organized tour to Argentina. Answer the questions based on what you hear.

¿Quiere escaparse del calor del verano? ¿Desea esquiar en un paraíso? No espere, llame a TravelTur, 555-4392. TravelTur le ofrece un viaje a Bariloche, Argentina, de 10 días.

Empiece su viaje hacia las montañas en un vuelo especial de Aerolíneas Argentinas. Pase los dos primeros días en la bella capital argentina, Buenos Aires, en un hotel de cinco estrellas. Ud. puede explorar Buenos Aires solo o TravelTur le ofrece una visita opcional de la ciudad en autobús con guía turístico y todas las entradas incluidas en el precio del tour. El tercer día, viaje Ud. en avión a Bariloche. El vuelo es corto. Allí, Ud. va a pasar 7 días y 6 noches al lado de las montañas en un hotel de cinco estrellas con piscina climatizada, sauna, restaurante, cafetería y discoteca. La piscina es olímpica y el restaurante y la discoteca son fabulosos. El hotel ofrece clases especiales de esquí para niños y adultos.

Ud. puede pasar todo el tiempo en el hotel y esquiando en los Andes o tomar algunas excursiones opcionales. Las excursiones opcionales incluyen: primero, un viaje a Santiago y la noche allí visitando la capital chilena. La segunda opción es una visita guiada a los lagos del sur que son unos lagos bellísimos.

El último día vuelve Ud. a Buenos Aires, donde le espera un vuelo especial de Aerolíneas Argentinas para regresar a su casa, descansado y feliz. Para hacer la reserva, llame hoy al 555-4392. Un agente espera su llamada. Los traslados y los impuestos están incluidos en el precio; las propinas y los otros gastos están a cargo del cliente.

Capítulo 14

Prueba A

I. **Comprensión.** You will hear a conversation between a teller and a customer at a bank. Listen carefully, then circle the letter of the word or expression that best completes each statement.

CLIENTE	Quisiera cambiar dinero.
CAJERA	¿Qué quiere cambiar?
CLIENTE	Dólares por pesetas.
CAJERA	¡Ah! Desea comprar pesetas.
CLIENTE	Exacto.
CAJERA	¿Cuántos dólares desea cambiar?
CLIENTE	100. ¿A cuánto está el cambio?
CAJERA	Está a 105 pesetas.
CLIENTE	¡105! Ha subido; ayer estaba a 102.
CAJERA	Sí, es muy bueno hoy para Ud.
CLIENTE	Quizás deba cambiar más.
CAJERA	¿Quiere cambiar más?
CLIENTE	Bueno ... sí ... 200 dólares.
CAJERA	200 dólares. ¿Y va a pagar en efectivo o con cheques de viajero?
CLIENTE	Cheques de viajero.
CAJERA	¿De Visa o American Express?
CLIENTE	Visa.
CAJERA	Su pasaporte o carnet de identidad, por favor.
CLIENTE	Pasaporte; tome Ud.
CAJERA	Bien, escriba aquí su dirección, y firme aquí, por favor.
CLIENTE	Bien.
CAJERA	Aquí tiene su tiquete. Pase por la caja para recibir el dinero.
CLIENTE	Gracias. ¿Dónde está la caja?
CAJERA	Allí, a la derecha ... El próximo.

Prueba B

I. **Comprensión.** You will hear a conversation between a teller and a customer at a bank. Listen carefully, then circle the letter of the word or expression that best completes each statement.

CLIENTE	Quisiera cambiar dinero.
CAJERO	¿Qué quiere cambiar?
CLIENTE	Pesetas por dólares.
CAJERO	¡Ah! Desea comprar dólares.
CLIENTE	Exacto.
CAJERO	¿Cuántas pesetas desea cambiar?
CLIENTE	20.000. ¿A cuánto está el cambio?
CAJERO	Está a 105 pesetas.
CLIENTE	¡105! Ha subido; ayer estaba a 102.
CAJERO	Sí, hoy es peor para Ud.
CLIENTE	Quizás deba cambiar menos.
CAJERO	¿Quiere cambiar menos?
CLIENTE	Bueno ... sí ... sólo 10.000 pesetas.
CAJERO	10.000 pesetas. ¿Y va a pagar en efectivo o con cheques de viajero?
CLIENTE	En efectivo.
CAJERO	Su pasaporte o carnet de identidad, por favor.
CLIENTE	Pasaporte; tome Ud.
CAJERO	Bien, escriba aquí su dirección y firme aquí, por favor.
CLIENTE	Bien.
CAJERO	Aquí tiene su tiquete. Pase por la caja para recibir el dinero.
CLIENTE	Gracias. ¿Dónde está la caja?
CAJERO	Allí, a la izquierda ... El próximo.

Capítulo 15

Prueba A

(Note: The following listening comprehension script is used for Capítulo 15, Prueba A and in the exam for Capítulos 13–15.)

I. **Comprensión.** Julia and Carlos are speaking about Ramona, whom Carlos's brother is dating. Listen to their conversation and write under their names the adjectives that, in their opinion, describe Ramona.

JULIA	Yo no entiendo cómo tu hermano sale con Ramona.
CARLOS	¿Por qué dices eso, Julia?
JULIA	Pues, creo que Ramona es una persona muy agresiva, ¿no crees tú?
CARLOS	Sí, es verdad. Ella es agresiva, pero a veces es muy amable con mi hermano.
JULIA	No sé si es amable con él, pero me molestan las mujeres agresivas y orgullosas.
CARLOS	¿Orgullosa? ¿Tú piensas que Ramona es orgullosa?
JULIA	¡Carlos, por supuesto! Mira, yo he visto cuando tu hermano y Ramona pelean y él tiene razón; ella nunca lo admite. Piensa que no se equivoca nunca.
CARLOS	No creo que tengas razón. Ahora, debo admitir que es bastante perezosa. ¿Tú sabes que hace un mes que no tiene trabajo y no sale a buscar?
JULIA	Pues no entiendo por qué es así; parece ser una persona ambiciosa. Sí, yo creo que es ambiciosa.

Prueba B

I. **Comprensión.** Viviana and Guillermo are speaking about Antonio, whom Viviana's sister is dating. Listen to their conversation and write under their names the adjectives that, in their opinion, describe Antonio.

GUILLERMO	Yo no entiendo cómo tu hermana sale con Antonio.
VIVIANA	¿Por qué dices eso, Guillermo?
GUILLERMO	No sé. Me parece que Antonio es una persona muy ambiciosa.
VIVIANA	Bueno, no sé si es ambicioso, pero sí es un hombre muy honrado.
GUILLERMO	¿Antonio es honrado?
VIVIANA	Sí, es una persona muy honrada. Aunque tengo que admitir que a veces es un poco perezoso.
GUILLERMO	Claro que es perezoso. Hace diez años que está en la universidad y nunca termina de estudiar.
VIVIANA	Sí, eso es algo que le molesta a mi hermana.
GUILLERMO	Yo pienso que también es una persona bastante ignorante.
VIVIANA	¿Ignorante? ¿Por qué dices eso?
GUILLERMO	Pues, porque no sabe nada de lo que pasa en el mundo y no le interesa.
VIVIANA	Y bueno, hay gente a quien no le interesa lo que pasa en el mundo. ¿Qué se puede hacer? Pero él es un hombre bastante sensible y por eso mi hermana lo quiere mucho. Sí, es un hombre muy sensible.

Capítulos 13–15

Examen

I. **Comprensión.** *(See Capítulo 15, Prueba A for the listening comprehension script.)*

Capítulo 16

Prueba A

I. **Comprensión.** Jesús has just had a job interview and thinks he will be offered a job. Listen to the conversation he is having with a friend. Tell how his future will be if he accepts the job, by marking the following statements as true (**C**) or false (**F**) based on what you hear. Then answer the question that follows.

JESÚS	Acabo de tener una entrevista.
AMIGA	¿Y qué te dijeron?
JESÚS	Pues es un puesto fenomenal en un banco internacional. Trabajaría en San Juan.
AMIGA	¡Ah, Puerto Rico! Tu novia vive allí. ¡Qué bueno!
JESÚS	Claro. ¿Qué crees? No soy tonto.
AMIGA	¿Qué más?
JESÚS	Pues, tendría que viajar a muchos lugares.
AMIGA	A ti te gusta viajar, entonces esto sería bueno para ti; y sería interesante conocer gente en otros bancos.
JESÚS	Sí, a lo mejor podría encontrar palancas para el futuro.
AMIGA	Interesante la idea. Todo ayuda.
JESÚS	Hay sólo un problema: el trabajo es sólo por seis meses.
AMIGA	¿Te van a pagar bien?
JESÚS	Sí, el sueldo es muy bueno e incluye seguros médicos.
AMIGA	¡Perfecto! Vas a ver muchas ciudades y países diferentes. ¡¡Seguros médicos también?!
JESÚS	Es verdad.

AMIGA	Y lo interesante es que vas a conocer a más gente en otros bancos.
JESÚS	Pues, sí. Sería interesante tener palancas en el futuro.
AMIGA	Y, por último, estarás cerca de tu novia. De verdad solamente tienes un problema: que es sólo por seis meses.
JESÚS	Entonces, ¿qué piensas?
AMIGA	Yo aceptaría el puesto. Acabas de terminar los estudios universitarios y éste es un buen trabajo para empezar.

Prueba B

I. **Comprensión.** Jesús has just had a job interview and thinks he will be offered a job. Listen to the conversation he is having with a friend. Tell how his future will be if he accepts the job, by marking the following statements as true (**C**) or false (**F**) based on what you hear. Then answer the question that follows.

JESÚS	Acabo de tener una entrevista.
AMIGA	¿Y qué te dijeron?
JESÚS	Pues es un puesto muy bueno en un banco internacional. Trabajaría en Quito.
AMIGA	¡Ah, Ecuador! Pero, tu novia vive en Puerto Rico, ¿no?
JESÚS	Claro. Por eso no sé qué hacer.
AMIGA	¿Y qué más?
JESÚS	Pues, el puesto es en un banco y va a ser muy interesante, y también tendría que trabajar con diferentes personas de muchos países.
AMIGA	Entonces esto sería bueno para ti y sería interesante conocer gente de otros países.
JESÚS	Sí, a lo mejor podría encontrar palancas para el futuro.
AMIGA	Palancas ... interesante la idea. Todo ayuda.
JESÚS	Hay sólo un problema: el trabajo es sólo por un año.
AMIGA	¿Pero, te van a pagar bien?
JESÚS	Sí, pero no incluye seguros médicos.
AMIGA	Sin seguros médicos. ¡Qué lástima! Bueno, si el sueldo es bueno, tendrás dinero para pagar los seguros.
JESÚS	Es verdad.
AMIGA	Y lo interesante es que vas a conocer a más gente en otros bancos.
JESÚS	Pues, sí. Y sería interesante tener palancas en el futuro.
AMIGA	Pero, estarás lejos de tu novia. Y tienes otro problema: que es sólo por un año ... pero te dará experiencia para tu curriculum.
JESÚS	Entonces, ¿qué piensas?
AMIGA	Yo aceptaría el puesto. Acabas de terminar los estudios universitarios y éste es un buen trabajo para empezar.

Capítulo 17

Prueba A

I. **Comprensión.** You will hear five short conversations or monologues. Listen carefully and circle the letter of the item being discussed in each one.

Número uno

HOMBRE	Mira a este señor. Lo que está pintando es perfecto. Parece el mismo cuadro.
MUJER	Pues, es muy parecido, pero hay algunas cosas que son diferentes.
HOMBRE	Desde luego, yo no las veo. Para mí son iguales.
MUJER	Como eres ingeniero no ves las diferencias, pero si fueras artista sabrías que son muy diferentes.

Número dos

HOMBRE 1	¡Es increíble!
HOMBRE 2	Sí, hay materiales tan diferentes.
HOMBRE 1	¡Claro! Pero la figura de la mujer está muy bien hecha.
HOMBRE 2	Sí, y la figura es enorme. Debe pesar 300 kilos.

Número tres

LOCUTORA   Desde el 3 de marzo hasta el 15 de junio se pueden ver las obras de Claudio Bravo en la Fundación Juan March. No pierdan esta oportunidad de ver al artista chileno. Habrá más de 30 pinturas. La Fundación Juan March está en Castelló 77 y está abierta al público desde las 10:00 hasta las 14:00 horas todos los días excepto el lunes.

Número cuatro

MAESTRA   No lo vas a creer.

MAESTRO   ¿Qué pasó?

MAESTRA   Hoy en clase Carlitos no estaba escuchando y lo vi con un lápiz y un papel. Entonces, esperé hasta que terminara y le dije que quería el papel. Él no quería que yo lo viera. Lo cogí, pensando que se burlaba de mí, pero no, se burlaba de las chicas nuevas de la clase. El chico es muy buen artista, pero de Don Juan tiene poco.

Número cinco

CHICA 1	Mira la cara.
CHICA 2	¡Es una pintura tan realista ... !
CHICA 1	Se ve cada pelo, como si el señor estuviera vivo.
CHICA 2	Y los ojos. Pienso que me está mirando.
GUÍA	Ahora vamos a ver otro cuadro de Rivera, que es una obra muy famosa.

Prueba B

I. **Comprensión.** You will hear five short conversations or monologues. Listen carefully and circle the letter of the item being discussed in each one.

Número uno

HOMBRE 1	¡Qué cuadro!
HOMBRE 2	Sí, la fruta es tan real. Al verla, tengo hambre.
HOMBRE 1	Sí, y me gustaría meterme ese pan en la boca ya. Es como el pan que hacía mi madre.
HOMBRE 2	El vino que pintó también parece de verdad. Vamos a ver otro cuadro que tenga personas, porque si veo otro que tenga sólo comida, vamos a tener que ir a la cafetería.

Número dos

REPORTERO   En el centro de la nueva Plaza de la Independencia se puede ver una figura muy moderna que el artista dice que representa los tres deseos del hombre: la libertad, la libertad y la libertad. Yo la he visto y para mí no significa nada. Pero la ciudad pagó más de un millón de pesos por "esta cosa artística", que está hecha de 10.000 kilos de metal y cemento. En la opinión de este reportero, la gente pagó un millón de pesos por una montaña de basura.

Número tres

MUJER 1	¡Qué bonitos son los árboles en la parte de enfrente!
MUJER 2	Sí, es verdad. Pero a mí me gusta la profundidad que dan las montañas en el fondo y el pequeño río que se ve delante.
MUJER 1	Parece una foto.
MUJER 2	Sí, es un cuadro muy realista.

Número cuatro

GUÍA   Ahora pasen por aquí para ver el cuadro más importante que pintó Diego de Velázquez. *Las meninas* es un cuadro que se conoce en todo el mundo. Muchos artistas lo han estudiado y lo han copiado. No hay duda que de todo lo que pintó Velázquez, éste es el cuadro más famoso de todos. En este cuadro se ve el talento de Velázquez como pintor. Verán aquí una profundidad ...

Número cinco

LOCUTOR   El sábado a las 10:00 de la mañana el público puede ver una colección de obras de Frida Kahlo en el Museo de Arte Moderno. El precio de la entrada incluye una película de media hora que explica la vida trágica de la artista. La colección estará abierta al público durante los próximos tres meses hasta el 22 de marzo. Los directores del museo esperan más de un millón de personas. No pierdan esta oportunidad de ver estos cuadros de la mexicana Frida Kahlo en el Museo de Arte Moderno. Para más información llame al 234-5509.

Capítulos 16–18

Examen

I.   **Comprensión.** Andrés sees the following classified ad, and he calls to obtain more information. Listen to the conversation and complete Andrés's notes.

SEÑOR	Computación Asociados. Buenos días.
ANDRÉS	Sí, buenos días. Llamo por el aviso que salió en el periódico de hoy.
SEÑOR	Ah sí, sí. ¿Tú eres el interesado?
ANDRÉS	Sí.
SEÑOR	Bueno. Pues mira, el trabajo consiste en llamar por teléfono a la gente para venderle nuestra revista de computación.
ANDRÉS	¿Qué revista?
SEÑOR	La revista *Compufácil*. Es para personas que no saben nada de computadoras. Nos interesa que tú consigas clientes para suscribirse a nuestra revista.
ANDRÉS	¿Y cuántas horas por día tendría que trabajar?
SEÑOR	Unas tres horas.
ANDRÉS	Tres horas no está mal. ¿En cualquier momento del día? ¿Podría trabajar por la noche?
SEÑOR	Bueno ... No. Las llamadas las tendrías que hacer preferiblemente por la mañana de 9:00 a 12:00.
ANDRÉS	¿Y tendría que ir a una oficina a hacer las llamadas?
SEÑOR	No, las llamadas las harías desde tu casa.
ANDRÉS	¿Y cuál sería el sueldo?
SEÑOR	Bueno, te daríamos una comisión por cada suscripción que consiguieras.
ANDRÉS	Es decir que si no consigo ninguna suscripción, no obtengo dinero.
SEÑOR	Sí, pero a mucha gente le interesa la revista *Compufácil*. Y aparte, la estamos ofreciendo a un 50% menos del valor que se ofrece en la calle. ¿Pero sabes? Me gustaría que hicieras una cita conmigo para que te contara más detalles de este trabajo. ¿Podrías venir mañana por la tarde?
ANDRÉS	¿A qué hora?
SEÑOR	¿A eso de las 4:00 te parece bien?
ANDRÉS	Bueno. ¿Necesito llevar un curriculum conmigo?
SEÑOR	No, no necesitas traer curriculum. Ahora anota la dirección.
ANDRÉS	Sí, dígame.
SEÑOR	Riobamba 8759.
ANDRÉS	Bueno.
SEÑOR	Entonces nos vemos mañana a las 4:00. ¿Tu nombre es?
ANDRÉS	Andrés Ramos.
SEÑOR	Bueno, Andrés. Hasta mañana.
ANDRÉS	Adiós.

Test/Quiz Bank Answer Key

Capítulo 1

Prueba A

I: *Nombre:* Felipe; *Primer apellido:* López; *Edad:* 57 años; *Número de teléfono:* 239-6804

II: 14 catorce; 73 setenta y tres; 46 cuarenta y seis; 18 dieciocho/diez y ocho; 59 cincuenta y nueve; 27 veintisiete/veinte y siete

III: The second part of each answer will vary. 1. Cómo; Me llamo ... 2. Cuántos; Tengo ... 3. Cómo; Se llaman ... 4. Qué; Mi padre es ... Mi madre es ... 5. De dónde; Nosotros somos de ...

IV: 1. c 2. c 3. a 4. a 5. c

V: (a) (1) Buenas (2) llamo (3) tengo (4) se (5) es (6) madre (7) somos (8) Chile (b) 1. Ellos son de Chile. 2. Pablo es abogado. 3. El apellido de Pilar es ~~García.~~ *Rodríguez*

Prueba B

I: *Nombre:* Paula; *Primer apellido:* Cano; *Edad:* 25 años; *Número de teléfono:* 345-6607

II: 15 quince; 64 sesenta y cuatro; 47 cuarenta y siete; 56 cincuenta y seis; 25 veinticinco/veinte y cinco; 17 diecisiete/diez y siete

III: The second part of each answer will vary. 1. Cómo; Me llamo ... 2. Cómo; Mi padre se llama ... 3. Qué; (Mi padre) Es ... 4. Cuántos; Mi padre tiene ... años y mi madre tiene ... años. 5. De dónde; Son de ...

IV: 1. c 2. b 3. a 4. b 5. c

V: (a) (1) Buenos (2) Me (3) tengo (4) padre (5) es (6) llama (7) Nosotros (8) Argentina (b) 1. Es artista. 2. Son de Buenos Aires, Argentina. 3. El apellido de Ramón es Yépez.

Capítulo 2

Prueba A

I: 1. M 2. M 3. E 4. M 5. E 6. E 7. M 8. E

II: 1. el 2. la 3. el 4. la 5. el 6. el 7. el/la 8. el 9. el 10. la

III: 1. las clases 2. las ciudades 3. los directores 4. los/las artistas 5. las cámaras 6. los lápices 7. los programas 8. los bolígrafos 9. los relojes 10. las naciones

IV: 1. e 2. d 3. f 4. g 5. c 6. b

V: 1. tienen 2. Qué; Voy 3. es; del

VI: lunes; martes; miércoles; viernes; sábado

VII: Answers will vary slightly. 1. Tengo que comprar una calculadora. 2. Voy a ir a Cancún el domingo. 3. Vamos a bailar el sábado. 4. Sí, me gusta correr. 5. La fiesta es de Ramón.

Prueba B

I: 1. M 2. E 3. E 4. E 5. M 6. E 7. E 8. M

II: 1. la 2. la 3. el 4. el 5. el 6. el 7. el/la 8. el 9. el 10. la

III: 1. las lámparas 2. los abogados 3. los televisores 4. los/las economistas 5. las naciones 6. los lápices 7. los problemas 8. las universidades 9. las noches 10. los libros

IV: 1. e 2. d 3. a 4. f 5. b 6. g

V: 1. Es; del 2. Qué; Vamos 3. tienes

VI: lunes; miércoles; jueves; sábado; domingo

VII: Answers will vary slightly. 1. Tengo que nadar. 2. Voy a tener el examen de historia el lunes. 3. Vamos a ir a Cancún el domingo. 4. Sí, me gusta nadar. 5. La fiesta es de Teresa.

Capítulo 3

Prueba A

I: *Ocupación:* estudiante; *Gustos (any four of the following):* leer/lee (ciencia ficción); escuchar/escucha música (rock); ir/va a conciertos; salir/sale con (sus) amigos; bailar/baila; comer/come en restaurantes; *Nacionalidades:* francesa; colombiana; *Personalidad (any two of the following):* optimista; activa; simpática

II: 1. bajo 2. guapo/bonito 3. joven/nuevo 4. aburrido 5. rubio

III: 1. b 2. e 3. a 4. c 5. f

IV: (1) Sus (2) Tus (3) tu (4) mi (5) mis (6) sus

V: (1) Vivo (2) hablamos (3) toca (4) salimos (5) corre (6) nado (7) hago (8) salgo (9) comen (10) gusta

VI: (1) estoy (2) estar (3) estoy (4) es (5) es (6) están (7) somos (8) estoy (9) es (10) son

Prueba B

I: *Ocupación:* secretaria; *Gustos (any four of the following):* mirar/mira videos; mirar/mira televisión; escuchar/escucha música (clásica); salir/sale con (sus) amigos; ir/va a la playa; bailar/baila; comer/come en restaurantes; *Nacionalidades:* inglesa; norteamericana; *Personalidad (any two of the following):* simpática; interesante; liberal

II: 1. alto 2. bueno 3. feo 4. inteligente 5. pequeño

III: 1. c 2. b 3. e 4. a 5. f

IV: (1) mi (2) sus (3) su (4) mis (5) nuestras (6) nuestro

V: (1) gusta   (2) nadamos   (3) corren   (4) salgo   (5) camino   (6) veo   (7) trabaja
    (8) lee   (9) comemos   (10) bailamos

VI: (1) estoy   (2) está   (3) es   (4) es   (5) es   (6) son   (7) están   (8) son   (9) está
     (10) es

Capítulos 1–3

Examen

I: *Teléfono:* 546-7390;   *Ocupación:* estudiante;   *Gustos (any four of the following):*
    leer/lee (ciencia ficción); escuchar/escucha música (rock); ir/va a conciertos; salir/sale
    con (sus) amigos; bailar/baila; comer/come en restaurantes;   *Nacionalidades:*
    francesa; colombiana;   *Personalidad (any two of the following):* optimista; activa;
    simpática

II: Answers will vary. For example: una computadora, unas lámparas, un escritorio,
     unas camas, una cafetera, una silla, una toalla, un radio

III: (1) alta   (2) morena   (3) rubio   (4) bajo   (5) jóvenes   (6) grandes   (7) clásica
      (8) listos   (9) preocupada   (10) triste   (11) enfermo

IV: 1. b   2. f   3. d   4. c   5. a

V: (1) mi   (2) sus   (3) su   (4) mis   (5) nuestras   (6) nuestro

VI: (1) Vivo   (2) hablamos   (3) toca   (4) salimos   (5) corre   (6) nado   (7) hago
     (8) salgo   (9) comen   (10) gusta

VII: (1) estoy   (2) está   (3) es   (4) es   (5) es   (6) son   (7) están   (8) son   (9) está

VIII: (1) ¿Cómo se llama Ud.?   (2) ¿Cuántos años tiene Ud.?   (3) ¿De dónde es Ud.?
       (4) ¿De dónde son ellos?   (5) ¿Le gusta la música rock/cumbia/moderna/etc.?

IX: (1) Me   (2) tengo   (3) norteamericana/estadounidense/americana   (4) él   (5) a
     (6) sábado   (7) que   (8) de   (9) Me   (10) gustan

X: *Nombre:* Carla Tortelli; *Nacionalidad:* norteamericana/estadounidense/americana;
    Edad: 35; *Sexo:* Femenino; *Estudiante:* No; *Trabajador/a:* Sí, camarera; *Vive con:*
    Familia; *Gustos: Leer:* No; *Televisión:* Sí, basquetbol, fútbol, hockey (deportes);
    Música: Sí, rock

XI: Answers will vary.

Capítulo 4

Prueba A

I: Answers may vary slightly.   1. está lavándose/se está lavando las manos
    2. están cantando "La bamba"   3. está afeitándose/se está afeitando   4. está
    duchándose/se está duchando   5. está leyendo un libro

II: Answers may vary slightly.   1. las manos   2. los pies   3. el pelo/los dientes
     4. los ojos/la cara   5. la boca

III: (1) a   (2) al   (3) A   (4) a   (5) a   (6) —   (7) —   (8) a la

IV: 1. El cumpleaños de su madre es el veinticinco/veinte y cinco de agosto.   2. El cumpleaños de Carmen es el tres de diciembre.   3. El cumpleaños de su padre es el dieciocho/diez y ocho de febrero.

V: 1. hace sol 2. está nublado 3. llueve

VI: (1) ese (2) estos (3) Ésas (4) Aquellos/Esos (5) esos

VII: (1) me levanto (2) me ducho (3) se baña (4) se afeita (5) me pongo (6) me maquillo (7) me cepillo (8) conoce (9) desayunamos (10) sabe

Prueba B

I: Answers may vary slightly.   1. está tocando la guitarra   2. están bailando 3. está cepillándose/se está cepillando los dientes   4. están estudiando   5. está maquillándose/se está maquillando

II: Answers may vary slightly.   1. la boca   2. el pelo   3. la cara/la barba 4. las piernas/los pies   5. los ojos

III: (1) a (2) a (3) a (4) A (5) al (6) — (7) — (8) a la

IV: 1. El cumpleaños de su madre es el dieciséis/diez y seis de diciembre.   2. El cumpleaños de Carmen es el veintisiete/viente y siete de agosto.   (3) El cumpleaños de su padre es el cuatro de junio.

V: 1. nieva 2. hace sol 3. está nublado

VI: (1) Esa (2) ese (3) Aquél/Ése (4) Estos (5) esos

VII: (1) se levanta (2) se ducha (3) se pone (4) me baño (5) me cepillo (6) se afeita (7) me maquillo (8) conozco (9) desayunamos (10) sabe

Capítulo 5

Prueba A

I: Answers may vary slightly.   *Conversación A:* 1. El novio es de Colombia/de Suramérica.   2. Él está en Costa Rica/en Centroamérica.   *Conversación B:* 1. Las blusas son azul y rosada.   2. La blusa es de seda.   *Conversación C:* 1. El niño prefiere ir al cine.   2. La película empieza a las 7:20.

II: 1. *El tiempo* es a las nueve.   2. *Telediario 3* es a las doce y cuarto/y quince. 3. *Teledeporte* es a la una menos veinticinco/veinte y cinco/a las doce y treinta y cinco.

III. 1. a   2. a   3. b   4. b   5. a   6. b   7. a   8. b

IV: 1. c   2. b   3. c   4. a   5. b

V: *P:* viene; puede; empieza *L:* trabaja *P:* duerme *L:* preferimos *P:* dormimos *L:* juegan; Quieres *P:* Llevo

VI: Answers will vary. For example: un vestido verde de seda, un traje azul de lana, una corbata roja de seda, un suéter gris de algodón

Prueba B

I: Answers may vary slightly.   *Conversación A:* 1. La hija es de Panamá/de Centroamérica.   2. Ella está en Madrid/en España.   *Conversación B:* 1. La mujer prefiere ir al concierto esta noche.   2. La película empieza a las 9:30. *Conversación C:* 1. Los suéteres son gris y negro.   2. El suéter es de lana.

II: 1. El concierto es a las diez y cinco.   2. *La ley de Los Ángeles* es a las nueve y diez. 3. *Teledeporte* es a la una menos veinte/a las doce y cuarenta.

III: 1. a 2. b 3. b 4. a 5. a 6. b 7. a 8. a

IV: 1. b 2. b 3. a 4. d 5. c

V: *L:* viene *P:* puede; Tiene; empieza; duerme *L:* preferimos *P:* trabajo; juego; estudio *L:* nos divertimos; dormimos

VI: Answers will vary. For example: una falda amarilla de seda, unas botas moradas de cuero, una camisa verde de rayón, una chaqueta marrón de cuero

Capítulo 6

Prueba A

I: 1. C 2. C 3. F 4. C 5. F 6. F

II: 1. abuela 2. primo 3. esposo 4. barco 5. metro 6. avión

III: 1. F; lejos de 2. C 3. F; a la izquierda 4. C 5. C

IV: 1. c 2. b 3. c 4. c 5. c 6. a 7. c

V: (1) nos levantamos (2) preparó/hizo (3) hice/preparé (4) fuimos (5) jugué (6) nadó (7) empezó (8) decidimos (9) llegamos (10) vimos

VI: 1. le hablé al médico 2. me explicó tu problema 3. no te compré las aspirinas

Prueba B

I: 1. C 2. F 3. F 4. F 5. C 6. C

II: 1. abuelo 2. esposa 3. primo 4. avión 5. autobús 6. barco

III: 1. C 2. C 3. F; a la izquierda 4. F; debajo 5. C

IV: 1. d 2. d 3. c 4. a 5. c 6. c 7. c

V: (1) me desperté (2) leímos (3) miramos/vimos (4) preparó (5) salí (6) Caminé (7) vi (8) Fue (9) comenzó (10) tomé

VI: 1. les hablé 2. no me dio el teléfono 3. te compré las papas fritas y la cerveza

Capítulos 4–6

Examen

I: 1. C 2. C 3. F 4. C 5. F 6. F

II: 1. abuela 2. primo 3. esposo 4. barco 5. avión

III: 1. c   2. d   3. b   4. g   5. a

IV: 1. d   2. b   3. a   4. b   5. d   6. c   7. c   8. b

V: Answers will vary. For example: 1. Hoy hace mucho frío.   2. Está muy nublado.
3. La temperatura está a/Hace ... grados.

VI: (1) estoy viendo   (2) está saliendo   (3) está caminando   (4) está llorando
(5) están escuchando

VII: (1) nos levantamos   (2) preparó/hizo   (3) hice/preparé   (4) salimos
(5) llegamos   (6) jugué   (7) empezó   (8) fuimos   (9) lloviendo
(10) durmiendo   (11) escribiendo

VIII: 1. les hablé a Carlos y a Tomás   2. no me dio el teléfono de su hermana   3. le
compré el regalo a Carmina   4. no te compré unas Coca-Colas   5. les mandé la
invitación a mis amigos

IX: 1. *La ley de Los Ángeles* comienza a las 8:00.   2. *Cuentos y leyendas* se presenta
en el canal 7.   3. Si quiero aprender inglés, puedo ver el programa *Welcome USA*.
4. No, no hay películas de terror.   5. El actor principal de *Kung Fu* es David
Carradine.

X: Answers will vary. For example: 1. El fin de semana fui al museo.   2. Mi amigo
... fue conmigo.   3. Almorzamos en un restaurante.   4. Después caminamos en el
parque.   5. Sí,/No, no vimos una película.   6. Sí, /No, no me acosté temprano.

Capítulo 7

Prueba A

I: 3 de febrero; el 7 de febrero; doble; con baño; con desayuno

II: 1. cobro revertido   2. de larga distancia   3. botones   4. sencilla   5. a tiempo
6. maleta

III: 1. d   2. e   3. f   4. a   5. b   6. c

IV: Answers will vary slightly.   1. jugó; Hace ... años que Silvio jugó (al fútbol) en
Santiago   2. trabaja; Hace ... años que Silvio trabaja como ingeniero.

V: (1) recibió   (2) leyó   (3) fuimos   (4) fue   (5) tuvo   (6) pidió   (7) pedí
(8) sirvió   (9) durmió   (10) dijeron

VI: Answers will vary. For example: 1. José lo compró.   2. Sí, las sirvieron.
3. Sí, la trajeron.   4. La preparó Marta.   5. No, no las traje.   6. Sí, los llamé.

Prueba B

I: 14 de abril; el 17 de abril; sencilla; con baño; pensión completa

II: 1. doble   2. empleada (de servicio)   3. local   4. cobro revertido   5. directo
6. maleta

III: 1. f   2. e   3. b   4. h   5. d   6. c

IV: Answers will vary slightly.   1. estudió; Hace ... años que Laura estudió en Quito.
2. trabaja; Hace ... años que Laura trabaja como economista.

V: (1) estuvimos   (2) fui   (3) pudo   (4) tuvo   (5) nos sentamos   (6) pedí
        (7) sirvió   (8) comió   (9) dormimos   (10) durmió

VI: Answers will vary. For example: 1. Sí, lo leímos.   2. Sí, los visitamos.   3. Sí, la pedimos.   4. No, no las compré.   5. Sí, la llamé.   6. No, no lo traje.

Capítulo 8

Prueba A

I: 2 dormitorios; amueblado; garaje; teléfono

II: 1. Los Martí viven en el sexto piso.   2. Los Cano viven en el tercer piso.
     3. Los Vicens viven en el noveno piso.

III: Answers will vary. For example: 1. el sillón; el sofá   2. la cama; la cómoda
     3. la ducha; el lavabo   4. la estufa; la nevera

IV: *E:* pague   *P:* paga; sea   *J:* tenga   *V:* está   *R:* sea; sepa

V: 1. Todavía   2. ya   3. Ya   4. Todavía

VI: Answers will vary. For example: 1. estudies más   2. salgas esta noche
     3. duermas ocho horas todas las noches   4. bebas cerveza

VII: (1) busque   (2) empiece   (3) se siente   (4) hablar   (5) cuestan

Prueba B

I: 3 dormitorios; teléfono; sin muebles; portero; balcón

II: 1. Los Martí viven en el quinto piso.   2. Los Cano viven en el primer piso.
     3. Los Vicens viven en el octavo piso.

III: Answers will vary. For example: 1. el televisor; el sofá   2. la cama; el espejo
     3. la mesa; la silla   4. la tostadora; el lavaplatos

IV: *E:* sea   *P:* es   *E:* busque; tome   *J:* saquen   *R:* juegue   *P:* juega

V: 1. Todavía   2. ya   3. Ya   4. todavía

VI: Answers will vary. For example: 1. aprendas a usar una computadora   2. tengas amigos   3. te acuestes temprano   4. fumes

VII: (1) lea   (2) empiece   (3) pruebe   (4) comprar   (5) cuestan

Capítulo 9

Prueba A

I: 1. Gloria   2. Marco   3. Marco   4. Gloria   5. Gloria   6. Marco

II: 1. d   2. g   3. b   4. a   5. c

III: 1. a   2. b   3. c   4. b   5. a

IV: (1) por   (2) para   (3) por   (4) para   (5) por   (6) Para

V: Answers will vary. For example: 1. sea simpático/a   2. va a ser horrible
     3. tenga dos cabezas   4. sea fantástico   5. voy a matar a mi amigo

VI: *R:* hablar; sabe   *A:* es; escribe   *R:* encuentre; pueda   *A:* esté; tenga; trabaja

Prueba B

I: 1. Miguel   2. Miguel   3. Miguel   4. Miguel   5. Ana   6. Ana

II: 1. c   2. g   3. e   4. a   5. d

III: 1. a   2. a   3. a   4. c   5. c

IV: (1) por   (2) por   (3) por   (4) para   (5) por   (6) Para

V: Answers will vary. For example: 1. les guste Hollywood   2. mi padre compre
      ropa nueva   3. están locos   4. mi hermano salga en una película   5. no conocen
      California

VI: *P:* esté; guste   *S:* tenemos; encontramos   *P:* necesite; va; trabajar   *S:* es; esté

Capítulos 7–9

Examen

I: 1. Gloria   2. Marco   3. Marco   4. Gloria   5. Gloria   6. Marco

II: 1. el/un cuchillo   2. la cocina   3. el lavaplatos   4. sencilla   5. el botones
      6. (una llamada) de larga distancia   7. (un vuelo) directo

III: 1. f   2. a   3. e   4. g   5. c

IV: 1. b   2. a   3. b   4. a   5. b   6. b

V: (1) por   (2) por   (3) por   (4) para   (5) por   (6) Para

VI: (1) fui   (2) conocí   (3) dijo   (4) vino   (5) invitaron   (6) prefirió   (7) trajo
      (8) estuvimos   (9) pedí

VII: *R:* saber; habla   *R:* escriba; traduzca; pueda   *A:* tenga; dé   *A:* explique; haga

VIII: Answers will vary. For example: 1. Las hace el/la empleado/a (de servicio).
      2. Sí,/No, no lo pongo en la maleta.   3. Sí, los prefiero en la sección de no
      fumar./No, los prefiero en la sección de fumar.   4. La toma el/la recepcionista.

IX: Answers may vary slightly.   1. (El Sr. Ruiz) compró pasajes de ida.   2. No, viaja
      con alguien.   3. Su vuelo sale de Río.   4. La hora de salida (de su vuelo) es las
      14:35./Su vuelo sale a las 14:35.   5. El Sr. Ruiz se va a sentar en la sección de
      fumar.   6. Tiene dos comidas por día en su reserva.

X: Answers will vary. For example: 1. haga buen tiempo   2. lleve abrigo de lana
      3. pongan los pasaportes en el bolso de mano   4. lleguen al aeropuerto dos horas
      antes del vuelo

Capítulo 10

Prueba A

I: 1. F   2. F   3. F   4. C   5. C

II: 1. h   2. d   3. g   4. a   5. j   6. l   7. k   8. b

III: (1) me parece (2) nos encanta (3) les faltan (4) le duele (5) les molesta

IV: 1. los padres de Víctor 2. tú (Víctor) 3. las camisas y las camisetas 4. los papeles 5. el padre de Víctor 6. la llave

V: Answers may vary slightly. 1. Sí,/No, no se la mandé. 2. Sí,/No, no te las/se las voy a comprar/voy a comprártelas/comprárselas. 3. Sí,/No, no se los dio. 4. Sí,/No, no nos lo trajo. 5. Sí,/No, no me lo escribió.

VI: (1) era (2) iba (3) tenía (4) esquiaba (5) Hacía (6) llevábamos (7) molestaba (8) salíamos (9) Había (10) servía (11) volvíamos

Prueba B

I: 1. F   2. F   3. C   4. F   5. C

II: 1. b   2. e   3. g   4. h   5. m   6. i   7. d   8. l

III: (1) me parece (2) nos molesta (3) nos faltan (4) le duele (5) les encanta

IV: 1. los padres de Víctor 2. tú (Víctor) 3. los pantalones y los calcetines 4. las revistas 5. Felipe 6. el libro de cálculo

V: Answers may vary slightly. 1. Sí,/No, no te las/se las compré. 2. Sí,/No, no me lo dio. 3. Sí,/No, no se la voy a dar/voy a dársela. 4. Sí,No, no me las está preparando/está preparándomelas. 5. Sí,/No, no nos lo trajo.

VI: (1) era (2) iba (3) llevaba (4) nadaba (5) Hacía (6) estábamos (7) molestaba (8) caminábamos (9) nos sentábamos (10) servían (11) me acostaba

Capítulo 11

Prueba A

I: fiebre; tiene náuseas; dolor de cabeza; tos; falta de hambre

II: Answers will vary. For example: 1. Le aconsejo que tome dos aspirinas y jarabe. 2. Ud. debe llamar al médico. 3. Ud. tiene que lavar la herida y ponerse un vendaje.

III: Some answers may vary. For example: 1. la gasolina → el aceite 2. acelerador → freno 3. parabrisas → limpiaparabrisas 4. la matrícula → el cinturón de seguridad 5. llanta → batería 6. volantes → llantas

IV: 1. a 2. a 3. a 4. a 5. a 6. b 7. b

V: (1) terminado (2) preparados (3) cerrada (4) perdida

VI: *P:* Conocí; invitaron   *A:* Fuiste   *P:* Iba; nevaba; hacía   *A:* hiciste *P:* salimos; tuvimos   *P:* llamaba; escuchaba; dijo; íbamos   *A:* ocurrió *P:* estábamos; perdí; choqué/chocamos

Prueba B

I: dolor de cabeza; está mareado; tiene náuseas; dolor de estómago; tos

II: Answers will vary. For example: 1. Le aconsejo que tome una aspirina.   2. Es necesario que lave la herida y se ponga un vendaje.   3. Ud. debe tomar una aspirina y acostarse.

III: Some answers may vary. For example: 1. volante → aceite   2. freno → acelerador   3. la llanta → el cinturón de seguridad   4. embrague → limpiaparabrisas   5. matrículas → llantas   6. el baúl → las luces

IV: 1. b   2. a   3. a   4. b   5. a   6. a   7. b

V: (1) vendido   (2) preparada   (3) invitadas   (4) compradas

VI: *P:* conoció   *P:* fue   *A:* ocurrió   *P:* íbamos; hacía; cambiamos   *A:* hicieron *P:* llamaba; era; hablaba   *A:* empezaron   *P:* estábamos; robó; dijo; llevaba *P:* se murió; empezaron

Capítulo 12

Prueba A

I: *Señora:* nada; (un) bistec con frijoles; vino blanco
        Señor: (unos) espárragos; medio pollo con papas fritas; vino tinto

II: 1. isla   2. mar/océano   3. cataratas   4. montañas; río   5. selva

III: 1. e   2. c   3. a   4. f   5. b

IV: (1) dormido   (2) hechas/escritas   (3) hechas   (4) abiertas   (5) roto   (6) acostados/dormidos

V: (1) vivíamos   (2) íbamos   (3) montábamos   (4) hacía/hizo   (5) fuimos   (6) tomaba   (7) vi   (8) jugaban   (9) llevaba   (10) vieron   (11) corrieron/fueron

VI: Answers will vary. For example: 1. El (hotel) Buenavista tiene más habitaciones que el (hotel) Miramar.   2. El Descanso cuesta menos/es menos caro que el Buenavista.   3. El Buenavista es el más caro.   4. El Miramar tiene menos empleados que El Descanso.   5. El Descanso es el mejor de todos.

Prueba B

I: *Señora:* (una) ensalada rusa; (unas) lentejas; vino tinto
        Hijo: nada; (un) bistec con papas fritas; Coca-Cola

II: 1. selva   2. autopistas   3. Lagos   4. ciudad; pueblo   5. isla

III: 1. d   2. a   3. b   4. f   5. e

IV: (1) hecha   (2) puesta   (3) abiertas   (4) bañados   (5) acostados   (6) escrita

V: (1) jugué   (2) jugaba   (3) nos divertíamos   (4) invitaron   (5) quería   (6) estaba
        (7) caminaba   (8) vi   (9) dije   (10) contestó   (11) estaba/caminaba

VI: Answers will vary. For example: 1. El Gazparín es más rápido que el Moshi Moshi.   2. El Di Tella es más caro que el Moshi Moshi.   3. El Moshi Moshi es más grande que el Di Tella.   4. El Gazparín es el más rápido.   5. El Moshi Moshi es el mejor carro de todos.

Capítulos 10–12

Examen

I: *Señora:* nada; (un) bistec con frijoles; vino blanco
     Señor: (unos) espárragos; medio pollo con papas fritas; vino tinto

II: 1. receta (médica) 2. estampilla/sello 3. isla 4. casco 5. mareada
     6. cataratas 7. aspirinas 8. selva

III: 1. g 2. d 3. f 4. a 5. b 6. h

IV: 1. b 2. a 3. b 4. b 5. b 6. b 7. b 8. a 9. b 10. b

V: (1) jugué   (2) jugaba   (3) nos divertíamos   (4) invitaron   (5) quería   (6) estaba
        (7) caminaba   (8) vi   (9) dije   (10) contestó   (11) estaba/caminaba

VI: (1) dormido   (2) hechas/escritas   (3) hechas   (4) abiertas   (5) roto
     (6) acostados/dormidos

VII: 1. se la pedí 2. no se lo compré 3. no me lo van a dar 4. te los traje

VIII: Answers will vary. For example: 1. El (hotel) Buenavista tiene más habitaciones que el (hotel) Miramar.   2. El Descanso cuesta menos/es menos caro que el Buenavista.   3. El Buenavista es el más caro.   4. El Miramar tiene menos empleados que El Descanso.   5. El Descanso es el mejor de todos.

IX: 1. Cuesta $130 alquilar un carro grande por una semana.   2. Se pueden obtener kilometraje ilimitado y un servicio rápido en el aeropuerto/la mejor selección de carros nuevos/descuentos.   3. Los precios de los carros están en dólares.
     4. Hay aeropuerto en Montevideo.

X: Answers will vary. For example: 1. Cuando tenía 15 años, iba al cine todos los sábados.   2. A veces iba a escuchar conjuntos de rock.   3. Todos los domingos mi familia y yo jugábamos al tenis.   4. De vez en cuando hacía fiestas en mi casa.
     5. A menudo montaba en bicicleta con mis amigos.

Capítulo 13

Prueba A

I: Some answers will vary.   1. Sí   2. *(any two of the following)* tres piscinas; un restaurante; una cafetería; una discoteca   3. *(any one of the following)* hacer una excursión a Bahía Blanca; hacer una excursión a Montevideo, Uruguay; pescar en el Océano Atlántico   4. Sí   5. No

II: 1. c 2. e 3. g 4. b 5. d

III: 1. Juana gana tanto (dinero) como Paula.   2. Juana tiene tantos ayudantes como Paula.   3. Juana tiene tantos clientes como Paula.   4. Juana está tan ocupada como Paula.   5. Juana es tan importante en la compañía como Paula.

IV: Camine/Siga Ud. derecho tres cuadras. Doble a la derecha en la esquina. Baje las escaleras. Cruce la calle. Suba las escaleras. Mi apartamento es el número 15.

V: *D:* se me perdieron   *D:* se me rompió   *P:* se le quemó   *D:* se me cayó

VI: *A:* ha ido   *B:* haya visitado   *A:* has viajado   *B:* He visto   *A:* ha hecho   *B:* haya estudiado

Prueba B

I: Some answers will vary.   1. Sí   2. avión   3. *(any two of the following)* una piscina aclimatizada; un sauna; un restaurante; una cafetería; una discoteca 4. *(any one of the following)* un viaje a Santiago; una visita guiada a los lagos del sur   5. Sí

II: 1. f   2. a   3. b   4. g   5. e

III: 1. Juan gana tanto dinero como Félix.   2. El año pasado Juan marcó tantos goles como Félix.   3. Juan hace tantos anuncios en la tele como Félix.   4. Juan es tan atlético como Félix.   5. Juan es tan famoso como Félix.

IV: Camine/Siga Ud. derecho dos cuadras. Doble a la izquierda en la esquina. Suba las escaleras. Cruce la calle. Baje las escaleras. Mi apartamento es el número 15.

V: *D:* Se me cayó   *D:* Se me perdieron   *P:* se te rompió   *D:* se me olvidó

VI: *A:* han viajado   *B:* hayan visitado   *A:* Se han quedado   *B:* se hayan divertido *A:* Has ido   *B:* he hablado

Capítulo 14

Prueba A

I: 1. a   2. a   3. b   4. c   5. b

II: 1. mermelada   2. revueltos   3. naranja   4. (el) hilo dental   5. carie

III: 1. ¡Di la verdad!   2. ¡No salgas!   3. ¡Escúchame!   4. ¡No lo toques! 5. ¡No comas eso!   6. ¡Lávate las manos!   7. ¡Ven!   8. ¡No lo pongas allí!

IV: (1) va   (2) te pongas   (3) ayudo   (4) hagas   (5) quiero

V: 1. a   2. b   3. a   4. a   5. c   6. b

VI: *J:* suyos   *S:* mío; el suyo   *J:* míos   *S:* mías   *J:* suyas   *S:* nuestros

Prueba B

I: 1. b   2. b   3. a   4. b   5. b

II: 1. jugo   2. fritos   3. mermelada   4. dientes   5. empaste

III: 1. ¡Sal!   2. ¡Lávate la cara!   3. ¡Haz la tarea!   4. ¡No digas eso!   5. ¡Mírame! 6. ¡No las toques!   7. ¡No lo tires!   8. ¡Ven aquí!

IV: (1) va   (2) lleves   (3) puedes   (4) eres   (5) estudies

V: 1. b   2. c   3. a   4. b   5. a   6. c

VI: *J:* míos   *J:* suyo; el mío   *S:* mías   *J:* mías   *S:* míos   *J:* nuestros

Capítulo 15

Prueba A

I: Julia: agresiva; orgullosa; ambiciosa   Carlos: agresiva; amable; perezosa

II: 1. león   2. gallina   3. extinción   4. vaca   5. reciclar

III: 1. d   2. e   3. f   4. a

IV: 1. b   2. b   3. b   4. a   5. b   6. b   7. a   8. b   9. a

V: 1. ¡Salgamos a comer!   2. ¡No vayamos al teatro!   3. ¡No nos quedemos en casa!
       4. ¡Acostémonos tarde!

VI: (1) había terminado   (2) había salido   (3) había llegado   (4) habían vuelto

VII: (1) salgas   (2) compres   (3) hizo   (4) escribí   (5) vea   (6) llegue

Prueba B

I: Viviana: honrado; perezoso; sensible   Guillermo: ambicioso; perezoso; ignorante

II: 1. pez   2. medio ambiente   3. mono   4. toro   5. extinción

III: 1. e   2. f   3. a   4. c

IV: 1. b   2. a   3. a   4. b   5. b   6. a   7. a   8. b   9. a

V: 1. ¡Quedémonos en casa!   2. ¡No salgamos esta noche!   3. ¡No vayamos a la
       fiesta!   4. ¡Miremos un video!

VI: (1) había salido   (2) habían alquilado   (3) había cerrado   (4) había visto

VII: (1) escriba   (2) salga   (3) llegues   (4) me desperté   (5) terminé   (6) vea

Capítulos 13–15

Examen

I: Julia: agresiva; orgullosa; ambiciosa   Carlos: agresiva; amable; perezosa

II: Answers may vary.   1. (la) propina   2. reciclar(los)   3. (el) anillo   4. (el) león
       5. (la) entrada/el boleto   6. (el) empaste   7. (la) moneda   8. (los) churros
       9. (la) vaca   10. (el/los) arete(s)

III: 1. e   2. f   3. b   4. h   5. a   6. c

IV: 1. b   2. b   3. b   4. a   5. a   6. b   7. a   8. a   9. b   10. b   11. a   12. a

V: (1) hemos buscado   (2) hemos encontrado   (3) he hablado   (4) han dicho
       (5) haya ido   (6) haya llevado   (7) hemos ido

VI: (1) se me olvidó   (2) se me perdieron   (3) se le cayeron   (4) se le rompió
       (5) se nos acabó

VII: (1) escriba (2) salga (3) sea (4) llegues (5) me desperté (6) terminé
(7) vea (8) guste

VIII: Answers will vary. For example: 1. Salga de la oficina y vaya a la derecha. En la
esquina cruce la cuarta avenida y camine una cuadra. 2. Salgan de la oficina y
vayan a la izquierda. Sigan derecho hasta la séptima avenida. Crucen la séptima y
vayan por la séptima a la derecha una cuadra y en la cuarta calle doblen a la izquierda.
3. Sal de la oficina y ve a la izquierda. Sigue derecho tres cuadras. Cuando llegues a
la séptima avenida, dobla a la derecha y sigue derecho tres cuadras. Luego cruza la
segunda calle y luego la séptima.

IX: Answers may vary slightly. 1. El cigarrillo es malo para el fumador y también para
las personas que están alrededor del fumador. 2. Creo que en el hermisferio sur se
celebra el primer día de la primavera en septiembre. 3. El anuncio sugiere que las
personas le regalen una flor a un fumador ese día.

X: Answers will vary. For example: 1. Ya había estudiado español por dos años.
2. Había visitado España y Centroamérica. 3. Había aprendido a manejar.
4. Había conocido a muchos estudiantes hispanoamericanos. 5. Había trabajado
como guía en un museo.

Capítulo 16

Prueba A

I: 1. F 2. C 3. C 4. C 5. C 6. C 7. F
Answers will vary. For example: Yo creo que debe aceptar el trabajo porque es un
trabajo interesante y el sueldo es bueno.

II: (1) recomendación (2) pura casualidad (3) empleo (4) medio tiempo
(5) sueldo (6) boquiabierto (7) antes que nada (8) lente de contacto

III: *S:* tendrá *S:* se casarán *M:* Tendremos *S:* serán; se morirá

IV: Answers will vary. For example: 1. No aceptaría el pasaje gratis. Trataría de
conseguir otro pasaje para el mismo día. 2. Hablaría con la policía y diría la
verdad. 3. Lo llevaría en su carro a su casa. No lo dejaría manejar.

V: 1. Estará 2. Tendría 3. Sería 4. tendrá 5. serían

VI: (1) esté (2) llegues (3) destruyas (4) pueda (5) ocurra (6) te despiertes
(7) molestar (8) ofrezcan

Prueba B

I: 1. F 2. C 3. F 4. C 5. C 6. F 7. C
Answers will vary. For example: Yo creo que él debe aceptar la oferta porque es un
trabajo interesante y el sueldo es bueno.

II: (1) solicitud (2) pura casualidad (3) empleo (4) tiempo completo (5) sueldo
(6) boquiabierto (7) gafas (8) óptica

III: *S:* será *S:* vivirán *M:* Tendremos *S:* ocurrirá; se caerá

IV: Answers will vary. For example: 1. Explicaría que necesito un pasaje en ese vuelo.
Gritaría. 2. Hablaría con Jorge y le diría que tiene que devolver los artículos.
3. No haría nada. No le diría la verdad a Gloria.

V: 1. Estarán   2. Saldría   3. Estaría(s)   4. tendrá   5. serían

VI: (1) esté   (2) haya   (3) pueda   (4) tener   (5) llegue   (6) pase   (7) conozca
(8) lea

Capítulo 17

Prueba A

I: 1. a   2. b   3. b   4. c   5. a

II: 1. b   2. c   3. b

III: *E:* pueda   *J:* fuera; vaya   *J:* viera   *J:* supiera; haya dicho   *E:* trabajara; quisiera
J: hablara   *E:* haya dado

IV: (1) preguntó   (2) pidió   (3) pregunté   (4) preguntó   (5) pedir   (6) preguntó
(7) preguntamos

V: Answers will vary. For example: 1. yo podría gastar más en ropa
2. compartieran los gastos   3. la biblioteca tuviera más libros   4. yo me levantaría
más tarde   5. podríamos tener clases más interesantes

Prueba B

I: 1. b   2. b   3. a   4. c   5. b

II: 1. b   2. a   3. a

III: *E:* quiera   *J:* pudiera; tenga;   *J:* supiera   *E:* estudie   *E:* entendiera   *J:* fuera
J: estudiara   *E:* haya aceptado   *J:* haya dado

IV: (1) preguntó   (2) pidió   (3) preguntar   (4) pidió   (5) pregunté   (6) pidió
(7) preguntó

V: Answers will vary. For example: 1. pudiera encontrar un/a novio/a rico/a
2. lo llamaría Vicente   3. nos compraríamos una casa   4. me divorciaría de él/ella
5. él/ella tuviera una aventura amorosa

Capítulos 16–18

Examen

I: Answers will vary slightly.   1. llamar por teléfono para vender una revista de
computación   2. unas tres horas   3. No   4. en casa   5. No   6. una comisión por
cada suscripción que venda   7. No

II: 1. (el) rollo/carrete   2. te despide   3. odiar   4. (el) retrato   5. (los) lentes de
contacto   6. el/la oculista   7. se divorcian/se separan   8. tiempo completo
9. (una) copia   10. (un) paisaje

III: 1. e   2. f   3. c   4. g   5. h   6. b   7. a

IV: 1. a   2. b   3. b   4. b   5. a   6. a   7. b

V: (1) fuera   (2) tuviera   (3) mirara   (4) hiciera   (5) pagara

VI: (1) llevarás   (2) haya   (3) vayas   (4) tendrá   (5) Habrá   (6) llegues/lleguen

VII: *P:* tendría   *P:* serían   *P:* trabajaría; iría   *D:* estarán

VIII: *G:* pueda   *H:* dijera   *G:* decida   *G:* haya usado   *H:* sea

IX: Answers will vary slightly.   1. Una agencia que le busca/presenta un compañero a una persona.   2. Está dirigido a personas solas y tristes.   3. Promete que la persona encontrará una pareja y que encontrará cariño/que no habrá más soledad en su vida.   4. Dice que debe pensar en su futuro/dice que debe llamar por teléfono/dice que la persona se decida a ser feliz.   5. Creo que (no) es verdad porque ...

X: Answers will vary. For example: 1. ayudaría a los heridos   2. compraría un carro nuevo   3. lo visitaría a menudo   4. le hablaría sobre los problemas de mi ciudad   5. los besaría